デジタル社会の会計と法人課税

藤井 誠 編著
Fujii Makoto

中央経済社

は じ め に

　経済社会のデジタル化はめざましく，私達の生活においても，さまざまな場面でデジタル化が急速に進んでいる。その変化は，私達の生活を変え，経済社会に大きな変化をもたらしている。

　内閣府は，令和2年11月に「令和2年度年次経済財政報告（経済財政政策担当大臣報告）──コロナ危機：日本経済変革のラストチャンス──」と題した報告書を公表した。報告書の冒頭では，新型コロナウィルス感染症の影響により，日本経済が長年抱えてきた課題の数々が浮き彫りになり，それにはデジタル化の遅れも含まれることが強い危機感を伴いながら指摘されている。そして，報告書の第4章「デジタル化による消費の変化とIT投資の課題」において，デジタル化による消費の変化が起き，電子商取引（Electronic Commerce：EC）の発達，シェアリングエコノミーやサブスクリプションの普及という経済社会構造の変化について言及されている（同報告書，171-199頁）。

　会計とは，経済社会における個人や企業の経済行為や経済事象を写像し，情報化する役割を担うものであるため，経済社会の変化は会計にも不可避的に変化をもたらすことになる。そして，個人や企業の経済行為や経済事象から生み出される所得への課税もまた，経済社会の変化に追従し，必要な対応を余儀なくされる。

　音楽を例に取ると，レコードやカセットテープがCD（Compact Disc）に取って代わられても，それはあくまで記録媒体の変化にとどまり，販売形態や消費形態の変化はそれほど大きなものではなかった。しかし，その後，ストリーミング配信の時代となり，販売形態や消費形態は大きく変化した。さらに，楽器のデジタル化により，アナログ楽器では出せないような音楽や，VOCALOID（音声合成技術）のように人間には出せない歌い方が登場するなど，音楽そのものも大きく変化した。そして，聴き方についても，空気を伝わって鼓膜を経由するという方式から，骨伝導による方式が出てくるなどの変化もあった。しかし，基本的な音を記録して人間の耳に伝えるというプロセスの根幹部分は変化していない。

II　はじめに

　本書では，「デジタル社会の会計と法人課税」という問題について，何が変化したのか，あるいは，変化しつつあるのかはもちろんのこと，何が変化しないのか，あるいは，変化すべきではないのかにも目を向け，デジタル社会において会計・税務が直面する問題を取り上げ，さまざまな角度から検討を行うことにした。

　本書は，全体を大きく以下の3つの部に分けたうえで，各部4ないし5章の全13章から構成されている。

　第Ⅰ部では，デジタル社会における構造変化がどのようなものであるかを体系的に整理し，総論から各論へと検討を進めていく。

　まず，第1章は本書の総論部分に位置づけられ，デジタル社会の内容や社会構造の変化を概観し，それが会計理論および制度会計にどのような影響を及ぼすのかについて俯瞰的に検討している。経済社会がプロダクト型経済からファイナンス型経済，そして，「ナレッジ型市場経済」や「デジタル型市場経済」へと発展する過程において，会計理論や制度会計も変化している。

　第2章では，デジタル社会における大きな変化であるシェアリングエコノミーやギグエコノミーを取り上げ，これに会計・税務がどのような対応をすべきかを論じている。特にネットワーク効果によるプラットフォームの価値向上が混在すると，両者を区別することの困難さなど，シェアリングエコノミーやギグエコノミーの登場は，会計・税務に新たな問題を投げかけている。

　第3章では，デジタル社会における革新的なツールとなりうる暗号資産を取り上げている。暗号資産は仮想通貨とも称されるように，通貨や決済手段として用いられるばかりでなく，投資の直接的な対象ともなっていることを踏まえ，暗号資産の会計上の資産分類と税務について検討している。

　第4章では，暗号資産についてさらに掘り下げ，暗号資産とその根幹であるブロックチェーン技術が金融デジタライゼーションとも言うべき発展を遂げようとしていることから，金融デジタライゼーションの会計・税務について検討している。

　第5章では，デジタル技術の進歩がデリバティブ（金融派生商品）の進化にも大きく寄与していることに着目し，金融商品およびデリバティブの会計・税

務について検討している。

第Ⅱ部では，デジタル社会が税務分野にもたらす固有の問題を集中的に検討する。従来，国際課税の分野では，「PE（恒久的施設）なくして課税なし」という原則があったが，デジタル経済の広まりは，国際課税に新たなメルクマールを求める事態をもたらした。

第6章では，改めて国際課税の基本理論に立ち返り，デジタル経済下においても普遍の理論と変わるべき規定とを整理し，検討している。

第7章では，BEPSとそれに続く2つの柱から成る国際協調の枠組みについて検討している。デジタル経済の発達は企業が取り扱う商品の質も変化させ，無形資産の重要性の高まりは国際的回避スキームを複雑なものにせしめた。この事態に，一国の税制で対応することには限界が来ており，国際協調の枠組みが不可欠となっている。

国際協調の枠組みが合意されれば，それを国内法に落とし込む作業が待っている。第8章では，特に第2の柱であるグローバル・ミニマム課税について，どのような問題が予想されるかを検討している。

国際的租税回避スキームの複雑化に各国が連携して対処するという枠組みが軌道に乗ろうとしているが，デジタル技術の発達は，コンピューターの計算能力の発達と相まって，新たな租税回避スキームの探索を可能にする。この問題については，第9章で検討している。

第Ⅲ部では，デジタル社会が実務にもたらす変化と未来について検討している。

まず，第10章では，デジタル社会が会計・税務のデータの基礎となる帳簿について，どのような変化を及ぼすのかを検討している。帳簿の原型は石版であり，紙の発明後はそれを綴じたものとなり，今日ではコンピューター上にそれはある。帳簿は第一義的には財産管理目的のために存在するが，財務諸表の作成のための情報源ともなり，さらには，税務申告書作成の基礎ともなる。

第11章では，第10章における議論を踏まえ，税務実務において，デジタル化がどのような影響を及ぼしているのかを検討している。

納税と収税は表裏一体であり，第12章では，納税におけるデジタル化とともに，税務行政においても急速に進んでいるデジタル化について論じている。

最後に，第Ⅰ部から第Ⅲ部までの検討を踏まえ，改めてデジタル化とは何を意味するのかを検討したのが第13章である。デジタルの対義語であるアナログとの対比において，デジタルの本質に迫り，会計と税務，そしてそれらの基礎となる簿記との関係を改めて検討した。

以上の内容を俯瞰すると，つぎのとおりとなる。

第Ⅰ部　デジタル社会における構造変化と会計・税務上の諸問題

　第1章　デジタル社会への転換（DX）と会計への影響

　第2章　シェアリング・ギグエコノミーの会計・税務

　第3章　暗号資産の会計上の資産分類と税務

　第4章　金融デジタライゼーションの会計・税務

　第5章　金融商品およびデリバティブの会計・税務

第Ⅱ部　デジタル社会の国際税務における諸問題

　第6章　デジタル経済下における国際課税の問題

　第7章　2つの柱から成る国際課税に関する新ルール

　第8章　グローバル・ミニマム課税の実務上の課題

　第9章　計算技術のデジタル化が国際課税の分野にもたらす問題

第Ⅲ部　デジタル社会が実務にもたらす変化と未来

　第10章　社会のデジタル化が帳簿に及ぼす変化

　第11章　税務実務におけるデジタル化の影響

　第12章　税務行政におけるデジタル化の影響

　第13章　デジタル社会と会計・税務との関係性

本書は，税務会計研究学会・特別委員会「デジタル社会と税務会計」（2020年11月〜2022年11月）の研究成果が土台となっている。2020年12月から研究課題の構想を練り始め，当初は10項目の課題を設定した。この段階では，河﨑照行先生（甲南大学名誉教授）と齋藤真哉先生（横浜国立大学教授）より貴重な助言をいただいた。ここに記して篤く御礼申し上げる。

設定した課題に基づき，それぞれの分野における専門家であり，第一線で活躍されている先生方に委員として特別委員会に加入していただくことを打診したところ，ご快諾いただけたことにより，10人の研究者が集まっての研究会が

スタートした。2年間の研究期間中，COVID-19の影響により，研究会はすべてリモートでの開催となった。さまざまな不自由さもあったものの，毎回活発な議論が展開されたことで，研究は概ね順調に進んだ。

2021年11月27日（土），税務会計研究学会第33回全国大会（於：西南学院大学）において中間報告を，翌2022年11月19日（土）には，税務会計研究学会第34回全国大会（於：横浜国立大学）において最終報告を行い，多くの方から，建設的な質問や貴重な助言を得ることができたことに感謝申し上げる。

デジタル社会の変化は早く，会計や税制もこれに対応する動きがあったことから，その後，新たな内容を盛り込みつつ，加筆修正を行った。

二度の学会報告における中間報告書と最終報告書，そして，本書の編集や最終的なとりまとめにあたっては，執筆者の1人でもある駒澤大学の李焱先生に多くの時間と労力を費やしていただいたことに御礼申し上げる。

最後に，本書の刊行にご尽力いただいた株式会社中央経済社の山本継代表取締役社長に篤く御礼申し上げるとともに，税務会計研究学会の特別委員会の研究報告段階から，本研究課題に強い関心をお持ちいただき，刊行にご尽力いただいた田邉一正氏，小坂井和重氏，校正部の方々に深謝し衷心より御礼申し上げる。

なお，税務会計研究学会より，本書の研究の基礎となった特別委員会について，研究活動費の交付を受けた。また，本書の出版については，公益財団法人租税資料館による研究出版助成金を得ている。ここに記して御礼申し上げる。

2024年12月

編著者　藤 井　　誠

i

目　　次

はじめに　*I*

第Ⅰ部　デジタル社会における構造変化と会計・税務上の諸問題

第1章
デジタル社会への転換（DX）と会計への影響　*2*

1　はじめに　*2*

2　企業環境の変化の諸相　*3*

3　会計の変貌過程　*5*
（1）会計理論の変化の諸相　*5*
（2）会計ディスクロージャーの変化の諸相　*8*

4　デジタル社会の特徴　*10*
（1）デジタル型市場経済の進化のプロセス　*10*
（2）デジタル型市場経済の特徴　*10*

5　デジタル社会と会計　*13*
（1）会計の認識対象　*14*
（2）収益の認識・測定　*16*
（3）資産評価（評価基準）　*17*
（4）資本概念と資本維持　*19*

6　デジタル社会の企業モデルと会計モデル　*23*
（1）デジタル社会の企業モデル　*23*
（2）デジタル社会の会計モデル　*24*

7　おわりに　*26*　　　　　　　　　　　（河﨑　照行）

第2章

シェアリング・ギグエコノミーの会計・税務　*30*

1　はじめに　*30*

2　シェアリングエコノミー等の構造と特徴　*31*
（1）シェアリングエコノミー等の意義と構造　*31*
（2）多面ビジネスモデル　*33*
（3）無形資産の重要性　*36*

3　プラットフォーム事業者の会計問題　*36*
（1）プラットフォームビジネスの会計属性　*36*
（2）収益認識の問題　*37*
（3）収益費用対応計算の問題　*40*

4　シェアリングエコノミー等における課税問題　*40*
（1）シェアリングエコノミー等の税務行政への貢献　*40*
（2）シェアリングエコノミー等における課税関係　*41*
（3）シェアリングエコノミー等の税務問題　*42*

5　売手の税務問題に対する取組み　*46*
（1）国際的な取組み　*46*
（2）わが国における制度対応　*51*

6　プラットフォーム課税制度　*53*

7　おわりに　*55*　　　　　　　　　　　　　　　　　（鈴木　一水）

第3章

暗号資産の会計上の資産分類と税務　*58*

1　はじめに　*58*

2　暗号資産の定義の多様性と特殊性　*60*

（1）暗号資産の定義　*60*

（2）暗号資産の特殊性　*62*

（3）トークンの分類　*63*

3　暗号資産の会計上の取扱いと法人税制上の対応　*64*

（1）企業会計上の取扱い　*64*

（2）法人税法における対応　*68*

4　会計と税務における課題　*69*

（1）会計・税務上の資産分類　*70*

（2）認　　識　*74*

（3）法人税法上の課題　*74*

5　おわりに　*75*　　　　　　　　　　　　　　　　　　（古田　美保）

第4章

金融デジタライゼーションの会計・税務　　　*79*

1　はじめに　*79*

2　支払手段の電子化　*80*

（1）概　　要　*80*

（2）前払式支払手段　*80*

（3）後払式支払手段　*82*

（4）電子記録債権・債務　*83*

（5）会計的性質　*85*

3　多様なデジタル資産　*86*

（1）デジタルトークン（Digital Tokens）　*86*

（2）ICO　*87*

（3）STO　*87*

（4）デジタルアセットとデジタライズドアセット　*89*

（5）ステーブル・コイン　*90*

  4　暗号資産デリバティブ　*92*
（1）法整備　*92*
（2）市場デリバティブ取引　*92*
（3）店頭デリバティブ取引　*93*
（4）外国市場デリバティブ取引　*94*
（5）英国における規制の議論　*94*
（6）暗号資産を用いたヘッジ取引　*94*

  5　おわりに　*98*　　　　　　　　　　　　　　　　　（李　　焱）

第5章
金融商品およびデリバティブの会計・税務　　*103*

  1　はじめに　*103*

  2　株式と債券の評価　*104*

  3　オプションの資産性と評価　*107*
（1）オプションの資産性　*107*
（2）オプションの算定　*110*
（3）リアル・オプション　*116*

  4　資産評価再考　*119*
（1）法人税法における資産評価　*119*
（2）資産評価の進化と統合の可能性　*123*

  5　おわりに　*126*　　　　　　　　　　　　　　　　　（李　　焱）

第Ⅱ部　デジタル社会の国際税務における諸問題

第6章
デジタル経済下における国際課税の問題　*130*

1　はじめに　*130*

2　課税権配分の基礎理論　*131*

（1）国際課税における公平・中立原則　*131*

（2）国家規模での視点　*132*

（3）世界規模での視点　*133*

（4）国際課税の理論体系　*136*

3　国際的租税回避対応　*139*

（1）従来の国際的租税回避対応　*139*

（2）主要国の対応と国際協調　*141*

（3）所得相応性基準　*143*

4　EU における CCCTB の議論　*144*

（1）2011年の提案　*144*

（2）2016年の CCTB・CCCTB 提案　*145*

（3）2018年デジタル経済対応に係る指令案　*146*

（4）2021年政策文書　*147*

5　資本コスト課税とコーポレート・インバージョン　*148*

（1）資本コストの課税関係　*148*

（2）コーポレート・インバージョン　*150*

6　消費課税と所得課税　*151*

（1）概　　要　*151*

（2）取引高税方式と賦課課税方式　*152*

（3）転嫁の有無　*154*

7　おわりに　*156*　　　　　　　　　　　　　　　　（藤井　誠）

第7章

2つの柱から成る国際課税に関する新ルール *160*

1　はじめに　*160*

2　政治的折衝の前提となった青写真をめぐる動向　*162*

（1）経　　緯　*162*

（2）青写真の概要　*163*

（3）OECD 公聴会でのビジネスからの反応　*165*

（4）米国バイデン政権の動向　*166*

3　G20・OECD での最終合意　*167*

（1）合意に至る経緯　*167*

（2）IF（包摂的枠組み）合意の新ルールの枠組み　*168*

（3）EU における BloBE ルール指令　*180*

（4）2023年以降の2つの柱の推移および若干の
予備的考察　*184*　　　　　　　　　　　**（青山　慶二）**

第8章

グローバル・ミニマム課税の実務上の課題 *192*

1　はじめに　*192*

2　グローバル・ミニマム課税　*193*

（1）概　　要　*193*

（2）国際最低課税の計算構造　*195*

3　適用免除基準（デミニマス），セーフハーバー
国別報告書　*201*

（1）適用免除基準（デミニマス）　*201*

（2）適用免除基準（国別報告事項セーフハーバー）　*202*

4 申告および納付 *205*

5 む す び *205* （大城　隼人）

第9章
計算技術のデジタル化が国際課税の分野にもたらす問題 *208*

1 はじめに *208*

2 国際税ネットワークにおける導管国 *209*

3 租税条約ネットワークの可視化 *215*

4 租税条約漁り *223*

5 線形計画問題 *228*

6 計算複雑性理論 *231*
（1）判定問題 *231*
（2）線形計画問題 *233*
（3）整数計画問題 *234*

7 おわりに *235* （藤井　誠）

第Ⅲ部　デジタル社会が実務にもたらす変化と未来

第10章
社会のデジタル化が帳簿に及ぼす変化 *240*

1 はじめに *240*

2 取引行為の事実と価値との関連性 *240*
（1）事実と価値 *240*

viii 目　次

　　　（2）社会決定論と技術決定論　*241*

　3　取引行為の事実と価値に関する諸相　*243*
　　　（1）理論上の観察手法としての諸相——法と経済学
　　　　　アプローチ　*243*
　　　（2）会計学のフィールド　*244*
　　　（3）税務会計法のフィールド　*245*

　4　観察手法の制度への当てはめ——帳簿記帳の
　　　規定への当てはめ　*246*
　　　（1）帳簿記帳について——実質と形式の背景　*246*
　　　（2）制度における現状と予備的考察——企業会計上の
　　　　　「正規の簿記の原則」における諸相　*247*
　　　（3）帳簿記帳規定への当てはめ——特に，電子帳簿保存法を
　　　　　前提として　*248*

　5　おわりに　*256*　　　　　　　　　　　　　　　　　（福浦　幾巳）

第11章
税務実務におけるデジタル化の影響　　　　　　　　*266*

　1　はじめに　*266*

　2　税務実務におけるデジタル化の変遷と現状　*267*
　　　（1）税務実務におけるデジタル化の変遷　*267*
　　　（2）税務実務におけるデジタル化の現状　*270*

　3　先行研究　*274*
　　　（1）技術と人間社会の関係性　*274*
　　　（2）技術と制度の関係性　*276*

　4　税務実務におけるデジタル化の課題と可能性　*278*
　　　（1）税務実務におけるデジタル化の課題　*278*

（2）税務実務におけるデジタル化の可能性　*281*

（3）税務実務の方向性　*286*

5　おわりに　*289*　　　　　　　　　　　　　　　　　　（上野　隆也）

第12章
税務行政におけるデジタル化の影響　*293*

1　はじめに　*293*

2　「将来像2.0」の概要　*294*

（1）策定の経緯　*294*

（2）全体像　*295*

（3）DX を進めるにあたっての基本的な指針　*297*

3　納税者の利便性の向上　*297*

（1）将来像：あらゆる税務手続が税務署に行かずにできる
　　　社会を目指して　*298*

（2）確定申告　*299*

（3）国税に関する申請等　*301*

（4）国税の納付　*304*

（5）その他の項目　*306*

4　課税・徴収の効率化・高度化　*306*

（1）データ活用の取組強化　*307*

（2）オンラインツールの活用　*309*

（3）その他の項目　*311*

5　将来像2.0を実現するためのインフラ整備　*313*

（1）国税情報システムの高度化　*313*

（2）関係機関（地方税当局・関係民間団体等）との連携・
　　　協調　*317*

x 目　次

　　　6　「将来像2023」　*319*
　　　　（1）納税者の利便性の向上　*320*
　　　　（2）課税・徴収事務の効率化・高度化　*323*
　　　　（3）事業者のデジタル化促進　*323*
　　　　（4）その他の項目　*334*

　　　7　おわりに　*334*　　　　　　　　　　　　　　　（永田　寛幸）

第13章
デジタル社会と会計・税務との関係性　*327*

　　　1　はじめに　*327*

　　　2　デジタル社会　*328*

　　　3　アナログとデジタル　*329*

　　　4　オプション理論におけるデジタル性　*333*

　　　5　デジタルと会計の関係　*337*

　　　6　ブロック・チェーン技術の利用可能性　*342*

　　　7　DNA　*344*

　　　8　おわりに　*351*　　　　　　　　　　　　　　　（藤井　誠）

■索　引　*355*

第Ⅰ部

デジタル社会における構造変化と
会計・税務上の諸問題

2 第Ⅰ部　デジタル社会における構造変化と会計・税務上の諸問題

◆ 第1章 ◆

デジタル社会への転換（DX）と会計への影響

1　はじめに

　会計行為は，企業の経済活動を会計情報（会計報告書）として写像（測定）し，それを利害関係者（意思決定者）に提供（伝達）する行為である。したがって，企業の経済活動の基盤となる経済社会（産業構造）が変化すれば，会計も変化を余儀なくされる。

　今日の産業構造は，次の2つの波によって大きく変化してきた（河﨑編著［2019］11-12頁）。

① 　第1は「グローバリゼーション」の波である。
② 　第2は「情報通信技術（ICT）」の波である。

　これらの波は，産業構造（市場経済）のあり方を大きく変化させることとなった。「プロダクト型市場経済（有形財中心の市場経済）→ファイナンス型市場経済（金融財中心の市場経済）→ナレッジ型市場経済（知識財中心の市場経済）」への移行がこれである。そして，いま，ナレッジ型市場経済の延長線上に，デジタル型市場経済（デジタル財中心の市場経済）が台頭してきた。

　デジタル型市場経済では，インターネットの発達によって，電子商取引，クラウドコンピューティング，オンライン支払サービス，ネットワークプラットフォームなど，これまでにないビジネスモデルが創出されている。その背景にあるのが，大量のデータ処理が可能なクラウドコンピューター，高速・高効率

のネットワーク，データ解析のアルゴリズムや人工知能（AI）などの発達である。このような市場経済の転換（DX：Digital Transformation）は，会計・税務のあり方をどのように変化させるのであろうか。

　かかる問題意識を踏まえ，本章の目的は，「デジタル社会が会計に与える影響」について検討することにある。周知のように，課税所得の計算は会計処理を前提としている。したがって，本章の課題は，「デジタル社会と税務会計」の諸問題の議論にとって，その理論的・制度的背景を論じることにある。本章の具体的課題は，次の5点である。

①　会計の前提となる企業環境（市場経済）の変化の諸相を浮き彫りにすること。

②　市場経済の変化に照応する会計理論の変貌過程を概説すること。

③　デジタル社会の特徴を浮き彫りにし，その主要な特徴点を概説すること。

④　デジタル社会と会計の関係について，収益の認識・測定，資産評価および資本維持の観点から，デジタル社会が会計に与える影響を論じること。

⑤　デジタル社会の企業モデルと会計モデルを提示し，デジタル社会における会計の将来を展望すること。

2　企業環境の変化の諸相

　まず，今日の企業環境の変化について検討してみたい。今日の企業環境の変化は，次の6つの側面から，その特徴を整理できる（武田［2001］4-10頁，河﨑［2007］2-8頁，河﨑編著［2019］12-13頁，伊藤［2021］1-30頁）。

①　第1は「経済基盤の変化」である。従来の企業活動は国内に限定され，資金調達も国内資本市場を前提とするドメスティックな活動であったのに対し，今日では，企業活動は国境を越えてグローバル化し，資金調達も世界的規模で拡大化している。

②　第2は「産業構造の変化」である。従来の経済社会は，有形財（製商品等のプロダクト）を主軸とした「プロダクト型市場経済」であったのに対し，金融財（金融商品等のファイナンス）を主軸とした「ファイナンス型市場経済」へ重点が移動し，今日では，この重点は知識財（ブランド・ノウ

ハウ等のナレッジ）やデジタル財（Webコンテンツ・ビッグデータ等のデジタル）を主軸とした「ナレッジ型市場経済・デジタル型市場経済」へ移行しつつある。

③　第3は「企業実体（エンティティ）の変化」である。従来の企業は「企業の継続性」が重視され，生産の持続的続行の観点から，社会性をもったエンティティとして存在していたのに対し，今日では，企業は最大収益の獲得のみを重視し，多数のサイボーグ（利潤追求をプログラムとしてビルトインされた事業単位）から形成される「サイボーグ・エンティティ」として特徴づけることができる。

④　第4は「取引形態の変化」である。この変化は，（イ）取引対象（財貨・サービス）と（ロ）取引方法の2つの側面から説明できる。

　（イ）　従来の取引対象の主役は，有体物またはそれと不可分の著作物や有用な情報等の製商品（有形財）であったのに対し，今日の取引対象は，有体物から分離されたコンテンツ（無形財）が主役となり，デジタル状態のままで保存され，自由に流通する。

　（ロ）　従来の取引方法は，財貨（製商品）の移転が外形的に確認できたのに対し，今日の取引方法は，サービスの移転を外部から確認することが困難であり，かつ，超高速に行われ，その痕跡も残らない。また，地域性に制約されず，本質的にはボーダーレスである。

⑤　第5は「企業責任の変化」である。従来の企業行動は投下資金の最大化が主たる目的であったのに対し，今日の企業行動はSDGsや地球環境の深刻化（気候変動問題）等を背景として，企業の社会的責任が強く意識されるようになってきた。

⑥　第6は「アカウンタビリティーに対する認識の変化」である。上記①～⑤の変化の結果，アカウンタビリティーについては，従来の「株主に対する報告責任」（受託責任）の思考が後退し，「ステークホルダーに対する説明責任」（情報提供）の思考が前面に押し出されてきた。

3 会計の変貌過程

(1) 会計理論の変化の諸相

① 会計理論の変貌過程

前節で示した企業環境の変化は、会計理論の変化を余儀なくさせる。その変貌過程は、産業構造（市場経済）の変化に即して、「プロダクト型会計理論→ファイナンス型会計理論→ナレッジ型会計理論・デジタル型会計理論」として特徴づけることができる（武田［2008］142-156頁、河﨑［2007］2-5頁、河﨑編著［2020］3-8頁）。その特徴を概括的に図形化したのが**図表1-1**である。

[図表1-1] 会計理論の変化の諸相

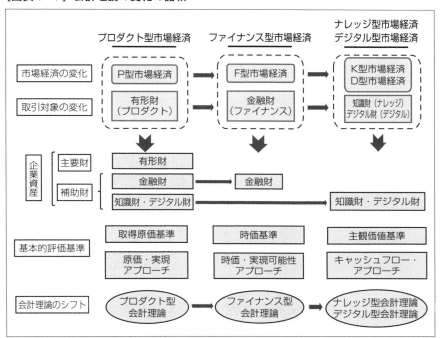

（出所）　武田［2008］155頁、図10-7に基づき作成。

6　第Ⅰ部　デジタル社会における構造変化と会計・税務上の諸問題

この図表では，次のことが示されている。

① 「プロダクト型市場経済」における会計理論（プロダクト型会計理論）は，「原価・実現アプローチ」を基軸とする理論体系として構成されてきた。そこでの収益認識は，「販売＝実現」が原則とされる。また，かかる会計理論では，「有形財」を主たる認識対象とし，資産評価の確実性の視点（測定の「信頼性」）が重視される。さらに，利益計算については，受託責任の遂行・利害調整と操業の業績評価が主要な目的とされ，分配可能利益計算または業績利益計算（過去指向的会計計算）が課題とされる。その場合，利益決定アプローチとして，収益費用アプローチに焦点があてられ，資産の主要な評価基準として，「継続価値」（取得原価）が採用されることとなる。

② 次に，「ファイナンス型市場経済」における会計理論（ファイナンス型会計理論）は，「時価・実現可能性アプローチ」を基軸とする理論体系として構成される。そこでの収益認識は，「実現可能性」が採用される。また，かかる会計理論では，「金融財」を主たる認識対象とし，投資決定（情報提供機能）の促進の視点（測定の「目的適合性」）が重視される。さらに，利益計算については，金融活動の業績評価が主要な目的とされ，投下資金の維持回収計算（現在指向的会計計算）が課題とされる。その場合，利益決定アプローチとして，資産負債アプローチに焦点があてられ，資産の主要な評価基準として，「公正価値」（売却時価）が採用されることとなる（FASB［2006］par.5, Nissim and Penman［2008］p.3, 浦崎［2002］17-20頁，上野［2005］256-263頁）。

③ そして，今日，ICT の発展を背景に，企業価値創出のドライバーが「無形財（知識財・デジタル財）」にあるとする認識が高まってきた（Haskel and Westlake［2018］）。このような「ナレッジ型市場経済」や「デジタル型市場経済」における会計理論（ナレッジ型会計理論・デジタル型会計理論）は，ブランドやノウハウ，Web コンテンツやビッグデータといった無形財がもたらす超過収益力（企業価値）をいかに評価するかが課題とされる（伊藤編著［2006］3-25頁）。かかる会計理論では，ファイナンス型会計理論と同様，投資決定（情報提供機能）の促進の視点（測定の「目的適合性」）

が重視される。さらに，利益計算については，企業の価値評価が主要な目的とされ，将来キャッシュ・フローの最大化計算（将来指向的会計計算）が課題とされる。その場合，利益決定アプローチとしては，資産負債アプローチに焦点があてられ，資産の主要な評価基準として，「主観価値」（割引現在価値）が適用されることとなる。

②　会計のパラドクス──無形財（無形資産）の台頭

このような会計理論の変化にもかかわらず，現行の会計基準は，無形財（無形資産）よりも有形財（有形資産）を重視しており，会計情報の有用性の著しい低下が懸念されている（伊藤［2021］505-511頁，Lev and Gu［2016］，Haskel and Westlake［2018］）。

Lev and Gu［2016］によれば，有形固定資産投資に対する無形固定資産投資の比率は，米国で1.6倍，英国では1.2倍弱の増加があるとされ，GDP に占める無形資産投資の割合も，米国で15％，英国では13％に達しているとされる。また，黄［2020］によれば，現行の会計基準は有形資産を重視するため，無形資産を大量に所有する企業の株価純資産倍率（P/B 比率）は極めて高くなり，中国では，財務諸表の歪みは信じがたいほど巨大であるとされる[1]。

Lev and Gu［2016］は，その原因について，次の3点を指摘している（Lev and Gu［2016］，伊藤監訳［2018］115-129頁）。

①　無形資産が企業価値創造に果たす役割が増加しているにもかかわらず，無形資産の会計処理が無視され続けていること。

②　会計は経済的事実よりも，むしろ経営者の主観的な判断や見積り，予測に依拠していること。

③　会計上の取引とされないビジネス事象が，企業価値に大きな影響を与えていること。

その結果，現在の会計基準では，無形資産への投資は発生時に費用処理され

1　Straight Flush 社（中国の情報プロバイダー）の2019年6月末の P/B 比率は15.8倍であるが，同社のデジタル資産を推定すると，P/B 比率は3.12〜4.26倍に低下し，デジタル資産は総資産の2.09倍〜3.14倍と推定される（黄［2020］89-90頁）。

ることから，会計情報の有用性の低下は目を覆うばかりである。

（2）会計ディスクロージャーの変化の諸相

他方，今日の企業環境の変化は，情報要求（開示内容）の拡大化をもたらし，会計ディスクロージャーのあり方も大きく変化させている。この諸相を図形化したのが**図表1-2**である。この図表では，次のことが示されている（武田［1993］1-13頁，河﨑編著［2019］16-19頁，伊藤［2020］133-187頁）。

① 会計ディスクロージャーの内容は，環境変化を背景として，「企業責任」および「アカウンタビリティー」に対する認識に依存して変化する。

② 「企業責任」については，従来の企業責任は投下資金の最大化が主たる課題であったのに対し，現在の企業責任は地球環境の深刻化等を背景とし

[図表1-2] 会計ディスクロージャーの変化の諸相

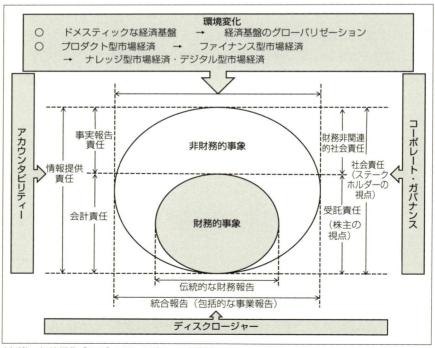

（出所）河﨑編著［2019］17頁，図表1-4を修正。

て，企業の社会的役割が強く意識されてきた。その結果，「コーポレート・ガバナンス」に対する認識も，株主の視点を重視した「受託責任」からステークホルダーの視点を重視した「社会責任」へ重点移動している。

③　「アカウンタビリティー」については，従来の「株主に対する説明責任」（受託責任機能）の思考が後退し，「ステークホルダーに対する説明責任」（情報提供機能）の思考が前面に押し出されてきた。つまり，受託資本の管理・運用に係る事象の説明責任（「会計責任」）から，それに直接関係しない事象の説明責任（「事実報告責任」）を包摂した説明責任（「情報提供責任」）へ拡大している。

④　上記の変化が，開示内容を質的にも量的にも変化させ，伝統的な「財務報告」から包括的な「事業報告」（統合報告）への変化という形で，会計ディスクロージャーの外延的拡大化が図られている（古庄 [2012]）[2]。

　なお，開示媒体（メディア）については，ICT の発展が従来の「紙ベース」を「Web ベース」へ変化させている（河﨑 [2007] 11頁，坂上 [2016] 145-224頁）。かかる Web ベースのディスクロージャーは，（イ）事象の発生と同時に行われる即時的かつ継続的報告，（ロ）予測情報を含む現在情報および将来情報の提供，（ハ）財務情報のみならず非財務情報を含む包括的な情報提供，（ニ）情報利用者のニーズに合わせた任意の提供形式（カスタムレポート）といった特徴を有し，インターネット言語としての XBRL（eXtensible Business Reporting Language）がその技術的手段とされる（Bergeron [2003]）。

2　なお，経済産業省が公表した「価値協創ガイダンス」は，「日本版統合報告書の概念フレームワーク」といえるものであり，デジタル社会における「会計ディスクロージャーのあり方」を検討するうえで，注目に値する（伊藤 [2021] 524-527頁）。

4　デジタル社会の特徴

（1）デジタル型市場経済の進化のプロセス

　デジタル社会はICTの発展・普及によって支えられている。『令和元年版情報通信白書』（総務省編［2019］）によれば，デジタル型市場経済の進化は**図表1-3**のように要約される。この図表では，次のことが示されている。

① 　わが国のデジタル型市場経済は，「ICTを提供する産業の活動」（たとえば，ICT産業）の時代から「経済全体の中でのICTを巡る活動」（たとえば，ICTの利用，電子商取引，SNS・動画共有サービスなど）の時代を経て，「ICTがもたらす新たな経済（デジタル型市場経済）」（たとえば，xTech，シェアリングエコノミー，ギグエコノミー，プラットフォーマーなど）の時代に進化するに至った。

② 　今日，デジタル型市場経済は，来たるべき「Society 5.0[3]」（サイバー空間と現実世界が高度に融合し，経済発展と社会的課題の解決を両立する社会）に向けて，進化の途上にある。

③ 　かかる経済社会の進化を支えているのが，「インターネット→IoT」，「モバイル→スマートフォン→5G」，「ビッグデータ」，「AI（人工知能）」に代表されるICTの発展・普及である。

（2）　デジタル型市場経済の特徴

　デジタル型市場経済の進化のプロセスを踏まえ，デジタル型市場経済の特徴については，次の4点を指摘できる（総務省編［2019］126-139頁）。

① 　第1に，データが価値創出の源泉であり，ICTが経済活動の根本となるコスト構造を変革していること。これについて，次の2点を指摘できる。
　　（イ）　ビッグデータとAIがデータの価値創出能力を飛躍的に高めている。

3　Society 5.0とは，狩猟社会，農耕社会，工業社会，情報社会に続く，新たな社会の実現に向けた取組みをいう。その目指す姿は，「サイバー空間（仮想空間）」と「フィジカル空間（現実社会）」が高度に融合した「超スマート社会」とされる。

第1章 デジタル社会への転換（DX）と会計への影響　11

[図表1-3] 進化するデジタル型市場経済

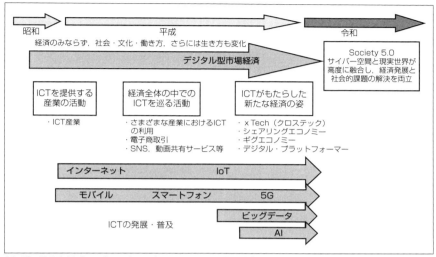

（出所）総務省編［2019］3頁，図表0-1-1-1に基づき作成。

[図表1-4] データの価値創出プロセスと仕組み

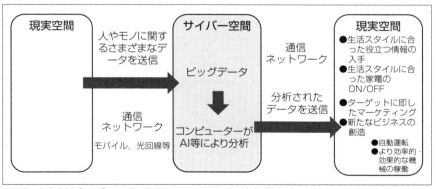

（出所）総務省編［2019］131頁，図表2-1-2-2に基づき作成。

　図表1-4はデータが価値を創出するプロセスと仕組みを示している。
（ロ）　従来のB2BやB2Cに加え，**図表1-5**に示すように，C2Cや
C2B，さらにはD2Cといった新たな取引関係が生まれている。さ

[図表 1 - 5] 取引関係の変化

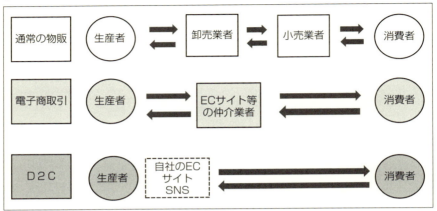

(出所) 総務省編 [2021] 157頁, 図表 2 - 1 - 3 - 2 に基づき作成。

らに, 業種内でのバリューチェーン構造が変化し, 業種の垣根を越えた連携・統合も進んでいる。

このようなデジタル型市場経済は, 次の3つのキーワードで特徴づけられる (総務省編 [2019] 130-137頁)。

(イ) 「デジタルデータ」(情報のデジタル化): 人, モノの状態, 活動, 動作を巡るさまざまな情報がデジタルデータとして記録・収集することが可能となり, あらゆる情報がデジタルデータ化される。

(ロ) 「限界費用」(ゼロ・コスト): デジタルデータは, 複製や伝達が容易であり, これらを行うための追加的な費用 (=限界費用) がほぼゼロである。

(ハ) 「取引費用」(コスト構造と企業形態の変革): あらゆる経済活動に必要な複数の主体間のやり取りに関連するコスト (=取引費用) が変化し, コスト構造を変革している。また, ICTのもたらす新たなコスト構造は, 企業形態の変革をも求めている。

② 第2に, 時間・場所の制約を超えた活動を可能とする「市場の拡大化」が進む一方, 規模の制約を超えてニッチ市場を成立させるという「市場の細粒化」が進んでいること。

（イ）「市場の拡大化」：現在では，あるモノを購入したいときに，インターネットを通して，遠方の商店にいつでも注文が可能である。また，音楽の世界では，音楽CDの購入が通例であったが，現在では，インターネットを利用して世界各地のサイトからいつでも音楽を楽しむことができる。

（ロ）「市場の細粒化」：従来，一定の規模がなければ成立しなかったミクロの取引が可能となり，新たなマーケット（ニッチ市場）が創出されている。

③ 第3に，新たなコスト構造に適したビジネスモデルを構築したICT企業があらゆる産業に進出し，従来のビジネスモデルを成り立たなくさせていること（「デジタル・ディスラプション」）。デジタル・ディスラプション（デジタルによる破壊）は，従来のコスト構造を前提としたビジネスモデルが，ICTによる新たなコスト構造に適したビジネスモデルとの競争で，存続が困難となる場合があることを示唆している。

④ 第4に，あらゆる産業の伝統的なプレイヤーは，ICTを事業のコアと位置づけ，ICTと一体化することでビジネスモデル自体を変革する必要に迫られていること（「DX：デジタル・トランスフォーメーション」）。経済産業省が公表した「DX推進ガイドライン」（経済産業省［2018]）では，DXを「企業がビジネス環境の激しい変化に対応し，データとデジタル技術を活用して，顧客や社会のニーズを基に，製品やサービス，ビジネスモデルを変革するとともに，業務そのものや，組織，プロセス，企業文化・風土を変革し，競争上の優位性を確立すること」と定義している（傍線は筆者）。この定義にみられるように，DXはデジタル技術の単なる活用ではなく，企業のすべて（ビジネスモデルから企業文化・風土まで）を変革することにその本質がある[4]（経済産業省［2018］，［2020］，日本経済新聞社編著・日本IBM監修［2020］，西山［2021]）。

5　デジタル社会と会計

では，このようなデジタル社会の出現は，会計のあり方を大きく変化させる

14 第Ⅰ部　デジタル社会における構造変化と会計・税務上の諸問題

のであろうか。議論の前提として，会計の認識対象であるデジタル資産（デジタル財）と会計行為（収益の認識・測定，資産評価および資本維持）の現状を管見してみたい。

（1）会計の認識対象

①　デジタル資産の分類

　デジタル資産の明確な定義はない。一般的には，「資産価値を有するデジタルデータ」を意味する。たとえば，形態別であれば，次のように分類される（戸村［2021］17-25頁）。

①　デジタル金融資産：（イ）インターネットバンキングの銀行口座，（ロ）インターネット証券口座，（ハ）電子マネー・QRコード，（ニ）ポイント・マイル，（ホ）暗号資産など。

②　デジタル事業用資産：（イ）Webコンテンツ，（ロ）ビッグデータ，（ハ）ブログサイト・アフェリエイトサイト，（ニ）動画，（ホ）SNSアカウントなど。

　そこで問題となるのが，かかるデジタル資産の経済的実態は何かである。これについて，次の2点を指摘できる。

①　デジタル金融資産であれば，その経済的実態は金融資産とみることができる。

②　デジタル事業用資産であれば，その経済的実態はWebコンテンツやデジタルデータとみることができる。たとえば，今日，インターネットによって，音楽データの媒体はレコードやカセットテープ等のアナログから，

4　「デジタイゼーション」，「デジタライゼーション」，「DX」の3つの相違を闡明にしておきたい（中小企業庁編［2021］Ⅱ-165-169頁）。これらは，次のように異なる。
①　デジタイゼーション（Digitization）とは，「自社のビジネスモデルにデジタル技術を追加して新たな価値を付与すること」をいう。
②　デジタライゼーション（Digitalization）とは，「デジタル技術を活用しながらビジネスプロセス自体を変革し，新しいビジネスモデルを実現すること」をいう。
③　デジタライゼーションがビジネスモデルの変革にとどまるのに対し，DX（Digital Transformation）はさらに企業のさまざまな要因（企業組織，企業文化・風土）を変革することをいう。

CD，MD，HDD，メモリーフラッシュ等のデジタルに変化してきた。しかし，その経済的実態は音楽データであることに変化はない。もちろん，ICTの進化により，音楽産業の事業形態が変化し，そのことが産業構造のあり方を変化させることは否定しないものの，音楽というコンテンツ（経済的実態）までが変化しているわけではない。

このように，会計行為の認識対象は，媒体ではなくあくまでも経済的実態であることに留意する必要があろう。

② デジタル取引の分類

デジタル取引（電子取引）とは，「取引情報（取引に関して受領し，又は交付する注文書，契約書，送り状，領収書，見積書その他これらに準ずる書類に通常記載される事項をいう。）の授受を電磁的方式により行う取引」（電子帳簿保存法第2条第5号）とされる。インターネット上での契約締結を前提にした場合，デジタル取引は**図表1-6**のように分類できる（佐藤［2021］51頁）。

[図表1-6] デジタル取引の分類

受注者（販売者）	発注者（購入者）	仲介者（プラットフォーマー）利用の有無	対象	決済	当事者の所在地
B（Business）	B	有り	有形財	オンライン	国内
C（Customer）	C	なし	無形財	オフライン	国際

（出所）　佐藤［2021］51頁。

これらの組み合わせにより，理論的には，72通りの取引形態が考えられるものの，会計問題の対象となるのは，受注者（販売者）をB（Business）として，オンラインを用いた決済を前提とした場合であり，その他のケースは会計上の取扱いに関する議論にはほとんど影響がないとされる。かかる認識から，具体的な会計問題として，（イ）ライセンス料，（ロ）フリーミアム（「基本的サービスや商品を無料で提供するフリー」と「より高度なサービスや商品を有料で提供するプレミアム」をあわせて収益を確保するビジネスモデル），（ハ）広告モデル（インター

ネットや携帯電話を通じたコンテンツ配信に伴う広告による収益形態),(ニ)プリペイカード型の未使用分とポストペイ型の決済不能部分の取扱い,(ホ)契約における返金不要部分の取扱いなどが議論されている(佐藤[2021]68-74頁)。

(2) 収益の認識・測定

現行の会計(会計制度)では,デジタル取引に対する収益の認識・測定は,基本的に,収益認識基準に準拠することになる。収益認識基準によれば,収益認識の基本原則は,「約束した財又はサービスの顧客への移転をその財又はサービスと交換に企業が権利を得ると見込む対価の額で描写するように,収益を認識する」こととされる。この基本原則に従って収益を認識するため,**図表1-7**に示すような5つのステップが適用される。

[図表1-7] 収益認識の5つのステップ

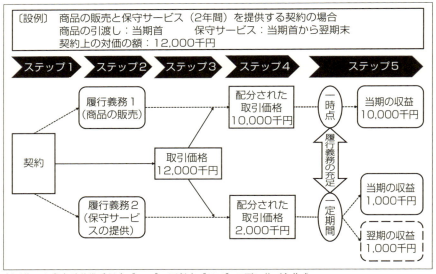

(出所) 企業会計基準委員会[2018],国税庁[2019]17頁に基づき作成。

このような収益認識基準は,伝統的な「実現主義」と大きく矛盾するものではない。収益認識基準は,伝統的な考え方を精緻化し,認識のタイミングを充

足時点に求めることで，実現主義を個別具体的に明文化したものと理解できる（伊藤［2021］209頁）。

（3）資産評価（評価基準）

資産の評価は，①取得原価，②再調達原価（取替原価），③正味売却価額，④割引現在価値，⑤公正価値などさまざまな評価基準がある（井上編著［2014］41-78頁）。デジタル財の多くは無形資産であり，「物的な実体を伴わない将来便益の請求権としての性格」を有している。無形資産の特性は，次の点にあるとされる[5]（伊藤［2021］513-514頁）。

① 「同時・多重利用が可能であること」。そのため，無形資産への投資から得られる便益は，独占的にコントロールできない。

② 「便益が不確実であること」。無形資産への投資は，企業の革新・創造活動の源泉に対する投資であり，将来の経済的便益が保証されたわけではない。

③ 「市場が存在しないこと」。そのため，無形資産の公正な市場価値を測定するのが困難である。

図表1−8は，無形資産の評価に関する各種のアプローチを要約的に示している。現時点で，無形資産の評価に関する確定的なアプローチは存在しない（伊藤［2021］521頁）。

このように，資産評価については市場経済における主要な財（評価対象）の変化に即して，新たな評価方法が誕生してきた。有形財に対する取得原価から，金融財に対する公正価値（売却時価），そして知識財に対する主観価値（割引現在価値）への変化がこれである。デジタル財に対する評価方法は確立されていないが，知識財との類似性を顧慮すれば，その評価方法は主観価値（割引現在価値）に含めることができよう。

---

5 Haskel and Westlake［2018］によると，無形資産の経済的特質は，①スケーラビリティ（無形資産は何度でも同時に低コストで使用できること），②サンク性（埋没性：無形資産の投資は埋没し回収が困難であること），③スピルオーバー（他人が無形資産を利用することが容易であること），④シナジー（無形資産は利用者が複数存在することで，互いに作用し合い，効果や機能を高めること）の4つにあるとされる（Haskel and Westlake［2018］83-132頁）。

18 第Ⅰ部 デジタル社会における構造変化と会計・税務上の諸問題

　しかし，評価対象が多様化してきた今日でも，資産評価の基本原則は「取得原価主義」である。基本原則が時価主義や割引現在価値主義に変化したわけではない。取得原価を基本として，金融商品などに時価（公正価値），また，減損や退職給付などに割引現在価値が適用されているにすぎない。

[図表1-8] 無形資産の評価アプローチ

基本評価ア プローチ	① コス ト・アプ ローチ	・無形資産の 原価に注目 するアプロ ーチ	・メリット：（ア）算出される資産価値の客観 　　　　　性が高く，データが入手しやすい， 　　　　　（イ）取得原価主義と整合する可能性 　　　　　が高い ・課題：（ア）実際の投資金額と価値金額との 　　　　間に大きなギャップ，（イ）すべての 　　　　企業の無形資産に対する投資が同等 　　　　に評価される可能性	
	② マーケ ット・アプ ローチ	・取引価額を ベースにそ の価値を推 定するアプ ローチ	・メリット：客観性が高い ・課題：マーケットが未発達であるかまたは 　　　　存在しない	
	③ 利益ア プローチ	・将来に生み 出す利益の 現在価値に 注目するア プローチ	・メリット： 　将来利益に 　注目すると 　いう点で価 　値概念と整 　合性が高い ・課題：将来 　に生み出す 　利益，期間， 　利益創出の 　可能性，リ 　スクなどの 　予測の不確 　実性や信頼 　性	（ア）超過利益法：無形資産 　　　そのものが生み出す超 　　　過利益の金額・期間・ 　　　不確実性を見積もり， 　　　無形資産の価値を測定 　　　する方法 （イ）残存価値法：企業が生 　　　み出す将来利益をベー 　　　スにした企業価値から， 　　　有形資産などの金額を 　　　控除した残存価値を算 　　　出し，無形資産をウェ 　　　イトで割り当てる方法 （ウ）免除ロイヤリティー法： 　　　知的財産が関与する売 　　　上高にロイヤリティー 　　　率を乗じてロイヤリ 　　　ティーの現在価値を算出 　　　する方法

基本評価アプローチの限界の克服	① モンテカルロシミュレーションにおける価値測定	・将来利益に影響を与えるファクターを識別したうえでそのファクターの変動の影響に確率論的な要素を取り込むアプローチ ・乱数を発生させて検証したい事象と擬似的な状況をつくり出すことにより，実際には起こっていない事象に関するさまざまな現象を検証する方法
	② リアルオプションを援用した価値測定	・金融工学をベースに開発されたオプション理論を援用 ・無形資産が利益に結びつくシナリオを描き，そのシナリオに基づいて価値測定

（出所）　伊藤［2021］517-521頁に基づき作成。

（4）資本概念と資本維持

①　資本概念の変遷

　資本維持という表現は，企業活動に対する会計的観点からの特徴づけであり，資本維持は，①名目資本維持（貨幣資本維持），②実質資本維持，③実体資本維持，④成果資本維持などさまざまな考え方が提案されてきた（上野［2014］，梅原［2022］144-149頁）。

　会計の目的は利益計算にあるという場合，そこに求められる利益の性格は資本概念によって決定される（武田［2008］130-131頁）。かかる資本概念は，市場経済（産業構造）と深いつながりがあり，産業構造における主要財の重点移動（市場参加者の関心の変化）により，資本概念も大きく変化してきた。

　図表1-9は，市場経済の変化に即して，資本概念がどのように変化したかを要約的に示したものである。この図表では，プロダクト型市場経済からファイナンス型市場経済へ，そしてナレッジ型市場経済・デジタル型市場経済への変化に照応して，資本概念は「貸方資本」から「借方資本」へ，そして「ゼロ資本」へ変化してきたことを示している。また，この図表の下部の左側は，プロダクト型企業モデル（「貸方資本」企業モデル）の特徴，下部の右側はナレッジ型企業モデル・デジタル型企業モデル（「ゼロ資本」企業モデル）の特徴を対比して示している（武田［2008］407-413頁）。

[図表1-9] 資本概念と企業モデルの変遷

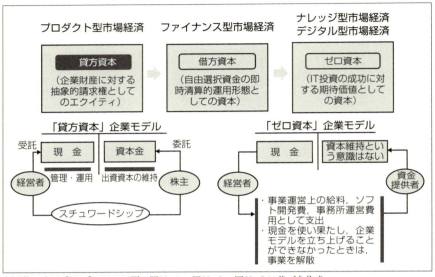

(出所) 武田 [2008] 408-413頁, 図29-1, 図29-2, 図29-3に基づき作成。

② 「プロダクト型市場経済」の資本概念

　プロダクト型市場経済では，企業活動の基幹が株主からの「出資資本」（拠出資本）であり，有形財（実物財）を物的・持続的に維持することが，企業の維持に繋がるという考え方が支配的であった。そこでは，株主の拠出資本（資本金）が，実物財たる固定資産や棚卸資産へ投資され，当該資産の効率的な運用とその果実（収益）の極大化が企業活動の目的とされる。

　そのため，プロダクト型企業では，企業の維持は経営の実物資本の維持（実物資本維持）を意味し，企業それ自体を持続的に維持することに重点がおかれる。つまり，ゴーイング・コンサーンとしての「物的継続事業」が企業実体をなしている。かかるプロダクト型企業では，株主から受託資本の管理・運用を委託された経営者にとって，資産を効率的に運用する責任（資産の管理・運用責任）と同時に，株主からの受託資本（資本金）を維持し，その果実を極大化する責任（資本維持の責任）を負担する一方，その結果を報告する責任を負担する（スチュワードシップ）。

このように，資本概念は株主からの出資資本たる資本金が本来の資本概念であり，維持すべき資本は，拠出資本としての貨幣資本（貨幣資本維持）とされる。つまり，本来の資本概念は，「貸方」に所在する「資本金」（「貸方資本」）ということになる。

③ 「ファイナンス型市場経済」の資本概念

これに対し，ファイナンス型市場経済は，ボラティリティ（価格の変動性）とフィージビリティ（現金化可能性）が市場特性とされ，1つの金融財が1つの投資実体として，採算点で即時的に清算されることに特徴がある。金融財それ自体は自由選択資金としての特質をもち，投下された金融財を銘柄的に（同一物として）持続的に維持する必然性はない。

そのため，ファイナンス型企業では，金融財に対する「貨幣投下額の維持回収計算」（投資回収による採算計算）に重点がおかれ，リクイデーション（清算）を当然の宿命として，そこに存在価値を認めた「単位金融財の集合体」が企業実体をなしている。換言すれば，企業実体は，金融財を中核とした利潤追求のための「サイボーグ的企業」（利潤追求を指向するプログラム化されたコンテンツを内蔵した企業体）であり，金融財がその実質的本体をなす「短期清算的企業」として特徴づけられる。

このように，本来の資本概念（貸方資本）は存在せず，投資額（あるいは仮想元本）の計算的大きさである「資産額」（「借方資本」）が存在するだけである（武田［2008］409-410頁）。

④ 「ナレッジ型市場経済・デジタル型市場経済」の資本概念

（イ） ナレッジ型市場経済・デジタル型市場経済の台頭

ナレッジ型市場経済・デジタル型市場経済は，無形財（知識財・デジタル財）それ自体が企業価値のファンダメンタルズとされ，資本金という担保を必要としない。担保となるのは，知識財（ビジネスモデル，ブランド，ライセンス，ノウハウ，特許など）やデジタル財（ICT技術，Webコンテンツ，ビッグデータなど）といった無形財であり，モノとしての担保は存在しない。

そのため，ナレッジ型企業・デジタル型企業では，収益の源泉は競合他社と

の「差異性」であり，この差異性は，既知の知識に新たな知識を結合させた「新たなコンセプト」の創出（イノベーション）によって形成される。そこでは，無形財が企業価値創出のリソースであり，無形財の価値（企業価値）は将来的に稼得しうるキャッシュ・フローへの期待とされる。つまり，「将来キャッシュ・フローの最大化計算」が重視され，投資者の提供資金は，企業活動の財源ではあっても，資本としては意識されず，資本維持という思想はわいてこない。

したがって，「借方資本」も「貸方資本」も存在することなく，資本維持という意識もないことから，実態的には「ゼロ資本」ということになる（武田［2008］410-411頁）。

(ロ)　資本維持と「貸借平均の原理」

ナレッジ型市場経済・デジタル型市場経済では，無形財の資産計上（無形資産）が問題となる一方，資本維持の考え方はゼロ資本とされることから，伝統的な制度会計の基本思考である「貸借平均の原理」との関係が問題となる。

周知のように，制度会計では，会計情報の内容は損益計算書と貸借対照表に要約され，貸借対照表の特徴は「貸借平均の原理」にある。つまり，貸借平均の原理こそが，制度会計の根底を支える基本原理とされる。しかし，デジタル社会における会計報告書（貸借対照表）は，必ずしも，貸借平均を予定する必要はない。デジタル社会における会計の最も重要な情報特性は「目的適合性」であり，目的適合性ある情報であれば，それが財務的性格を有するものであると，非財務的性格を有するものであるとを問わず，会計情報として提供しなければならない（河﨑［1997］10-14頁）。そのため，武田［1971］は，情報会計と制度会計の相違を特徴づけるにあたり，情報会計は「貸借平均を予定していないことに特徴がある」としている（武田［1971］14頁）。この見解を「ゼロ資本」概念に援用すれば，「デジタル社会の会計報告書は貸借平均を予定するものではない」と表現できよう。

このことは，デジタル社会の会計報告書が貸借平均してはならないことを意味するものではない。「貸借平均するような形で目的適合性ある情報を提供できるのであれば，それもまた好ましい」（武田［1971］15頁）のである[6]。

6　デジタル社会の企業モデルと会計モデル

　以上の議論を踏まえ，本節では，デジタル社会における企業モデルと会計モデルを提示してみたい。

（1）デジタル社会の企業モデル

　従来，企業が市場経済における活動の場を通じて収益を稼得する手段は，プロダクト（製商品）とファイナンス（金融商品）であった。いずれも独立財として市場価値を有し，独立の当事者間において公正取引の対象となる財である。しかし，デジタル社会では，単純に設備財を備え，生産に取り組むという体制からでは，収益機会を捉えた効率的な経済活動は期待できない。そこには，競合他社とは異なる「差異性」を創出する工夫が必要となる。プロダクトやファイナンスが企業の差異性を形づくり，市場において収益機会を高めるには，それらの背後に知識財やデジタル財といった無形財が存在する。今日のデジタル社会では，これらが企業価値創造のリソース（主要財）として重視されはじめ，知識財やデジタル財に大きく傾斜した市場原理の作用する社会（デジタル社会）が出現しつつある。かかる認識に基づき，デジタル社会における企業モデルを示したものが**図表1-10**である。

　知識財やデジタル財は，プロダクトやファイナンスに差異性を与える重要な無形財であって，それ自体極めて決定的な役割を担うものではあるが，知識財やデジタル財をそれ自体として評価することは困難である。この図表に示すように，知識財やデジタル財は，プロダクトやファイナンスの仕組みや設計に溶け込み，他社とは異なった差異性（優位性）を与えるという効果を持つ点に大きな特徴があるとみることができる（武田［2008］152-153頁）。

　このように，無形財（知識財・デジタル財）が主要財となったといっても，それ自体が主要な取引対象となる側面がある一方，それらは有形財や金融財の中に融和する形で溶け込み，他社との差異性を形づくる作用を通じて収益性へ

6　その場合，「貸方」科目の性格をどのように理解するかが新たな課題となりうる。

[図表1-10] デジタル社会における企業モデル

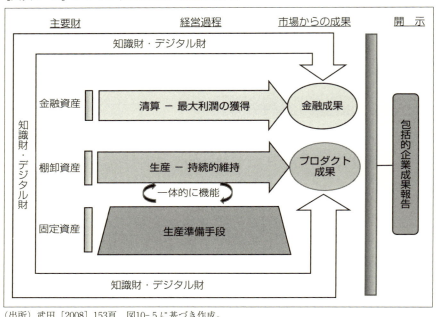

(出所) 武田 [2008] 153頁, 図10-5に基づき作成。

反映される側面があることも理解しておく必要があろう。

(2) デジタル社会の会計モデル

図表1-11は, デジタル社会における会計モデルの基本的構図を示したものである。この図表では次のことが示されている。

① 第1に, 会計の認識は, 産業構造の変化に即応して, その経済的実態を反映するものでなければならない。つまり, デジタル社会の会計理論は, プロダクト型市場経済からファイナンス型市場経済へ, さらにナレッジ型市場経済・デジタル型市場経済への移行を踏まえ, 有形財, 金融財, 知識財およびデジタル財の経済的実態を忠実に写像する必要がある。

② 第2に, 会計の測定は, 測定対象の属性に即した測定ルールを適用するものでなければならない。つまり, 有形財は生産的利用可能性という属性

[図表1-11] デジタル社会の会計モデルの基本的構図

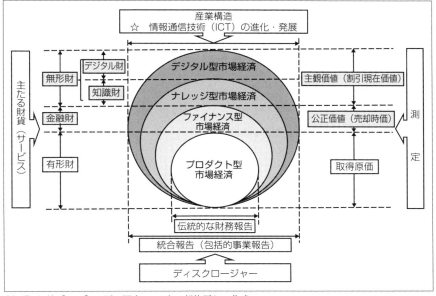

(出所) 河﨑 [2009] 13頁, 図表1-3を一部修正して作成。

を有するのに対して、金融財は投資の回収可能性という属性を有する。また、知識財は企業の価値創出の知的利用可能性、デジタル財はその電子的利用可能性に本来的特性がある。したがって、デジタル社会の会計理論は、有形財、金融財、知識財およびデジタル財の測定属性に即した多元的測定（混合属性測定）を可能にする必要がある。**図表1-11**では、有形財には取得原価、金融財には公正価値（売却時価）、無形財[7]（知識財・デジタル財）には主観価値（割引現在価値）といった測定基準（評価方法）が提案されている。

③ 第3に、会計の伝達は、企業の経済的実態を適時かつ正確に提供するものでなければならない。つまり、デジタル社会の会計ディスクロージャーは、従来の財務報告を、企業の価値創出能力の評価に役立つ非財務的・定

---

7 デジタル財は金融資産と事業用資産に区別されることから、金融資産としてのデジタル財（暗号資産など）は金融財として取り扱われる。

性的情報を加味する形で拡張された包括的事業報告であるとともに，Web
などの電子メディアを活用した即時的な情報提供を可能にする必要がある。

　このように，産業構造（市場経済）がファイナンス型市場経済からナレッジ
型市場経済へ，そしてデジタル型市場経済に変化しているものの，依然として，
収益認識の基本原則は「実現主義」であり，資産評価の基本原則は「取得原価
主義」である[8]。確かに，金融財に公正価値（売却時価），無形財に主観価値
（割引現在価値）などが適用されてはいるものの，その基本原則は，依然として，
取得原価主義であることに変化はない。それ故，デジタル社会の会計は，市場
経済の主要財（認識対象）が多様化してきたという意味で，多様な評価方法が
混在した「ハイブリッド型会計」（混合属性会計）というのが適切な特徴づけか
も知れない。

7　おわりに

　本章で指摘したように，①決済手段のデジタル化，②モノからサービスへの
転換，③プラットフォーム（新たなビジネスモデル）の出現，④企業価値の無
形資産化，⑤ビッグデータの活用など，デジタル社会の変化は多様である。
　かかる変化を踏まえ，本章では，デジタル社会（ナレッジ型市場経済・デジタ
ル型市場経済）が会計に与える影響を概括的に検討することを試みた。結論的
には，デジタル社会の会計は，多様な評価方法が混在した「ハイブリッド型会
計」（混合属性会計）であり，無形資産と非財務情報の開示を含んだ企業価値創
出能力の評価を可能にする「包括的企業成果報告」として特徴づけることがで
きよう。
　他方，このようなデジタル社会の特徴は，税務環境を大きく変化させる可能
性がある（河﨑［2011］3-12頁，森信［2019］33-46頁，成道［2021］1-36頁，金
子［2022］223-236頁）。たとえば，①「国境を越えた課税」（恒久的施設（PE）
に着目した従来の課税方式が通用しなくなる問題），②「価値創造地と納税地の乖

8　「中小企業の会計に関する基本要領」の「各論1」と「各論2」では，そのことを明確に規定して
　いる（河﨑［2018］96-113頁）。

離」（無形資産の価値創造地と納税地の乖離による税の帰属と配分の問題），③「国際的な租税回避」（低税率国やタックスヘイブンへの利益移転による租税回避問題），④「競争条件の公平性」（グローバルビジネスが企業の競争条件の公平性を阻害する可能性），⑤「税務行政におけるIT活用」（IT技術を正確な所得の把握と適正申告にいかに活用するかという問題）などがこれである。

　第2章以降では，本章の議論を踏まえ，これらを含むデジタル社会の税務問題が具体的に議論される。

【参考文献】

Bergeron, Bryan［2003］*Essentials of XBRL：Financial Reporting in the* 21*st Century*, John Wiley & Sons, Inc.（訳書）河﨑照行監訳［2007］『21世紀の財務報告―XBRLの本質』同文舘。

FASB［2006］Statement of Financial Accounting Standards No.157, *Fair Value Measurements*, Financial Accounting Standards Board.

Haskel, H. and S. Westlake［2018］*Capitalism Without Capital：the Rise of the Intangible Economy*, Princeton：Princeton University Press.（山形浩生訳［2020］『無形資産が経済を支配する―資本のない資本主義の正体』東洋経済新報社）

Lev, Baruch［2001］*Intangibles：Management, Measurement, and Reporting*, Brookings Institution Press.

Lev, Baruch and Feng Gu［2016］*The End of Accounting and The Path Forward for Investors and Manager*, Wiley.（伊藤邦雄監訳［2018］『会計の再生―21世紀の投資家・経営者のための対話革命』中央経済社）

Nissim, D. and S. Penman［2008］*Principles For The Application Of Fair Value Accounting*, Columbia Business School, Center for Excellence in Accounting and Security Analysis, White Paper Number Two.

伊藤邦雄編著［2006］『無形資産の会計』中央経済社。

伊藤邦雄［2020］『新・現代会計学入門（第4版）』日本経済新聞出版社。

伊藤邦雄［2021］『企業価値経営』日本経済新聞出版社。

井上良二編著［2014］『新版　財務会計論（改訂版）』税務経理協会。

上野清貴［2005］『公正価値会計と評価・測定―FCF会計，EVA会計，リアル・オプション会計の特質と機能の究明』中央経済社。

上野清貴［2014］『会計測定の思想史と論理―現在まで息づいている論理の解明』中央経済社。

梅原秀継［2022］『財務会計論』白桃書房。

浦崎直浩［2002］『公正価値会計』森山書店。

金子友裕編著［2022］『課税所得計算の形成と展開』中央経済社。

河﨑照行［1997］『情報会計システム論』中央経済社。

河﨑照行［2007］「会計制度変革と会計理論の展開」『會計』第171巻第5号，1-15頁。

河﨑照行［2009］「産業構造の変化と公正価値会計の展開―プロダクト型経済からナ
　　レッジ型経済へ」古賀智敏編著『財務会計のイノベーション―公正価値・無形
　　資産・会計の国際化による知の創造』中央経済社，3-15頁。

河﨑照行編著［2011］『ネットワーク社会の税務・会計』税務経理協会。

河﨑照行［2018］『最新　中小企業会計論』中央経済社。

河﨑照行編著［2019］『会計制度のパラダイムシフト―経済社会の変化が与える影
　　響』中央経済社。

河﨑照行編著［2020］『会計研究の挑戦―理論と制度における「知」の融合』中央経
　　済社。

企業会計基準委員会［2018］企業会計基準適用指針第30号「収益認識に関する会計
　　基準の適用指針」企業会計基準委員会。

経済産業省［2018］「デジタルトランスフォーメーションを推進するためのガイドラ
　　イン」（DX推進ガイドライン）経済産業省。

経済産業省［2020］「DXレポート2（中間取りまとめ）」経済産業省。

黄世忠［2020］「会計に関する10のパラドクス」河﨑照行編著『会計研究の挑戦―理
　　論と制度における「知」の融合』中央経済社，53-96頁。

国税庁［2019］「『収益認識に関する会計基準』への対応について―法人税関係」国
　　税庁。

坂上学［2016］『事象アプローチによる会計ディスクロージャーの拡張』中央経済社。

佐藤信彦［2021］「デジタルネイティブ企業の会計」成道秀雄編著「デジタル取引と
　　課税」『日税研論集』第79号，日本税務研究センター，39-76頁。

総務省編［2019］『令和元年版　情報通信白書』総務省。

総務省編［2021］『令和3年版　情報通信白書』総務省。

武田隆二［1971］『情報会計論』中央経済社。

武田隆二［1993］「会計環境の変化と財務会計理論の現代的課題―会計責任と社会報
　　告責任」『會計』第143巻第1号，1-13頁。

武田隆二［2001］「会計学認識の基点」『企業会計』第53巻第1号，4-10頁。

武田隆二［2008］『会計学一般教程（第7版）』中央経済社。

中小企業庁編［2021］『2021年版　中小企業白書』経済産業省。

デジタルトランスフォーメーションに向けた研究会［2019］「『DX 推進指標』とその
　ガイダンス」経済産業省。
戸村涼子［2021］『デジタル資産と電子取引の税務』日本法令。
成道秀雄［2021］「デジタル化と法人税務」成道秀雄編著「デジタル取引と課税」『日
　税研論集』第79号，日本税務研究センター，1 -37頁。
西山圭太［2021］『DX の思考法—日本経済復活への最強戦略』文藝春秋。
日本経済新聞社編著・日本 IBM 監修［2020］『THE DX　デジタル変革の真髄』日
　本経済新聞出版（日経 MOOK）。
古庄修［2012］『統合財務報告制度の形成』中央経済社。
森信茂樹［2019］『デジタル経済と税—AI 時代の富をめぐる攻防』日本経済新聞社。

（河﨑　照行）

第2章

シェアリング・ギグエコノミーの会計・税務

1　はじめに

　情報通信技術（Information and Communication Technology：ICT）の発達にともなうシェアリング・ギグエコノミー（以下「シェアリングエコノミー等」という）の展開は，伝統的な取引形態，ビジネスモデル，および経済構造の変革を促してきた。特に，ネットワーク効果をともなう多面市場での価格形成，無形資産の重要性の増大，法人のみならず個人も含む参加者の参入・退出の容易化による CtoC 取引の拡大と参加者の流動化などは，伝統的な市場経済では見られなかった新たな会計および税務に係る問題を引き起こしている。

　そこで本章では，まずシェアリングエコノミー等の構造と特徴を確認し，次にそのような構造と特徴がもたらす特にプラットフォーム事業者にとっての会計問題を明らかにし，続いてシェアリングエコノミー等における売手とプラットフォーム事業者に係る課税問題を示したうえで，売手の課税問題に対する有効な所得課税のための取組みと，令和6（2024）年度税制改正によって新たに創設されたプラットフォーム課税制度を紹介するとともに，残された課題を指摘する。

2　シェアリングエコノミー等の構造と特徴

（1）シェアリングエコノミー等の意義と構造

　シェアリングエコノミー等については，さまざまな分野で新たなサービスが開発され登場する途上にあることから，一義的に定義することは難しいといわれている（Pantazatou［2019］p.216）。「シェアリングエコノミー」あるいは「コラボレイティブエコノミー[1]」という用語を，幅広いオンラインプラットフォームを含めて使っている国もあれば，別の国ではシェアリングエコノミーとギグエコノミーを区別している[2]（OECD［2019］par.22）。代表的な理解として，日本政府のシェアリングエコノミー検討会議［2016，1頁］は，シェアリングエコノミー等を，個人や企業や自治体などが保有する活用可能な資産等[3]をインターネット上のマッチングプラットフォームを介して他の個人等も利用可能とする経済活性化活動と捉えている[4]。シェアリングエコノミー等は，一

1　欧州委員会（European Commission）［2016］は，シェアリングエコノミーをコラボレイティブエコノミー（collaborative economy）とよんでいる。コラボレイティブエコノミーは，次の3種類の参加者によって構成される。①資産，資源，時間または技能を共有するサービスの売手であり，空いた時間にサービスを提供する対等な個人（peer）であることもあれば，専門的能力によるサービスを提供する売手（職業専門家）であることもある。②これらの資産等の利用者。③オンラインプラットフォームを介して売手と利用者をつなぎ取引を促進する仲介者（コラボレイティブ・プラットフォーマー）。

2　通常，シェアリングエコノミーは資産に結びつけられ，ギグエコノミーはサービスに結びつけられる（OECD［2019］par. 3）。

3　技能や時間などの無形のものも含む。

4　欧州委員会は，シェアリングエコノミー等を，「しばしば個人によって提供される財サービスの一時的利用のための開かれた市場（open marketplace）を形成する協働プラットフォームによって活動が促進されるビジネスモデル」（European Commission［2016］p.3）と定義している。OECD［2019, pars. 22-24, Box2.1］によると，ギリシアでは，「シェアリングエコノミーは，デジタルプラットフォームが多くは個人によって提供される財サービスの一時的利用のために開かれた市場を形成するモデルなら何でも」と定義されている。イタリアでは，2016年に「時間および空間，財サービスといった資源を最適に配分し共有することを基礎とするビジネスモデル。プラットフォーム事業者は，利用者を結びつける進行役として行動し，付加価値を提供する」という法的定義が提案されたが，承認されてはいない。ノルウェーでは，「シェアリングエコノミーとは，サービスの提供またはサービス，スキル，資産，資源あるいは資本の交換を調整するデジタルプラットフォームを通じて所有権を移転することなく主として個人間で可能となり促進される経済活動を意味する。」と定義されている。他の国でも，解説資料や幅広い戦略や公的議論といったさまざまな利用の中で定義が混在している。

般に所有権の変更をともなわず，営利・非営利を問わず実行され得る（European Commission［2016］p.3）。

シェアリングエコノミー等においては，財サービスの買手（需要側）と売手（供給側）が，インターネット上に構築されたデジタルプラットフォームで結びつけられる。プラットフォームは，さまざまな情報を集め交換する場であると同時に，財サービス展開の基盤となる環境でもある（マカフィー・ブリニョルフソン［2018］37頁）。ただし，プラットフォームそのものの実態は，アプリケーションソフトとソースコードにすぎず，プラットフォーム事業者（運営者）は，これらの無形資産を所有するにすぎない。

シェアリングエコノミー等では，財サービスを提供する売手，提供された財サービスを利用あるいは購入する買手，および両者を仲介するプラットフォーム事業者の3者から構成されるプラットフォームビジネスが展開される。プラットフォーム事業者は，あるプラットフォーム参加者グループの別の参加者グループへのアクセス，および商品，サービス，コンテンツなどの売買や配信，あるいは空間，移動，物，知識，技能および資金の共有を，インターネット上で提供するICT企業である。プラットフォームビジネスモデルは，財サービスに対する需要と供給を可視化し，異なる参加者グループの間を仲介することによって，資源の有効活用を促進し価値を生み出す。

［図表2-1］ プラットフォームビジネスの構造

プラットフォーム事業者は，シェアリングエコノミー等にとって必須の存在であるとはいえ，売手と買手との間の商品売買やシェアリングサービスの利用に関する契約の仲介者にすぎない。利用契約や売買契約は，売手と買手との間で結ばれる。したがって，提供される財サービスの品質についての責任を負うのは売手であり，対価の支払義務は買手にある。このため，売手も買手もともに，相手方の信用や財サービスの品質を吟味する必要がある。プラットフォーム事業者は，こうした品質や信用に関する情報の非対称性に起因する逆選択（adverse selection）によって取引が円滑に行われなくなることを避けるために，両者が相互にレビューする機能や評価情報を提供することが多い。

決済もプラットフォームを利用して行われるのが普通である。そこでプラットフォーム事業者は，プラットフォーム利用料や手数料などの名目で，売手または買手から決済代金や仲介サービスの対価を徴収する。このように，プラットフォーム事業者は，参加者登録，出品，引合せ，売買，配信といったマッチングサービスのほかに，情報交換すなわちコミュニケーション手段の提供，評価，決済などの機能も提供し，その対価としてプラットフォームの利用料金を売手と買手の両方または一方から受け取る。プラットフォームは，企業と市場の中間的存在と位置づけられ，活用されていない資源を一時的に市場化するメカニズムとして機能する（シェアリングエコノミー検討会議［2016］4頁）。

プラットフォームビジネスには，データへの依存と無形資産の重要性の増大，顧客の参加と変動，プラットフォームの価値に影響するネットワーク効果，間接ネットワーク効果をともなう多面市場，および独占または寡占化と流動性といった特徴がある（OECD［2015］）。

（2）多面ビジネスモデル

プラットフォームビジネスには，プラットフォーム参加者の数が参加者にとってのプラットフォームの価値に影響するネットワーク効果という特徴がある。ネットワーク効果には，直接効果と間接効果がある。

直接ネットワーク効果とは，ネットワーク上のある1つの参加者グループに新規参加者を追加したときの影響をいう。参加者の追加によって，接触や相互交流がしやすくなり，同じグループ内の既存参加者にとって良くなる場合は，

正の直接ネットワーク効果が生じる。逆に，既存参加者に悪くなる場合は，負の直接ネットワーク効果が生じる（エヴァンス・シュマレンジー［2018］306-307頁）。たとえば，電話加入者が1人増えると，電話回線の規模が大きくなり人と人とのつながりが拡大することによって，電話利用者間で電話の利便性が高まることは，正の直接ネットワーク効果である。逆に，加入者の増加によって，回線が混雑し，つながりにくくなることは，負の直接ネットワーク効果になる。

　間接ネットワーク効果とは，あるグループの参加者がネットワークに新たに加わることによって，別のグループの参加者の価値に与える影響をいう。プラットフォーム事業者があるグループに提供するサービスの価値が，別のグループの参加者数に依存するときのネットワーク効果は間接的なものになる。別のグループの参加者にとっての価値を高めるものは正の間接ネットワーク効果になり，価値を減らすものは負の間接ネットワーク効果になる（エヴァンス・シュマレンジー［2018］48-49頁，305頁）。間接ネットワーク効果の存在は，あるグループの参加者の需要あるいは数が，別のグループの参加者の需要あるいは数と相互依存的関係にあり，プラットフォーム事業者が各参加者グループに提供する仲介サービスが補完的であることを意味する。

　間接ネットワーク効果は，プラットフォームビジネスに多面ビジネスモデル（multi-sided business model）というもう1つの特徴をもたらす。複数の異なる参加者グループがプラットフォームを通じて相互に作用し，各参加者グループの意思決定が他の参加者グループにとっての余剰に影響するようなネットワーク外部性（間接ネットワーク効果）の存在する市場を，多面市場（multi-sided market）という。多面ビジネスモデルは，多面市場を前提として，プラットフォーム上に相互に依存関係のある複数の参加者グループがいるときに，あるグループに対して他のグループへの影響を考慮して異なる価格設定[5]でサービスを提供し利益最大化を図るビジネスモデルである。

　プラットフォーム事業者の料金設定に影響する間接ネットワーク効果は，プラットフォーム事業者が独占的地位にあるか，それとも他のプラットフォーム事業者と競合関係にあるかのほかに，プラットフォーム事業者の提供する各

5　無料のこともある。

サービスに対する各参加者グループの需要の価格弾力性の相違や，参加者グループにおける代替利用（multihoming）の程度を原因として生じる（Rochet and Tirole [2003]，Armstrong [2006]）。異なる参加者グループに提供されるサービスが補完財の関係にあるとき，ある参加者グループに提供されるサービスの価格を引き下げれば，そのサービスのみならず，別の参加者グループに提供されるサービスの需要も増加する。双方を合わせた全体の需要をより大きく増加させるには，参加者グループ間で需要の価格弾力性を比較し，相対的に価格弾力性の高い側で価格を引き下げ，価格弾力性の低い側で価格を引き上げればよい。たとえば，クレジットカードを利用する消費者の会費の価格弾力性のほうが加盟店の手数料の価格弾力性よりも高い場合には，クレジットカード会社は，利用者の会費を低く設定するか無料とし，かわりに加盟店からの手数料を高く設定することによって，収益を拡大することができる。一方の価格変動が他方の需要に影響する交差弾力性が大きいほど，この収益拡大幅は大きくなる。

　ただし，多面市場における一方の側における均衡価格は，他方の側における代替利用の程度にも依存する。たとえば，クレジットカードの利用者側と加盟店側という2面市場に直面するカード会社（たとえばVisaまたはAmex）は，VisaとAmexの両方を保有し代替利用する利用者が多くなるほど，自社のカードの利便性を高めて利用者を増やすために，加盟店を増やすことが必要となり，加盟店側における手数料引下げ競争を激化させることになる（Rochet and Tirole [2003]）。

　これらの要因から，プラットフォーム事業者による仲介サービスの料金価格の設定は複雑になる。それは，間接ネットワーク効果を介した各参加者グループの需要の相互依存性，すなわち参加者数の変動を考慮しながら，利益最大化を図るように調整されなければならない。間接ネットワーク効果を反映すると，各仲介サービスの価値を反映する対価の全額を，そのサービスを直接享受する参加者グループから受け取るのではなく，一部または全部を他の参加者グループから回収することになる（OECD [2015] par.173）。そして，あるグループから得た利益で別のグループからの損失を埋め合わせながら，全体として利益の最大化を図ることになる。プラットフォーム事業者の提供する個別の財サービ

スと対価が等価で直接交換されないことに，多面ビジネスモデルの特徴がある。

（3）無形資産の重要性

　プラットフォームビジネスでは，買手は，財サービスを注文し利用し消費するだけではなく，それを改良したり宣伝するための情報や，売手から提供された財サービスの品質に関する評価情報などを，無償または有償でプラットフォーム事業者に提供する。同様に，売手も買手の信用情報などを提供する。参加者が増加すれば，プラットフォーム事業者だけでは気づかないアイデアのほか顧客の嗜好や品質改善に役立つ情報がプラットフォーム上に無形資産として集積され，それがプラットフォームの信頼性と仲介サービスの質を高めるので，さらに参加者が増えて集積情報も増えることになり，その多くの情報を求めてより多くの顧客が参加し，さらに顧客データや評価情報などの集積が進むという相乗効果が生じる。サービスの利用者つまりプラットフォーム参加者が増えるほど，参加者にとってのサービスの価値が高まる相乗効果によって，財サービスの品質やプラットフォーム事業者の信頼性が向上し，そのプラットフォームにより大きな経済価値が創造されることになる。

　多面市場では，参加者の増加にともなって，取引される補完財の種類も増加する。補完財の種類が増えれば，市場の一方の側の参加者の増加が他方の側の参加者の増加を引き起こすことになる。こうした相乗効果と多面市場における間接ネットワーク効果は，新たな収益機会を生み出すだけでなく，補完財に対する需要も増大させ，プラットフォームの参加者や無形資産の価値が増大することになる。

3　プラットフォーム事業者の会計問題

（1）プラットフォームビジネスの会計属性

　無形資産の重要性の増大，顧客の参加と変動，ネットワーク効果，多面市場，および独占または寡占化と流動性といったプラットフォームビジネスの特徴は，プラットフォーム事業者の会計面で，無形資産の無償取得と，多面市場におけ

る料金設定の複雑性を原因とする問題を引き起こす。

　まず，プラットフォーム事業者は，デジタル経済下で重要性が高まっている無形資産，すなわち売手の品質に関する評価情報や買手の嗜好・消費行動および信用などに関するデータなどを，参加者から取得することができる。しかし，これらの無形資産の取得価額相当額は，プラットフォーム事業者の提供する仲介サービスの料金と相殺され，外見的には無形資産は無償で取得されるため，その取得価額を正確に測定することは難しい。仮に無形資産の取得価額を正確に測定できたとしても，その取得後の利用や時間の経過にともなう減価を正確に認識すること，言い換えれば適正な償却計算も困難である。参加者の高い流動性は無形資産の価値の急速な陳腐化をもたらすこともあり得るし，またネットワーク効果によるプラットフォームの価値向上とが混在すると，取得した無形資産の未消費高と自己創設のれん部分を区別することも難しいからである。

　次に，プラットフォーム事業者は，多面市場においては，一方の側での取引だけではなく，他方の側での取引とあわせて全体としての料金を設定し，各参加者の需要の価格弾力性や代替利用の程度を考慮して，それぞれの側に料金価格を配分する。その結果，プラットフォーム事業者の提供するサービスの利用者と，その対価の支払者は分離することになり，配分された利用料金が利益最大化を達成する均衡価格であったとしても，その価格は各参加者が享受したサービスの価値を反映しているとは限らない[6]。

　このようなプラットフォームビジネスの特徴は，プラットフォーム事業者における収益の認識・測定や収益費用対応計算に影響することになる。

（2）収益認識の問題

　上記（1）で述べたように，多面市場においてプラットフォーム事業者が受け取る料金設定には，利益最大化のための均衡価格調整の結果としての各参加者グループへの価格配分と，無形資産の取得価額との相殺の2つが反映される。しかし，これら2つの要素を識別することは困難である。多面市場における価格配分および無形資産の取得価額との相殺は，キャッシュバックまたは値引き，

6　売手と買手が異なる課税管轄に居住する場合には，税源の国際配分にも影響する。

ポイント付与，あるいは無償または低料金サービスといった形で行われる。これらの原因が，多面市場における価格配分なのか，それとも無形資産の取得価額との相殺なのかによって，会計処理も変わってくるので収益認識に影響する。

　下の設例では，それぞれにおける収益認識の会計処理を，多面市場における価格配分の場合と無形資産の取得の場合とに分けて示す（鈴木［2021a］）。

［キャッシュバック・値引き］
　プラットフォーム事業者は，参加者から利用料金を100受け取り，10をキャッシュバック（値引き）した。
（価格配分）
　　（借）現　　金　　90　　（貸）営業収益　　90
（無形資産の取得）
　　（借）現　　金　　100　　（貸）営業収益　　100
　　（借）無形資産　　10　　（貸）現　　金　　10

［無料サービス］
　プラットフォーム事業者は無料でサービスを提供した。
（価格配分）
　　仕訳なし
（無形資産の取得）
　　（借）無形資産　　10　　（貸）受　贈　益　　10

［ポイント付与］
　プラットフォーム事業者は，参加者から利用料金を100受け取るとともに，自社発行ポイント10相当を付与した。
（価格配分）
　　（借）現　　金　　100　　（貸）営業収益　　91
　　　　　　　　　　　　　　　　　契約負債　　9
（無形資産の取得）[7]
　　（借）現　　金　　100　　（貸）営業収益　　100
　　（借）無形資産　　10　　（貸）ポイント
　　　　　　　　　　　　　　　　　引当金　　10

7　プラットフォーム事業者が参加者から取得した無形資産の対価としてポイントを付与することは，仲介サービスの提供とは別個の財を取得した取引と考えられるので，利用料金を仲介サービスの履行義務とポイントからの履行義務とに配分することはせず，別の取引として処理する。

上記の設例からわかるように，値引き等の原因が多面市場における価格配分か，それとも無形資産の取得価額相当額との相殺かによって，収益認識の会計処理は異なってくる。

　企業会計原則第二・一Ａは，費用および収益を，その支出および収入に基づいて計上することを求め，収益認識会計基準第16項は，財サービスの顧客への移転を当該財サービスと交換に企業が権利を得ると見込む対価の額で描写するように収益を認識することを要求している。しかし，これらの会計基準は，多面ビジネスモデルにおける収益測定の基礎となる収入が，その収益を発生させた個別取引のみの対価を指すのか，それとも他の側の取引対価を含めた全体としての価格構造を考慮するのかを明らかにはしていない。

　さらに，収益認識会計基準の収益認識ステップ２（履行義務の識別）においては，キャッシュバック，ポイント付与あるいは無料または低料金サービスを，間接ネットワーク効果を反映する価格配分分と，無形資産の取得対価分とに分けて，別個の履行義務として識別する必要がある。プラットフォーム事業者が無形資産を取得する場合には，それを提供する履行義務は参加者側にあり，プラットフォーム事業者は顧客になるのだから，プラットフォーム事業者が無形資産を取得することは，参加者に仲介サービスを提供するのとは別個の取引となるからである。

　しかし，多面ビジネスモデルにおける間接ネットワーク効果および参加者から取得する無形資産の価値を正確に測定することはともに難しい。このため，値下げやキャッシュバックや付与ポイントの金額を，多面市場における価格配分分と無形資産の取得対価分とに分けることは実務上困難である。各側における配分価格を取引時の時価とするとしても，各側の参加者の需要に対する価格弾力性や代替利用の程度を実際に測定することは難しいので，そもそも均衡価格としての配分価格を推定することは困難である。価格配分の推定が困難になると，無形資産の取得価額の推定も難しくなる。この困難性は，ステップ３の取引価格の算定，およびステップ４の履行義務への取引価格の配分，すなわち別個の取引ごとの収益測定にも影響する。

　多面ビジネスモデルでは，参加者から取得した無形資産に外見上は対価を支払わないので，その取得価額は０になる。企業会計原則第三・五Ｆは，贈与

その他無償で取得した資産については，公正な評価額をもって取得原価とすることを要求している。したがって，取得した無形資産を公正な評価額で計上すべきことになる。しかし，無形資産の公正な評価額を推定することは困難である。わが国には無形資産に関する会計基準は存在しないが，IAS38, par. 21（b）は，無形資産の認識に，取得原価を信頼性をもって測定できることを要求している。したがって，IAS38に従うならば，参加者から取得する無形資産は，貸借対照表能力を持たないことになる。

（3）収益費用対応計算の問題

　プラットフォーム事業者が，多面市場の各側ごとに収益を認識・測定するのではなく，多面市場全体として収益を認識・測定することになれば，収益と費用の個別的対応関係に基づく計算は困難になる。多面市場における価格配分は，一方の参加者との取引によって発生した収益が他方の参加者との取引で実現することを意味する。伝統的な対応原則でも，期間対応概念は異なる市場で実現した収益と発生した費用とを対応づけるという異空間での収益費用対応計算を暗黙のうちに包含してきた。シェアリングエコノミー等では，このような期間対応概念の適用範囲が広がり，事実上，具体的な対応関係に基づかない権利義務確定主義を収益および費用の計上基準とせざるをえなくなろう（鈴木[2021b]）。

　また，取得した無形資産は参加者の変動性やプラットフォームビジネスの流動性から早期にその価値を失うおそれがある半面，ネットワーク効果によって自己創設のれんが形成される可能性もある。しかし，両者の識別は難しく混在することになると，無形資産の償却期間の見積りも困難になる。これも収益費用対応計算を難しくする要因になる（鈴木[2021b]）。

4　シェアリングエコノミー等における課税問題

（1）シェアリングエコノミー等の税務行政への貢献

　シェアリングエコノミー等の進展は，税務行政に対して2つの貢献をするこ

とが期待されている（OECD［2019］pars.16-18）。第1に，プラットフォームを介した支払いは，現金取引と違って電子形式で記録され，それには当事者の身元も含まれるので，取引記録自体が，自発的な法令遵守を促すかもしれない。また，情報が課税当局に入手可能であれば，よりすぐれた税務調査の証跡が得られるし，記入済申告書や源泉徴収といった法令遵守を促す制度設計を促進することも期待できる。第2に，プラットフォームは経済活動の生産性やイノベーションを向上させるので，経済の成長を促進し，税収増大に貢献することが期待される。

（2）シェアリングエコノミー等における課税関係

シェアリングエコノミー等におけるプラットフォームビジネスの類型や業種は多様であるが，基本的には，売手が受け取る財サービスの代金は売手の所得，またプラットフォーム事業者が売手と買手の双方から受け取る利用料金はプラットフォーム事業者の所得となる。プラットフォーム事業者は法人であることが多いので，法人税と消費税の納税義務を負うことになる[8]（森信［2020］）。

売手は，財サービス提供の対価として得た報酬・料金などの代金が収益となり，それは内国法人であれば法人税と消費税，個人の居住者であれば所得税と消費税，外国法人および非居住者の個人であれば国内源泉所得税と消費税の課税対象となる[9]。売手が個人の場合，所得の種類によって所得金額の計算方法が異なる。居住者であれば，所得は事業所得か雑所得に区分され[10]，事業所得に該当すれば損益通算の対象になる[11]。非居住者が国内でサービス提供した場合には，その国内源泉所得に対して買手が源泉徴収を行う（森信［2020］）。

買手にも，一定の取引には源泉徴収義務がある。また，売手またはプラットフォーム事業者が国外事業者の場合には，リバースチャージ方式により，買手となる国内事業者に消費税の申告納税義務が課される（消費税法第4条第1項，第5条第1項）。

8　非居住者がプラットフォームを利用する場合は，国外取引となり消費税は不課税となる。
9　消費税が課税されるのは，事業として財サービスを提供した場合に限られる（消費税法第2条第1項第8号）。
10　提供するサービスが人的サービス提供をともなわない空間の場合には不動産所得になる。
11　給与所得者は，給与所得以外の所得金額が20万円以下の場合は申告義務がない。

（3）シェアリングエコノミー等の税務問題

① 売手の課税問題

　OECD［2019, par. 19］は，シェアリングエコノミー等の成長がもたらす障害を３つ挙げている。第１に，プラットフォームを介した売手の税制に関する理解不足から自主申告が滞るおそれがある。第２に，課税当局がすべての納税者に関する包括的な情報にアクセスできるように調査権限を拡大することは困難である。第３に，課税当局は他の課税管轄に所在するプラットフォームから情報に直接アクセスする権限を有しておらず，課税管轄間での情報交換によっても技術的な制約[12]や個人情報保護のために情報を得ることが困難である。

　また，OECD［2019, par. 20］は，３つのリスクも挙げている。第１に，人々の伝統的雇用からシェアリングエコノミー等での仕事への移行と，申告されないシェアリングエコノミー等の活動の拡大から，インフォーマル経済が大きく成長するかもしれない。第２に，インフォーマル経済の拡大によって，他のビジネスとの不公正な競争が生じ，他のビジネスの収益性が低下し，税収が減少するかもしれない。第３に，納税者の種類（taxable status）の構成比率の変化（給与所得者から事業主あるいは法人への移行）は，納税者の種類によって課税ルールが異なるために，税収に重大な影響を及ぼしかねない。

　森信［2020］は，売手がギグワーカー[13]の場合，上記の無申告・過少申告の問題のほかに，所得区分により税制上の取扱いが異なることからくる税負担の不公平の問題や申告負担の問題を指摘している。税負担の不公平については，たとえ実態が給与所得者に近くても，わが国では自営業者となるので，給与所得者との税制上の取扱いの相違，および事業所得と雑所得の区分の相違によって，税負担に不公平が生じるおそれがある。給与所得には給与所得控除があるのに対して，事業所得や雑所得には実額経費しか認められていない。また，事業所得は損益通算の対象になるほか，青色申告の場合には損失の繰越控除も認

12　他の課税管轄から得られる情報のデータ構造は，それを受け取った課税当局には利用しにくいことが多い。

13　森信［2020］は，「ギグワーカー」という用語を，インターネット上のプラットフォームを通じて不定期に労務やスキルを提供するものという意味で用いている。

められるのに対して，雑所得には，これらの制度の適用はない。申告負担については，事業所得および雑所得になる場合には，自主的な申告が売手に求められるのに対して，給与所得者であれば原則として申告不要である。

　事業所得と雑所得の区別について所得税基本通達35-2（注）は，その所得を得るための活動を，社会通念上事業と称するに至る程度で行っているかどうかで事業所得と認められるかどうかを判定することとし[14]，その所得に係る取引を記録した帳簿書類の保存がない場合（その所得に係る収入金額が300万円を超え，かつ，事業所得と認められる事実がある場合を除く）には，業務に係る雑所得に該当するという取扱いが示されている。言い換えれば，課税当局は，取引を記録する帳簿がある場合，または帳簿がなくても収入金額が300万円を超え，かつ，事業所得と認められる事実がある場合には，その所得は事業所得とする。帳簿書類の記録と保存が事業所得に区分されるための条件となっていることは，その場合には，所得を得る活動について，一般的に，営利性，継続性，企画遂行性を有し，社会通念での判定において，事業所得に区分されることが多いことを根拠としている（国税庁［2022]）。

［図表2-2］事業所得と業務に係る雑所得等の区分

収入金額	記帳・帳簿書類の保存あり	記帳・帳簿書類の保存なし
300万円超	概ね事業所得 (注)	概ね業務に係る雑所得
300万円以下		業務に係る雑所得 ※資産の譲渡は譲渡所得・その他雑所得

（注）　次のような場合には，事業と認められるかどうかを個別に判断する。
　　①　その所得の収入金額が僅少と認められる場合
　　②　その所得を得る活動に営利性が認められない場合

（出所）　国税庁［2022]。

14　社会通念による判定については，「事業所得とは，自己の計算と危険において独立して営まれ，営利性，有償性を有し，かつ反復継続して遂行する意思と社会的地位とが客観的に認められる業務から生ずる所得」であること（最判昭和56年4月24日），および「営利性・有償性の有無，継続性・反復性の有無，自己の危険と計算における企画遂行性の有無，その取引に費やした精神的あるいは肉体的労力の程度，人的・物的設備の有無，その取引の目的，その者の職歴・社会的地位・生活状況などの諸点」（東京地判昭和48年7月18日）を，総合勘案して判定することになるといわれている（国税庁［2022]【解説】3）。

②　プラットフォーム事業者の課税問題

　プラットフォーム事業者の所得課税にも，シェアリングエコノミー等特有の問題がある。シェアリングエコノミー等では，デジタルプラットフォームを介して個人や企業が保有する資源を他の個人や企業が利用したり交換できるので，プラットフォーム事業者による価値形成の過程がわかりにくい。これは，利益の稼得と源泉，居住の概念，さらには課税所得の性格づけといった税務上の基礎概念に影響する。また，業務の分散化と取引の不透明性さらに個人の市場参加の容易化は，適正申告のための環境作りの必要性を示唆する。

　プラットフォーム事業者における仲介サービスの利用料収益は，そのサービスの提供の日の属する事業年度に益金算入される（法人税法第22条の2第1項）。したがって，履行義務の充足とともに認識された収益と同じ時期に益金算入されることになる。ここで問題になるのは，仲介サービスを無償または低額で提供した場合の益金算入額である。

　多面ビジネスモデル特有の間接ネットワーク効果に基づく価格配分のために，仲介サービスを一方の参加者に無償または低額で提供した場合には，法人税法第22条第2項および第22条の2第4項における通常得べき対価の額に相当する金額を益金の額に算入すべきことになろう。現実には，多面ビジネスモデルに限らず，市場を通さない経済的影響である外部効果を個別の取引について識別することは難しいことから，それを分離しないで実際の市場で成立する価格を「通常得べき対価の額」とするのが普通である。

　しかしながら，実際の市場で成立する均衡価格は，補完財との相対的な需要の価格弾力性によって決まり，それは参加者の選好だけではなく，補完財の種類や供給量の影響も受けるので，同一のサービスであっても，その補完財によって「通常得べき対価の額」が異なってくることになる。このことは，「通常得べき対価の額」を客観的に測定することが困難であることを示唆する。さらに，補完関係にあるサービスが異なる国の市場で提供される場合は，なおさら外部効果を測定することは難しく，「通常得べき対価の額」の決定はさらに困難になることが予想される。

　一方，参加者から無形資産としての価値のあるデータ等を取得する目的で仲介サービスを無償または低額で提供する場合にも，税務上の取扱いが問題にな

る。法人税法上の無形減価償却資産には，取得したデータ等は含まれていない（法人税法第2条第23号，法人税法施行令第13条）。したがって，税務上は減価償却資産として計上することはできない。しかし，顧客の変動の激しいデジタル経済下では，顧客データの価値は時の経過とともに低下することが見込まれるので，図書のような非減価償却資産ともいえない。そこで，「自己が便益を受けるために支出する費用」（法人税法第2条第24号，法人税法施行令第14条第1項第6号ホ）として繰延資産計上せざるを得ないと考えられる。したがって，取得した繰延資産を対価とする収益を稼得したことになる。このとき，繰延資産相当額が，仲介サービス提供による収益として益金に算入されることになる。

　無償や低額によるサービス提供のかわりに，キャッシュバックやポイントと引換えに取得した無形資産も繰延資産となろう[15]。自社発行ポイントと引換えに取得した顧客データ等を繰延資産計上する際に貸方計上されるポイント引当金の繰入額は，法人税法上，損金に算入することが認められない[16]。

　計上された繰延資産は，償却の対象になる。しかし，その償却期間をどのように決定するかは，実務上は難しい。参加者データ等は時の経過とともに陳腐化する半面，データの整理や分析あるいは相乗効果によって価値が増加することもある。取得後のデータ加工や相乗効果を通じて生じた価値上昇は自己創設のれんになるので，そもそも課税所得計算の前に会計上も認識されることはない。とはいえ，現実には取得データ等の価値の低下と自己創設のれんの形成とが混在することによって，取得データ等の価値が自己創設のれんの価値に置き換わってしまうので，繰延資産の償却期間の見積りが難しくなるのである。

　仲介サービスを無償または低額で提供したときの税務処理は，上述のように行うべきと考えられるが，現実の実務においては，このような処理は行われていない。これについては，収集した参加者データ等が価値を持つのは，それをプラットフォーム事業者が分析したり統合することによってであり，生の個別

15　キャッシュバックを行っても取得した参加者データ等に価値がないときには，キャッシュバック額を収益額から減額する（法人税基本通達2-1-1の16）。
16　無形資産の取得の対価として自社発行ポイントを付与した場合には，仲介サービスの提供とは切り離されたものになるので，「付与した自己発行ポイント等が当初資産の販売等の契約を締結しなければ相手方が受け取れない重要な権利を与えるものであること」（法人税基本通達2-1-1の7）の要件を満たさないため，収入の前受け（繰延収益）とする処理は認められない。

データを収集しただけでは無視できる程度の価値でしかないとの指摘もある（デジタルエコノミーと税制研究会［2019］2-3頁）。重要性が乏しいために，繰延資産の計上は行われていないのである。

　以上のように，プラットフォーム事業者の課税所得計算においては，企業価値の形成過程がわかりにくく，かつ，その移転が容易であるために，所得の捕捉が難しいという問題や，多面ビジネスモデルにおける「通常得べき対価の額」の算定が難しいという問題があるほかに，無償または低額による仲介サービスの提供および参加者からデータ等を取得した場合の取扱いという問題もある。現行実務では，多面ビジネスモデルにおけるネットワーク外部性の存在は無視して契約価格に基づく所得計算が行われている。また，参加者から取得したデータ等の価値は無視できる程度しかないと考えて，それを繰延資産計上することも行われていない。しかし，今後，シェアリングエコノミー等がさらに発展し，多面ビジネスモデルにおける間接ネットワーク効果が大きくなったり，参加者から取得するデータ等の無形資産の価値が大きくなると，この問題を避けて通ることはできなくなると考えられる。

5　売手の税務問題に対する取組み

（1）国際的な取組み

　シェアリングエコノミー等における課税上の問題は，プラットフォームを介した個人の売手の多くが，自分の納税義務を十分には理解しておらず，また自分に納税義務があるかもしれないことを知っていても申告しない者もいるため，競争や税収に影響することにある（OECD［2019］pars.59-60）。この問題に対する対策の可能性を，**図表2-3**に示している。

　立法措置による対策は，自国内で運営されているプラットフォームには有効ではあるけれども，プラットフォームの運営が国境を越えて拡大しプラットフォームが他国にある場合には，強制力やデータ保護に懸念が生じ，国際協力がなければ，情報提供や源泉徴収の強制は困難になる（OECD［2019］pars.63-64）。

［図表 2 - 3 ］ シェアリングエコノミー等から生じる税務問題への取組みの幅

| 行政措置 | 教育プログラム／具体的税務指針 | 税務法令遵守のための公的データの活用 | プラットフォーム事業者による売手に関する情報の任意の提供 | 個別の場合におけるプラットフォーム事業者による情報提供の強制 | プラットフォーム事業者によるすべての個人の売手に関する情報提供の強制 | 個人の売手への支払いに対する源泉徴収のプラットフォーム事業者に対する強制 | 立法措置 |

（出所）　OECD［2019］Figure 2. 1.

そこで，OECD［2019］は，解決策として 3 つの選択肢を示している。

① 源泉徴収

　源泉徴収は課税当局にとって低コストで有効な法令遵守をもたらす可能性がある。制度設計によっては，源泉徴収は，調査対象となるべき当事者の数を減らすことによって，徴収を簡素化することもできる（OECD［2019］pars.75-76）。反対に，源泉徴収は，税率や適用基準などの制度設計によっては，課税当局，プラットフォーム参加者およびプラットフォーム事業者の負担を増やすこともありうる（OECD［2019］par.77）。たとえば，源泉徴収が過大になると，多くの納税者が少額の還付のための手続を課税当局に対してとることになる。

② 情報提供

　プラットフォーム上の売手と支払いを識別する情報を課税当局に提供することをプラットフォーム事業者に要請する情報提供制度自体が，納税者に自主申告をある程度促すことになろう（OECD［2019］par.78）。記入済申告書（pre-filled tax returns）にその情報を組み込むことも可能である。記入済申告書が無理なら，自主申告を促すための「お尋ね（nudge）」連絡や，リスク評価モデルに提供情報を統合することも考えられる（OECD［2019］par.79）。

　提供情報の質と利用可能性を確保するためには，課税当局が情報を関連する個人に結びつけることを可能にするために必要な識別情報を特定しなければならない。また，提供情報の正確性を確認するためにプラットフォームが受けるべきデューデリジェンスを示すことも必要である（OECD［2019］

par.80）。

　しかし，源泉徴収にしろ情報提供にしろ，課税当局がその課税管轄内に物的拠点のないプラットフォームに強制することは難しい。このような状況のもとで法令遵守と強制を促進するのに役立つ実行可能な解決策は，国境を越えた行政上の協力である（OECD［2019］par.81）。

③　多国間の自動的情報交換

　他国にあるプラットフォームを利用する売手についての有効な課税のための第3の選択肢は，課税当局間の情報の自動交換である（OECD［2019］par.89）。税務目的のための情報交換に関する国際基準には，交換情報が予測可能な関連性があると見込まれることが求められる。この条件は，もし売手が情報の移転されるべき国の居住者であり，その情報が売手の課税状況（tax position）を決定するのに関連すると見込まれるか，あるいは課税状況を決定するのに役立つ（たとえば，記入済申告書）ならば，一般に満たされるだろう（OECD［2019］par.91）。

　課税管轄間で情報の自動交換を行うには，複数の課税管轄間での国際的合意の締結と，第三者からも自動的に情報を収集するための国内での権限の2つが必要である（OECD［2019］par.91）。たとえ自動的情報交換に合意できても，それだけでは第三者に対する新たな法的義務を課すことはできない。必要とされる十分な情報がプラットフォームによって保有されていない場合や，プラットフォームが課税当局にとって利用可能な形式で情報を保有していない場合には，法改正をすることなしに追加の情報を利用可能な形式で得ることはできないし，情報の正確性と完全性に関して追加のデューデリジェンスをプラットフォームに要求することも現行法の枠内ではできないことがあるからである（OECD［2019］par.94）。

　OECD［2019］は，シェアリングエコノミー等におけるプラットフォームを介した売手への課税の有効性を改善するための国際協力の仕組みを構築するために，3つの勧告をしている（OECD［2019］pars.99-104）。すなわち，①プラットフォームに情報提供を求める標準的な運営規約（Code of Conduct）の開

発，②税務リスクの大きさと法令遵守のための方策および国際協調と負担削減のための継続的な議論，ならびに③複数の課税管轄間での情報提供とデューデリジェンスの要求である。

OECD［2020］は，上記勧告のうち3番目を制度化するための基礎として，プラットフォーム事業者の範囲，売手の範囲およびその他の定義，プラットフォーム事業者が従うべきデューデリジェンス手続，ならびにプラットフォーム，その運営者と売手，およびその取引に関して報告されるべき情報とその様式などに関する詳細なモデルルールを示している。

モデルルールは，デューデリジェンス手続に関して，次の事項を定めている。

A　適用除外となる売手
B　売手情報の収集
C　売手情報の妥当性
D　売手の居住する課税管轄の決定
E　賃貸不動産に関する情報の収集
F　デューデリジェンス手続の時期と効力
G　活発な売手のみへのデューデリジェンス手続の適用
H　第三者によるデューデリジェンス手続の遂行

適用除外となる売手は，物件リスト上で2,000を超える不動産賃貸サービスを紹介しているプラットフォームの利用者，政府，および証券市場で株式を取引している者（その関連者を含む）である。このうち，適用除外となる不動産賃貸サービス利用者に該当するかどうかについては，報告プラットフォーム事業者は入手可能な記録によって判定する。また，適用除外となる政府および株式の取引者等に該当するかどうかについては，プラットフォーム事業者は，公的に入手可能な情報または売手からの確認によって判定する（OECD［2020］sec.2, pars.A 1 - 2）。

プラットフォーム事業者が収集しなければならない売手情報は，原則として，売手が個人であれば，a）氏名，b）住所，c）売手に付与された納税者番号（Taxpayer Identification Number：TIN），およびd）生年月日であり，売手が法人であれば，適用の対象か除外かにかかわらず，a）法人名，b）主たる所在地，

c）売手に付与された TIN，および d）事業登録番号（Business Registration Number）である（OECD［2020］sec.2, pars.B 1 - 2 ）。

　売手情報の妥当性に関しては，報告プラットフォーム事業者は，原則として，収集した情報が信頼できるかどうかを，利用可能なすべての記録および TIN の妥当性を確かめるための一般に入手可能な電子インターフェースを利用して決定しなければならない（OECD［2020］sec.2, par.C 1 ）。

　売手の居住国は，原則として，その主たる住所のある国とみなされる（OECD［2020］sec.2, par.D 1 ）。

　売手が不動産賃貸サービスを提供している場合には，報告プラットフォーム事業者は，各不動産の住所情報を収集しなければならない。

　報告プラットフォーム事業者は，上記のデューデリジェンス手続を，原則として，12月31日までに遂行しなければならない（OECD［2020］sec.2, par.F 1 ）。

　報告プラットフォーム事業者は，上記のデューデリジェンス手続を活動的な売手のみについて遂行してもよい（OECD［2020］sec.2, par.G 1 ）。

　なお，報告プラットフォーム事業者は，デューデリジェンス義務を果たすにあたって第三者であるサービスプロバイダーに頼ることも認められるが，その責任はあくまで報告プラットフォーム事業者に残る（OECD［2020］sec.2, par.H 1 ）。

　モデルルールの定める報告の時期と様式は，次のとおりである。報告プラットフォーム事業者は，原則として，売手が報告対象になると識別された暦年以降毎年 1 月31日までに収集した情報を課税当局に報告しなければならない（OECD［2020］sec.3, par.A 1 ）。ただし，対価その他の金額に関する情報は，対価が支払われるか負債計上された四半期ごとに報告されなければならない（OECD［2020］sec.3, par.A 6 ）。情報は，OECD シェアリング・ギグエコノミー XML スキーマ（OECD Sharing and Gig Economy XML Schema）に準拠して報告されるものとする（OECD［2020］sec.3, par.A 4 ）。

　報告プラットフォーム事業者が報告しなければならない情報は，次のとおりである（OECD［2020］sec.3, par.B 1 - 3 ）。

　①　報告プラットフォーム事業者の名称，届出所在地，および TIN
　②　報告対象となる売手に関する以下の情報

a ）　収集項目

b ）　報告プラットフォーム事業者に入手可能なその他の TIN（付与した課税管轄を含む）

c ）　（報告プラットフォーム事業者に入手可能，かつ，報告対象となる売手の居住国が含まれている場合[17]には）対価の入金される銀行口座等

d ）　対価の支払われる銀行口座等の名義人の名前が報告対象となる売手の名前と異なる場合には，その名義人の名前，および報告プラットフォーム事業者が入手できる範囲内でのその名義人について入手可能な情報

e ）　報告対象となる売手が居住者である国

f ）　報告期間の各四半期において支払われたか負債計上された対価の総額および対価の支払われたサービスの数[18]

g ）　各四半期において報告プラットフォーム事業者によって源泉徴収または請求された税および手数料

　　さらに，不動産賃貸サービスを提供している売手については，

h ）　登録されている各不動産の所在地。可能であれば土地の登録番号

i ）　入手可能であれば，報告期間において各届出不動産が賃貸された日数および各届出不動産の種類

（2）わが国における制度対応

令和元（平成31（2019））年度税制改正では，納税者の自主的な適正申告を担保する観点から，課税当局が事業者等に対して情報収集を求める措置の整備と，特定事業者等への報告を求める措置の創設が行われた。

まず，事業者へ情報収集を求める措置の整備については，国税庁等の職員は，国税に関する調査について必要あるときは，事業者に，その調査に関し参考となるべき帳簿書類その他の物件の閲覧または提供その他の協力を求めることが

17　不動産賃貸サービスを提供している売手については，売手の居住国または不動産の所在する国のいずれかが含まれている場合。

18　不動産賃貸サービスを提供している売手については，対価の支払われた届出不動産について提供されたサービスの数。

できるとされ[19]，事業者への協力要請が法令上明確化された（国税通則法第74条の12第1項）。この制度には，①照会対象者が不特定であること，②照会する情報の種類が課税当局の裁量によること，および③照会に対して情報を提供するかどうかはプラットフォーム事業者の任意であること，といった特徴がある（矢冨［2022］121-122頁）。

　次に，事業者等の事務負担への配慮や制度の慎重な運用を図る観点をも踏まえ，高額・悪質な無申告者等を特定するため特に必要な場合に限り，担保措置をともなったより実効的な手段として[20]，事業者等へ報告を求める措置[21]を創設する改正が行われた（藤﨑他［2019］866-867頁）。その内容は次のとおりである。

　所轄国税局長は，特定取引の相手方となり，または特定取引の場を提供する事業者または官公署（以下「特定事業者等」という）に，特定取引者に係る特定事項について，特定取引者の範囲を定め，60日を超えない範囲内においてその準備に通常要する日数を勘案して定める日までに報告することを求めることができることとされた[22]（国税通則法第74条の7の2第1項）。ここで，特定取引とは，電子情報処理組織を使用して行われる事業者等との取引，事業者等が電子情報処理組織を使用して提供する場を利用して行われる取引その他の取引のうち，この報告の求めによらなければこれらの取引を行う者を特定することが困難である取引[23]をいう（国税通則法第74条の7の2第3項第2号）。特定取引者とは，特定取引を行う者をいい（国税通則法第74条の7の2第3項第3号），具体的には特定事業者等と直接特定取引を行い，または特定事業者等が提供（仲介）する場（プラットフォーム等）において他の者と特定取引を行う者が該当する（藤﨑他［2019］867頁）。特定事項とは，特定取引者に係る氏名（法人については名称），住所または居所および個人番号または法人番号である（国税通則法第74条の7の2第3項第4号）。

19　任意の情報照会手続とよばれる。
20　違反した場合の罰則規定とともに，不服申立て手続も用意されている。
21　強制的情報照会手続とよばれる。
22　所轄国税局長の報告の求めに対して，正当な理由がなくこれに応じず，または偽りの報告をした者は，1年以下の懲役または50万円以下の罰金に処せられる（国税通則法第128条第3号）。
23　有償であるかどうかを問わず，補助金や給付金等の交付のほか，事業者等を介して行われる取引も含まれる。

なお，上記制度の慎重な運用を図る観点から（藤﨑他［2019］867頁），次のいずれかに該当するときに限り，報告を求めることができるとされている（国税通則法第74条の7の2第2項）。

① 特定取引者が行う特定取引と同種の取引を行う者に対する国税に関する過去の調査において，その課税標準が1,000万円を超える者のうち過半数の者について，その取引に係るその税目の課税標準等または税額等につき更正決定等をすべきと認められている場合

② 特定取引者が特定取引に係る物品または役務を用いることにより課税標準等または税額等について国税に関する法律の規定に違反する事実を生じさせることが推測される場合

③ 特定取引者が行う特定取引の態様が経済的必要性の観点から通常の場合にはとられない不合理なものであることから，特定取引に係る課税標準等または税額等について国税に関する法律の規定に違反する事実を生じさせることが推測される場合

　わが国における情報照会手続をOECD［2020］モデルルールと比較すると，情報収集の対象となる関係者の範囲と，報告の求められる情報の範囲に相違が見られる。関係者の範囲については，モデルルールがプラットフォームを介した売手に限定しているのに対して，わが国における「特定取引者」はプラットフォームの利用者になるので買手も含まれることになり，わが国のほうが報告対象となる関係者の範囲が広い。情報の範囲については，わが国ではモデルルールにおける「収集項目」に限定されているので，逆にわが国のほうが狭いといえる。

6　プラットフォーム課税制度

　令和6年度（2024）年度税制改正では，消費課税の面において新たにプラットフォーム課税制度が創設された[24]。従来，デジタルサービスの提供について

24　適用は2025年4月1日から。

はサービスを受ける者の所在地により内外判定を行うこととされ（消費税法第4条第3項第3号），国外事業者が国内向けに行うデジタルサービスの提供は消費税の課税対象とされてきた。すなわち，国外事業者が国内向けに行うデジタルサービスの提供のうち，国内事業者向けのものには，納税義務を売手から買手に転換して買手の事業者に納税義務を課すリバースチャージ方式が，また消費者向けのものには，登録国外事業者から提供されるもののみを国内事業者[25]において仕入税額控除の対象としてきた。しかし，プラットフォーム事業者は取引の仲介を行うのみで，取引は売手と買手・利用者との間で行われるセールスエージェント方式では，本来納税義務を負う売手が国外事業者の場合には，売手に関する情報の入手手段が限られるため，課税当局による納税義務者の捕足や調査・徴収に限界があり，適正な課税の確保に課題があるとされてきた（中島他［2024］）。プラットフォーム課税制度は，この課題に対処するものである。

　プラットフォーム課税制度は，国外事業者が国内において消費者向けにプラットフォームを通じてデジタルサービスを提供し，その対価をプラットフォーム事業者を介して収受する場合に，当該プラットフォーム事業者が当該消費者向けデジタルサービスの提供を行ったものとみなす制度である（消費税法第15条の2第1項）。この制度は，国外事業者からプラットフォーム事業者へ納税主体を転換する仕組みであるといえる（中島他［2024］）。対象となるプラットフォーム事業者は，国外事業者がデジタルプラットフォームを介して国内において行う消費者向けデジタルサービスの対価額のうち，当該プラットフォーム事業者を介して収受するものの課税期間内における合計額が50億円（税込み）を超える場合に，国税庁長官が特定プラットフォーム事業者として指定したものである（消費税法第15条の2第2項）。対象となるサービスは，その対価がプラットフォーム事業者を介して収受されるものに限定される。したがって，プラットフォーム事業者が決済に関与していない場合は，プラットフォーム課税の対象にはならない。なお，特定プラットフォーム事業者は，納税義務を負う

25　消費者向けデジタルサービスは，消費税法第2条第1項第8号の4で規定された事業者向け電気通信利用役務の提供以外のものをいい，それには消費者が受けるものだけでなく事業者が利用するものも含まれる。

ことになるけれども，国外事業者との手数料等のやり取りの中で消費税相当額を留保するようにすればよいといわれている（上西［2024]）。

7　おわりに

　本章では，シェアリングエコノミー等の特徴から生じるプラットフォーム事業者の会計問題，およびプラットフォーム事業者と参加者の税務問題を検討した。

　プラットフォーム事業者における会計問題としては，彼らの受け取るプラットフォームの利用料金が，多面市場における売手と買手の相互作用と，評価情報や参加者データなどの無形資産の取得といったプラットフォームビジネスの特徴の影響を受けて設定されるため，実際の取引価格には均衡価格調整の結果としての価格配分と無形資産の取得価額相当額の相殺とが混在して反映されるにもかかわらず，両者を明確に識別することは困難であるということを指摘できる。この問題は，プラットフォーム事業者の収益の認識・測定と，無形資産の償却を通じた収益費用対応計算を歪めるおそれがある。

　税務問題としては，上述の会計問題にともなうプラットフォーム事業者における課税所得計算の歪みのほかに，シェアリングエコノミー等においてはプラットフォームを介した売手が課税当局に捕捉されないことが多く，しかも売手も自分たちの租税債務に関する理解が不足しがちであることから，公平かつ確実な所得課税の確保に従来の税務行政では限界があることを指摘できる。

　プラットフォーム事業者に係る課税問題については，十分な検討が行われていない。これは，プラットフォーム事業者が参加者から取得する無形資産の取得価額が無視できるほど僅少であると考えられているためと思われる。しかし，シェアリングエコノミーの発展にともなって取得される無形資産の価値も大きくなることが予想されるので，今後プラットフォーム事業者の取得する無形資産の評価が重要な課題になろう。

　他方，シェアリングエコノミーに対応した納税環境の整備，特にプラットフォームにおける売手に対する有効な課税には，わが国を含む多くの国・地域の税務行政当局が取り組んでいる。こうした取組みを成功させるには，当局間

の情報交換が必要であり，そのためには強力な国際的協調が重要になろう。

【参考文献】

Armstrong, Mark [2006] "Competition in Two-sided Markets," *RAND Journal of Economics*, Vol. 37 No. 3, pp. 668-691.

European Commission [2016] *Communication from the Commission to the European Parliament, the Council, the European Economic and Social Committee and the Committee of the Regions : A European agenda for the collaborative economy.* https://ec.europa.eu/transparency/regdoc/rep/ 1 /2016/ EN/ 1 -2016-356-EN-F 1 -1.PDF

Organization for Economic Co-operation and Development（OECD）[2015] *Addressing the Tax Challenges of the Digital Economy, Action* 1 -2015 *Final Report*, OECD/G20 Base Erosion and Profit Shifting Project, OECD Publishing, Paris.

OECD [2019] *The Sharing and Gig Economy : Effective Taxation of Platform Sellers : Forum on Tax Administration.* OECD Publishing, Paris. https://doi. org/10.1787/574b61f 8 -en

OECD [2020] *Model Rules for Reporting by Platform Operators with respect to Sellers in the Sharing and Gig Economy.* OECD Publishing, Paris. https://www. oecd.org/tax/exchange-of-tax-information/model-rules-for-reporting-by-platform-operators-with-respect-to-sellers-in-the-sharing-and-gig-economy. htm

Pantazatou, Katerina [2019] "The Taxation of the Sharing Economy," Werner Haslehner, Georg Kofler, Katerina Pantazatou, and Alexander Rust ed. *Tax and the Digital Economy : Challenges and Proposals for Reform.* Wolters Kluwer. pp. 215-235.

Rochet, Jean-Chales, and Jean Tirole [2003] "Platform Competition in Two-side Markets," *Journal of the European Economic Association*, Vol. 1 No. 4, pp. 990-1029.

上西左大信 [2024]「令和 6 年度税制改正」『租税研究』第899号，日本租税研究協会，78-114頁。

エヴァンス，デヴィッド・S, リチャード・シュマレンジー [2018]『最新プラットフォーム戦略 マッチメイカー』（平野敦士カール訳）朝日新聞出版。

国税庁 [2022]「雑所得の範囲の取扱いに関する所得税基本通達の解説」。https://

www.nta.go.jp/law/tsutatsu/kihon/shotoku/kaisei/221007/pdf/02.pdf

シェアリングエコノミー検討会議［2016］「シェアリングエコノミー検討会議　中間報告書―シェアリングエコノミー推進プログラム」内閣官房情報通信技術（IT）総合戦略室。

鈴木一水［2021a］「シェアリングエコノミーの会計と税務」成道秀雄編『デジタル取引と課税』『日税研論集』第79号，日本税務研究センター，147-179頁。

鈴木一水［2021b］「シェアリングエコノミーにおけるプラットフォーマーの会計」『日本簿記学会年報』第36号，日本簿記学会，39-40頁。

デジタルエコノミーと税制研究会［2019］「デジタルエコノミーと税制―ギグエコノミーと国際課税」。https://www.japantax.jp/teigen/file/20191021.pdf

中島正之・島崎容平・長内泰祐・小林大洋・三浦佑樹［2024］「消費税法等の改正」阿部敦壽他『令和6年度　改正税法のすべて』大蔵財務研究会，789-809頁。

藤﨑直樹・川上文吾・山崎大輔・和田康宏［2019］「国税通則法等の改正」内藤景一朗他『令和元年版　改正税法のすべて』大蔵財務協会，855-889頁。

マカフィー，アンドリュー，エリック・ブリニョルフソン［2018］『プラットフォームの経済学　機械は人と企業の未来をどう変える？』（村井章子訳）日経BP社。

森信茂樹［2020］「シェアリング・エコノミー，ギグ・エコノミーの発達と税制の課題」『フィナンシャル・レビュー』第143号，財務省9 -29頁。

矢冨健太郎［2022］『図と実例でわかる！　税理士が知っておきたいシェアリングエコノミーの基本と税務―フリマ，スキルシェア，カーシェア，民泊』第一法規株式会社。

（鈴木　一水）

58　第Ⅰ部　デジタル社会における構造変化と会計・税務上の諸問題

◆第3章◆

暗号資産の会計上の資産分類と税務

1　はじめに

　近年のブロックチェーン技術の発達に伴い，ブロックチェーン上で産出されるトークンのデジタル資産としての価値とその会計・税務上の処理が課題となっている。

　ブロックチェーン（分散型台帳）とは，所定の情報をブロックというコンテナに収納し，これを一方向に連鎖させていくことによって情報記録の参加者間での共有・公開を行うデータベース技術であり，その設計上の特徴として検証可能性や改変・改竄耐性に優れる点が指摘される。また，ブロックの接続の成功による「取引事実の認定」が行われる点に特徴があり，この接続のアルゴリズムすなわちコンセンサスアルゴリズムとして非中央集権的な体制を取りうる。その実装の嚆矢はビットコインの公開であり，これは非中央集権的な通貨の可能性を示す観点から，ブロックに収納される情報として金銭的価値の送信に関するものに限定，コンセンサスはPoW（Proof of Works）により行われる仕組みとなっており，まさしく公開の取引台帳を参加者が相互に管理するという点で通貨的機能に特化したトークンを産出するパブリック型のブロックチェーンであると言える。一方で，ブロックチェーンはその管理者の設置・限定やその管理方法[1]，ブロック内の記述内容を金銭的価値以外のものとして設計することも可能であり，現在ではその自由度や汎用性に着目した通貨的機能以外の用途での活用にも拡張されている。

ブロックチェーントークンの会計処理に関する検討は，ビットコインの取引量および時価総額の拡大への対応を課題として，2016年にオーストラリア会計基準審議会（AASB）より会計基準アドバイザリー・フォーラム（ASAF）の議題として提案されたのが端緒であろうと思われる。具体的には，ビットコインを主たるトークンと想定して「仮想通貨」の語を用い，その保有資産区分や期末評価についての会計処理の明確化を求めるものであり，ASBJでも同年12月より発言案の検討が開始された（ASBJ［2016］）。ただし，この時点ではASBJおよび他の多くのASAFメンバーからも仮想通貨（現行の暗号資産）の会計処理を定めることについては時期尚早とされ，ASBJも対象範囲を資金決済法上の仮想通貨に限定した暫定的な取扱いを定めるにとどめられ，現在に至っている。近年において株式に類似したトークンを有価証券とみなす整理は行われたものの，検討対象を資金決済法上の暗号資産に限定する傾向は税務上の取扱いでも見られる。

　しかし，暗号資産の範囲は拡大傾向にあり，かつその定義は必ずしも定まっていない。当初はビットコインおよびこれに類似するアルトコインのみであったトークンも，資金調達手段，情報そのものの共有手段や財・サービスの受益権，デジタル財や現物の美術品・不動産等の所有履歴を証明する手段として用いられる等多様化しており，そのコンセンサスや管理のあり方等の設計の自由度もさまざまである。また，法定通貨と連動するステーブルコインを利用した決済サービスの試みや，有限事業組合への出資対価として広く暗号資産を認める検討が行われるなど，多様な活用が試みられている。その中で，暗号資産の市場規模は近年大きな上下動を繰り返しているものの2023年9月現在で1京億USD超と2016年当時との比較で10倍以上の規模となっており[2]，多種多様な

1　PoWは最も早く承認計算を完了させた者に報酬を与える仕組みとすることで，事実上参加者全てが相互に管理をする形式となるが，全体規模が小さいとその過半数を占拠することによるシステムの乗っ取りが生じうる（51％攻撃）という問題，逆に規模が大きすぎることによる計算遅延やエネルギー問題も指摘される。その他のコンセンサスアルゴリズムとしてはトークンの保有数量に応じてブロック承認率を決定するPoS（Proof of Stake），保有数量および取引量に応じてブロック承認率を決定するPoI（Proof of Importance）等のPoWの課題解消を図るためにある程度の集権的管理を行う方法，さらには中央集権型の管理者とその認定承認者による管理・承認の仕組みを持つPoC（Proof of Consensus）もあり，これらの場合にはブロックチェーンの管理や承認率のためにトークンの長期保有を行うという意思決定も取られうる。

2　https://coinmarketcap.com/charts/（2023年9月閲覧）

トークンの性質に応じた会計基準の開発と税務上の対応の明確化が改めて喫緊の課題となっていると言える。

　以上を踏まえ，本章では暗号資産の特殊性とその会計処理に関する議論を確認し，日本の会計基準における資産分類と法人税法上の取扱いについて検討を行う。なお，交換業者の会計と税務については本章においては検討対象外とする。

2　暗号資産の定義の多様性と特殊性

（1）暗号資産の定義

　日本は諸外国に先駆け，ビットコイン等の法的取扱いを定めた。すなわち，その通貨的機能に着目して「仮想通貨」と呼称し，資金決済法の2017年改正において同法第2条第5項においてつぎのいずれかのものをいうと定義された。
　①　物品等を購入し，もしくは借り受け，または役務の提供を受ける場合に，これらの代価の弁済のために不特定の者に対して使用することができ，かつ，不特定の者を相手方として購入および売却を行うことができる財産的価値であって，電子情報処理組織を用いて移転することができるもの
　②　不特定の者を相手方として，①に掲げるものと相互に交換を行うことができる財産的価値であって，電子情報処理組織を用いて移転することができるもの

　なお，「不特定の者に対して使用」できるかの判断基準としては，不特定の者の間での移転可能な仕組みや使用可能な店舗等が限定されない契約となっているか等により確認されることとなっており，実際の使用可能性や普及度合いではなく，制限なく使用可能な設計となっているかどうかが重視される（金融庁事務ガイドライン第三分冊）。また，複数機能を有するトークンの場合でも，決済手段以外の機能の有無や主従についての検討は特に行われない。
　その後，2019年改正において，用語を「暗号資産」に改めた上で，金融商品取引法第2条第3項に規定する電子記録移転権利を表示するもの，すなわち金

融商品取引法上の有価証券的性質を持つトークンが「資金決済法上の暗号資産」の範囲から除外された。また，有価証券取引やデリバティブ取引，集団投資スキームの対価として暗号資産が用いられる場合には当該暗号資産[3]を金銭等とみなして当該取引を金融商品取引法の規制対象とすることが明確化された。さらに2023年資金決済法改正において，法定通貨との連動を前提としたステーブルコインを電子決済手段等として独立して規律し，暗号資産の定義を内容を維持したままここから分離して同法第2条第14項に移設した。すなわち，日本における暗号資産の定義は，法定通貨およびステーブルコイン以外のもので決済機能や法定通貨との交換可能性の有無を重視するものであり，金融商品取引法における有価証券類似のものを除くという狭義かつ決済機能という性質の有無を重視する概念により構成されている。そして，前述の通り，現行の会計規制や税務上の取扱いももっぱらこの資金決済法上の暗号資産を想定して，流通している暗号資産の取得や期末保有の当面の取扱いを定めるのみであった。自己発行の暗号資産の会計処理の検討についても2019年から検討課題に掲げ，2022年3月に「資金決済法上の暗号資産又は金融商品取引法上の電子記録移転権利に該当するICOトークンの発行及び保有に係る会計処理に関する論点の整理」を公表したが，題目の通りその検討対象はやはり資金決済法上の暗号資産に限定されている[4]。

　一方，諸外国における議論では，検討されるべき暗号資産の範囲は多様であり，かつ定まっていないことが見て取れる。たとえば，アメリカ[5]はSECを中心に証券規制の対象となるトークンを識別するテストの開発を行っており，その検討範囲とアプローチは日本と異なりトークンの開発・発行者の規制が検討の出発点となっていた。また，EFRAG［2020］では「分散型台帳技術ネッ

3　2022年金融商品取引法改正および2023年資金決済法改正を受けて，同条の「暗号資産」は「暗号等資産」に改められたが，その内容は資金決済法上の暗号資産および電子決済手段（ステーブルコイン）であり，おおよそ従前の「資金決済法上の暗号資産」と同義であると考えられる。

4　同年8月に「電子記録移転有価証券表示権利等の発行及び保有の会計処理及び開示に関する取扱い」が公表されているが，これは有価証券とされるべき取引を暗号資産の範囲から除いた取扱いであり，会計処理の検討対象となる「暗号資産」は変わらず資金決済法上の定義に依存している。

5　なお，IRSは別途2014年3月にビットコインの税務上の取扱いについて示しており，これを資産として取り扱うこと，およびキャピタルゲインは譲渡損益と併せて実現時課税とすることとしている。以降，2023年まで数次のガイダンスが発出されたが，資産の定義に関しては「通貨以外の資産」とするにとどめている。

トワーク上で創出・移転・貯蔵され，暗号化を通じて認証される価値または契約上の権利のデジタル表象」と定義され，自己発行の暗号資産や，いわゆるCBDCも検討の対象に含めており，多様なトークンとそれらの保有と発行という極めて広範な定義と検討を行い，IFRSの開発について提言を行っている。

　すなわち，「分散型台帳技術上のトークンのうち一定のもの」という共通項は指摘できるものの，議論の対象となる暗号資産の定義や範囲は国や規制当局ごとに異なっており，一般的な定義は現状存在しない。その中でも，現行の日本の定義は決済手段として使用可能な設計となっていることを重視し，法制・会計制度間で統一されている点でかなり狭義かつ特殊，場合によっては曖昧なものとなっていることが指摘できる。

（2）暗号資産の特殊性

　他のデジタル資産と比較して，暗号資産の特殊性としては，つぎの3点が指摘できるものと思われる。第1に，分散型台帳技術において付随的に設計されるものであるため，参加者間ではそのブロックに収納されるトークンの内容・所在・価値が共有されているという点である。この参加者間での合意と承認の仕組みは分散型台帳技術の特性であり，参加者間での合意が法律上の所有権移転を意味するかという点については現状明確ではないとの指摘もあるものの，会計上の認識時点となる可能性がある。第2に，トークンの内容についての設計の自由度が指摘できる。資産性，資本性のトークンのほか，そのハイブリッド，あるいは現物や他のデジタル資産に付属して証明書となるトークン等，トークン自体の設計の自由度が高く，また，トークンを流通させるプラットフォームの合意形成のシステム設計の自由度も高い。第3に，トークンの複製や改竄はその来歴を含めて事実上不可能である点が挙げられ，この特性が特定の価値や情報をコンテナに入れ込めることに繋がる。

　このように，暗号資産は従来のデジタル資産とは明確に異なるものであることが指摘される一方，暗号資産というカテゴリで一般的な会計処理について議論することは適切ではないことも指摘できる。暗号資産というツールを使用して何が取引されるのか，その暗号資産の内容によって適宜既存の資産区分への割り当てが検討されるべきことも想定され，トークンの分類とそれに基づく会

計的検討が必要となる。一方で，その認識基準や期末評価，その評価差額の取扱い等については暗号資産であることに着目した規定とすることが必要である。

（3）トークンの分類

　暗号資産の定義と同様，トークンの分類についても一般的に認められたものは現状存在しない。SEC はセキュリティとそれ以外であるユーティリティの2分類とした上で，証券規制の対象範囲の識別基準の策定に取り組んでおり，ある意味極めてシンプルに証券規制目的の観点からの検討を行っている。一方，FINMA [2017] はペイメント・ユーティリティ・アセットの3分類，EFRAG [2020] はペイメント・セキュリティ／アセット・ユーティリティの主要クラスとそのハイブリッドやステーブルコイン，機能前トークン等の合計8分類を例示しており，それぞれに固有の特徴を指摘している。

　金融庁 [2018] では，ICO（Initial Coin Offering）により発行されるトークンとして投資型，その他権利型，無権利型の3分類が示されており，流通している通貨型と合わせて4類型を想定していると考えられる。法規制の観点からは，資金決済法あるいは金融商品取引法の定義に該当するものは当該法規制の対象となることとされる。すなわち，収益分配以外の物やサービスの提供義務を内容とする「その他権利型トークン」や，トークン発行者がなんら債務を負っていないとされる「無権利型トークン」の場合，資金決済機能が付随しない場合には，日本の法制上"暗号資産に該当しないトークン"ということととなる[6]。

　一方，金融庁 [2018] は ICO トークンの自由度を指摘しているが，ハイブリッド型については指摘していない。加えて，非代替性トークン（NFT：Non-Fungible Token）のうち，デジタル財の所属を示すものである場合はおそらくその他権利型に分類されると思われるが実在の物財と紐づいてその取引履歴の証明を主機能とするものがいずれの分類となるのか，ブロックチェーンコミュニティの意思決定への投票権を維持する目的で長期保有されるユーティリティトークン（ガバナンストークン）が投資型に分類されうるのか等，トークンの

6　ただし，イーサリアム ERC20ベースでトークンを新規発行した場合，機能的に一定の交換可能性が担保されることから，当該 ICO トークンの多くが「資金決済法上の暗号資産」に分類される可能性も考えられる。

分類基準についてはさらなる検証が必要であるように思われる。

　以上のように，トークンの分類もさまざまとなっているが，証券規制の対象となるトークンの分離と，それ以外のトークンをどのように区分するか，またその上で，そのハイブリッド型に関する検討を行うかが課題となっている。

［図表3－1］　日本における法制上の暗号資産

現在の会計・税法の対象

資金決済法上の暗号資産
- 1号暗号資産（資金決済法2⑭一）
- 2号暗号資産（資金決済法2⑭二）

その他の暗号資産
- 電子記録移転権利（金商法2③）※2019改正で資金決済法上の暗号資産から除外
- ステーブルコイン（資金決済法2⑤）※2023改正で資金決済法上の暗号資産から除外
- その他の暗号資産

広義の暗号資産　ブロックチェーントークン

CBDC

ICOトークンの可能性
+NFT&ハイブリッド

（出所）　筆者作成。

3　暗号資産の会計上の取扱いと法人税制上の対応

（1）企業会計上の取扱い

　以上のように，現在に至るも暗号資産やトークンの定義づけや詳細な分析については共有されているとは言い難い。そのような中で，ASBJは2016年に現行基準における資産分類の当てはめ可能性や金融資産等の定義の修正の可能性を含めた検討を開始し，2018年3月に当面の取扱いとして対象を資金決済法上の「仮想通貨」の取得・保有に限定した実務対応報告第38号を公表した。すなわち，「仮想通貨」は現行の会計基準への当てはめが困難であり，一方で新た

な会計基準の開発の必要性も不明であることから，当面の対応として必要最小限の実務すなわち保有仮想通貨の期末評価に限定して議論を行い，その資産分類や自己発行のトークンに関する議論については検討対象外とした。その主な内容はつぎの通りである。

まず資産分類については，具体的にはその候補として外国通貨，有価証券（金融資産），棚卸資産，無形固定資産の区分への該当可能性が検討された上で，いずれにも該当せず独自の会計処理が必要であると結論している（第28-33項）。その上で，取得原価は取得原価主義を基本とし，期末評価は当該仮想通貨の活発な市場の有無に応じ，前者の場合には全面時価評価かつ評価差額については純損益，後者の場合には取得原価評価および切放し法に基づく低価法による評価を行うこととした（第5-7項）。また，売却損益の認識・測定については，仮想通貨の売買の合意が成立した時点での損益を純額で計上することとされた（第13，16項）。すなわち，資産分類としては金融資産・有価証券の定義に該当しないとしつつ，その取扱いは基本的に有価証券的な取扱いを想定していたと考えられる。また，この時点で検討される「仮想通貨」とは，自己発行トークンが検討対象から外されていたことおよび当時の状況から，ビットコインのような典型的な決済単機能型のものを想定していたことも窺われる。他者発行の保有暗号資産に関する会計処理案は，改訂されず現在に至っている。

その後，2019年の金融商品取引法および資金決済法改正により，有価証券とみなされる電子記録移転権利が暗号資産の範囲から除外されたことを受けて，金融商品取引法上の電子記録移転権利および資金決済法上の暗号資産に該当する自己発行トークン（ICOトークン）についての検討が開始され，2022年3月にICOトークンに関する論点整理（以下「2022論点整理」），および，資金決済法上の暗号資産から除外された有価証券とみなされるトークンを含む電子記録移転有価証券表示権利等の発行に関する実務対応報告公開草案第63号を経て実務対応報告第43号（以下「2022実務対応報告」）が公表された。金融庁［2018］のICOトークンの分類のうち，投資型トークンで有価証券とみなされるものについては「2022実務対応報告」で扱い，「2022論点整理」では投資型を除く2類型すなわちその他権利型と無権利型のうち資金決済法上の暗号資産に該当するものを対象とした検討を行っている（ASBJ［2022c］第7項）。

このうち，「2022実務対応報告」では電子発行される有価証券とICOトークンのうち電子記録移転権利を合わせた概念である電子記録移転有価証券表示権利等を検討対象として，基本的に企業会計上の有価証券として取り扱うべきことと提案している。すなわち，その保有目的に応じた期末評価（第8-9項）や払込金額の資本または負債となる場合の会計処理（第5-6，31-32項）についても，そのトークンの性質に応じた有価証券の発行として適宜区分されることとしており，ブロックチェーントークンであることの特性やこれに対する配慮についての言及はほとんどなされなかった[7]。また，投資型に分類されるトークンに金融商品取引法上の電子記録移転権利に該当するもの以外が企業会計上の有価証券として扱われる余地については当該草案において明確な言及はなく，金融商品取引法上有価証券とされるものを企業会計上有価証券として扱う旨の整理のみが行われた。

これに対し，「2022論点整理」では発行者の義務の有無に応じた対価の額の収益計上について，ICOトークン発行の義務が投機的評価額で取引される特徴があると指摘した上で，義務の時価評価および取引額との差額についての損益計上を行う会計処理案が提案されている（第32-35項）。すなわち，トークンセールにおける取引は等価交換ではなく，本体である義務部分（通常価格部分）と実現譲渡損益部分（投機的価格部分）から構成されるという理解の可能性であり，この場合，当該ICOトークンは一般的な有価証券の発行とは異なる取扱いとなる。一方で，自己割り当てのトークンや自己発行トークンの取得については授権資本や自己株式の会計処理との整合性が検討されており（第38-39項），有価証券類似の金融資産的性質への考慮も見られる。

いずれも，基本的かつ予備的分析としてはある程度妥当する指摘であろうと思われるが，いくつか疑問も指摘できる。まず，トークンの資産分類やその性質についての議論は明確な議論を留保したまま，検討対象を資金決済法あるいは金融商品取引法の規制対象となるものに限定している。そのため，期末評価

7　なお，約定日のあり方についてはブロックチェーン上で行われることに関する言及があるが，基本的に約定日から受渡日の期間の短縮が想定されるとして，新たな論点とはしていない（ASBJ［2022c］第40-41項）。ただし，ブロックチェーン上の取引とその認証が法的な権利移転にあたるか否かについては明確化されていない点も多く，別途の確認的検討を要するものと思われる。

は"原則として時価"とする扱いがある程度許容されているが，前述の通り資金決済法の定義が決済機能の有無についてのみ言及するものであることから，決済機能はあるもののその他機能が主であるトークンや決済機能を持たないトークンについての考慮は一切行われていない。金融商品取引法上有価証券とみなされるトークンを有価証券として会計処理を行うことは当然であろうが，どのようなトークンが有価証券として取り扱われるべきであるのか，ハイブリッド型の場合は区分経理が行われるのか，企業会計上の対象は拡大の余地があるのか等についての議論についても保留されている。検討範囲を限定した上でも，義務の時価評価や再評価の困難性のほか，自律型ブロックチェーンのガバナンストークン[8]の発行者やその義務を担う者はどのように認定するのか，また，現物NFTが資金決済法上の暗号資産に該当する場合やハイブリッド型の場合の会計処理等，トークンの多様化や複雑化に応じた会計上の論点は多く残されていると思われる。

　なお，国際的な基準開発としては，AASBやIASBでも当初は既存の資産区分に該当しないものとして整理された上で，現金あるいは金融資産に該当しないことから無形資産（一定の場合には棚卸資産）としての分類を検討していたが，2021年3月の「第3次アジェンダ協議」においては，暗号資産の経済的特性は無形資産よりも現金または他の金融資産に類似しているとの指摘が行われている（第B14項）。アメリカでは，FASBは当初暗号資産を取得原価評価を基本とする無形資産として扱うガイダンスを発出していたが，2023年3月に公開草案を公表し，無形資産区分は維持しつつ，公正価値評価および評価損益の純利益計上を行うべきこととした。ただし，対象となる暗号資産からはNFTや投資型・権利請求型トークン，自己発行トークンなどが除かれており，トークンの性質に応じた資産分類の再検討が進んでいることが窺われる（FASB [2023]）。

　日本においても，企業会計上の金融資産あるいは有価証券への該当可能性に

8　ガバナンストークンが投資型トークンに分類される場合は有価証券として会計処理が行われることとなるが，ICOの多くは証券規制を回避することを目的とした設計がされることが多いとされ，その場合はその他権利型あるいは無権利型トークンとして「2022論点整理」の検討範囲となることが想定される。

ついては，金融商品会計基準実務指針第4項の定義に該当しないこと等からこれを否定していたが（ASBJ［2018］第30項），トークンの性質に合わせ，金融資産への該当可能性を含めた議論が必要であると思われる。この点につき，2023年11月14日 ASBJ 議事概要において，暗号資産について「当初想定されていた主として決済手段としての利用等と比較した利用状況の保有の態様などの実態面の変化を踏まえ，必要に応じて今後の基準開発の検討を行っていく」ことが示されており，今後検討が進められるものと思われる。

（2）法人税法における対応

　所得税法における取扱いについては2017年に国税庁から「仮想通貨に関する所得の計算方法等について（情報）」が公表されたが，法人税法上の対応は2019年改正において行われた。まず，従前の法人税法第61条に資金決済法上の仮想通貨（のちに「暗号資産」に文言を修正）を加えて「短期売買商品等」とし，これを棚卸資産としては取り扱わないことを明示した。すなわち，法人税法上，暗号資産とは，短期的な価格の変動を利用して利益を得る目的で取得した有価証券以外の資産と同等の取扱いをすべきものとして，保有目的を問わず原則として洗替え法による期末時価評価を行い，評価損益については課税所得計算上益金または損金の額に算入されることになる。

　また，金融商品取引法上の有価証券と扱われるトークンについては，法人税法上も有価証券として扱われることになる。すなわち，金融商品取引法上有価証券と扱われるトークンおよび資金決済法上の暗号資産に該当するトークン以外のトークンの取扱いや，ハイブリッド型トークンの取扱いについての規定は存在しない。よって，仮に投資型ではないガバナンストークンがイーサリアムベースで設計される等一定の資金決済機能を有する場合，法人税法上は短期売買商品等に該当し，活発な市場が存在する時は毎期末時価評価の上で当該評価損益が課税計算に算入される可能性がある。

　ただしこの点については，経済産業省が法人税法の2023（令和5）年度税制改正要望項目として，自己割り当てのガバナンストークンのような長期保有を前提とした暗号資産を念頭に期末時価評価課税の対象外とすることを提案した。すなわち，売却しないことが前提となっているトークンへの課税がキャッシュ

フローを伴わない未実現損益への課税となっており，その結果ブロックチェーン技術を活用した企業や事業開発を阻害していると指摘されていることから所用の措置を講じるべきとした要望である（経済産業省令和5年度税制改正要望書国税39-2，39-3）。この要望，および，2022年11月7日ASBJ議事概要において自己割り当てされ第三者との取引を経ていないトークンについて原価評価とする考え方が示されたことを受け，これに沿った税制改正が行われている。すなわち，自己発行かつその後継続して保有しているトークンで譲渡制限等の条件が付されている一定のものを「特定自己発行暗号資産」として期末時価評価の対象から除外した。また，2024（令和6）年度税制改正ではこの取扱いの範囲が譲渡制限等の措置が取られているトークン（「特定譲渡制限付暗号資産」）に拡張された（法人税法第61条第2～4項）。これらにより，改正前制度において課題であった第三者発行トークンを統治目的で保持する場合や，自己発行トークンを市場から統治目的等で再取得等して譲渡制限を付した場合も，原価法評価を行いうることとなった。ただし，譲渡制限には技術的措置が必要となることから，単なる長期保有の場合は期末時価評価の原則が適用される。また，トークンの機能・内容に関する条件はないため，ブロックチェーンやトークンの状況や保有目的が変化した場合や，保有が管理・統治目的でなかった場合でも，特定譲渡制限付暗号資産の要件を備える限り時価評価損益の計上は不要となる。

4　会計と税務における課題

　以上のように，暗号資産の定義や範囲，分類については曖昧なままではあるものの，それが会計上あるいは課税所得計算上の資産に該当することについては一貫した取扱いとなっていると言える。また，企業会計上も法人税法上も，資金決済法上の暗号資産を金融資産あるいは有価証券とは扱わないとしつつ，その評価等は金融資産に準じた時価評価を基本とする取扱いとなっている。しかしこれらの検討は資金決済法上の暗号資産すなわち明確な管理者の存在しない決済手段であるトークンを前提として行われていることが窺われ，ブロックチェーン技術の現状を踏まえた検討が必要であると思われる。

（1）会計・税務上の資産分類

　前述のように，ASBJ では資金決済法上の暗号資産に該当するトークンについて，有価証券などの金融資産に類似する性格を有すると指摘しつつもこれに該当しないものとの整理を行っている。金融資産への該当性を否定する論拠として，主たる債権者の不存在等を指摘しており（ASBJ［2018］第30項），IASBも当初は同様の判断を行っていた。これは，資金決済法上の暗号資産の主たる想定がビットコインのような非中央集権的かつ決済・送金機能に特化したトークンであったことに基づく指摘であったと思われるが，上述の通り第3次アジェンダ協議ではあらためて金融資産との類似性が指摘されている。

　トークンが多様化するに従い，ICO トークンのうち金融商品取引法上の有価証券とみなされる電子記録移転権利部分については会計・税務とも有価証券として扱われることとなったが，それ以外のトークンが暗号資産の定義を満たす場合，会計・税務上の有価証券に分類される余地は現状ない。そのために保有するトークンの期末時価評価が基本となり，原価評価の余地が排除されてきた。トークンのさらなる多様化を踏まえれば，むしろ有価証券等の金融資産に類似するトークンが多いことも考えられるため，この点についてはあらためて検討されるべきであると思われる。

① 金融商品取引法上の有価証券

　会計・税務上の有価証券の中核は金融商品取引法第2条第1項各号に定義される有価証券である。ここにトークンが定義されれば，当該トークンは原則として会計・税務上も有価証券として取り扱われることとなる。実際，2019年改正において，一定の投資性 ICO トークンがみなし有価証券とされたため，当該トークンについては資金決済法上の暗号資産の範囲から除外され，会計・税務上も有価証券として扱われることとなった。では，この範囲がさらに拡大される余地はあるだろうか。

　金融商品取引法上，有価証券とは証券規制対象を意味し，罪刑法定主義の観点からその定義を明確化するため，有価証券およびみなし有価証券にかかる政令指定も包括条項ではなく限定列挙主義が維持されているとされる（高橋

［2009］60頁）。これは，銀行業との業際問題や省庁間の管轄調整の問題等の事情があるとされ（高橋［2009］60頁），この観点からは管理者や債務者が明確に存在する投資性 ICO トークン以外のトークンが政令指定される余地は極めて小さいと考えられる。アメリカでは SEC が規制対象となるトークンの範囲の拡大が検討されているが，これも事業者側のトークンの価値への影響力を勘案した事業者側の情報開示義務を論じるものであり，包括的検討という点で日本よりも範囲は拡大しうるにせよ，おおよそ同種同様の議論と考えられる。

また，証券規制を回避する目的で設計される傾向があるとされる ICO トークンの多くは，当然に金融商品取引法上の有価証券には該当しないであろうことが予想される。

② 企業会計・法人税法における有価証券

企業会計および法人税法はその利益または課税所得の計算のために資産を区分し，当該区分ごとの期末評価等の取り決めを行っている。そのため，企業会計および法人税法における有価証券は，金融商品取引法上の有価証券を基本としつつ，各制度上でそれぞれ規定し直している。すなわち，金融商品会計基準では，金融商品取引法上の有価証券の規定を踏まえつつ，企業会計上有価証券として取り扱うことが適当と認められるものについては，有価証券として取り扱うこととしている（金融商品会計基準実務指針第58項）。その際の判断基準は，

［図表3-2］各法制における有価証券の範囲

金融商品取引法	金融商品会計基準	法人税法
第2条第1項　証券 ・債権・社債権 ・株券　等 第2条第2項　みなし有価証券 ・信託受益権 ・合名／合資／合同会社の社員権 ・集団投資スキーム　等	金商法第2条の有価証券 ＋企業会計上の有価証券とすべきもの (ex. 国内 CD) △企業会計上の有価証券とすべきでないもの (ex. 信託受益権)	金商法第2条第1項の有価証券 ＋政令 ・金商法第2条第1項1〜15,17号の権利 ・銀行法上の金銭債権 ・合名／合資／合同会社等の出資持分 ・出資者となる権利（列挙） △自己株式　等

金融商品取引法上の有価証券に「類似するもので活発な市場があるもの」であり，具体例として国内譲渡性預金（国内CD）が含まれ，また，信託受益権が含まれないことが示されている（金融商品会計基準実務指針第8項）。法人税法も金融商品取引法上の有価証券を軸として，その他の出資者となる権利とされるものを加え，自己株式を除くといった法人税法上の有価証券の再規定を行っている。

　基本的に流通性の債権あるいは出資証券等，発行者等義務を負う「他の企業」があるものが想定されていることが窺われ，この点を重視すればビットコインのような PoW 式自律型ブロックチェーントークンはもちろん，PoS 式自律型ブロックチェーン上の収益分配が行われないトークンをガバナンス目的で保有する場合も，会計・税務上有価証券とはならないこととなる。

③　企業会計上および法人税法上の暗号資産の資産分類

　しかし，自律型ブロックチェーンであればこれ自体が一種の独立したプラットフォームであり，それ自体に独立した人格は認定されなくとも債権債務関係に類似する性質を観察することは可能であると思われる。その場合，PoW 式で決済機能に特化したトークンであれば売買目的有価証券に限定し，PoS 式である場合やその機能として長期保有の選択がありうる場合には保有目的に応じた区分をするといった措置の適用が検討されるべきであろう。管理者が存在する，あるいは明確な発行者の義務が付随するようなトークンであればなおのこと，会計・税務上は有価証券に準ずる取扱いと期末評価をする余地があると思われる。

　ただし，ブロックチェーントークンの全てが有価証券に該当するとは限らないだろう。前述の通り，トークン設計の自由度は極めて高く，複数機能を付与されたハイブリッド型も想定される。現物資産の取引履歴証明・台帳として用いられる NFT であればそれ自体には独立した資産性は乏しく，あくまでも当該現物資産の内容に基づく会計処理が行われるべきであろうと考えられる。一方でデジタル情報のみを内容とする NFT であれば，取得者の保有意図によっては有価証券（金融商品）として問題ない場合も多いと考えられる。ブロックチェーン技術は一種の素材であり，トークンの設計次第でさまざまな資産とな

りうることを前提とした議論が必要であると思われる[9]。

また、企業会計・法人税法上の暗号資産の範囲についても有価証券と同様、資金決済法上の定義を基礎とするにせよ、それぞれ独自に範囲を規定することを検討するべきであると思われる。資金決済法は資金決済サービスの適切な実施の確保および利用者保護等のための法律であることから、その観点からトークンの機能としての決済機能の主従や程度ではなく、その有無にのみ注目して規制を行うことには意義がある。一方、企業会計・法人税の会計目的に照らせば、決済機能の有無ではなく主従も含めた各種資産性の有無に着目した範囲の再規定が必要であろう。その際、ハイブリッド型のトークンについても機能別に区分するのか等の検討が必要であると思われる。

[図表3-3] 有価証券の範囲拡大による暗号資産の再分類と期末評価

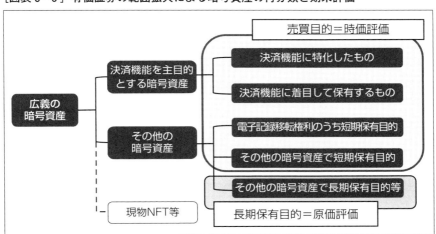

---

9 たとえば現物である不動産取引の迅速化を主たる目的としたトークンについては、当該トークンの機能は当該不動産の取引日時、通貨ベースの金額、所有権履歴等の情報の共有を行うもので、取引の対象は現物不動産そのものであり、トークン自体の新たな会計問題は生じないと考えられる。絵画等のNFTについても同様、現物である絵画の取引情報を示すものと考えるべきであろう。一方、デジタル財である絵画や仮想空間上の不動産を取引することを目的とするNFTである場合、取引対象物自体がトークン内に記録されることから、絵画や不動産ではなく暗号資産としての会計・税務処理が検討されるべきこととなると思われる。

（2）認　　識

　資産分類についてはトークンの内容に応じて検討されるべきであり，結果として ブロックチェーントークンであることによる特殊性は債権債務の当事者認定のあり方が一部指摘されうると思われる。

　また，これ以外のブロックチェーントークンの利益・所得計算上考慮すべき要素としては認識のタイミングが指摘できる。すなわち，ブロックチェーンの特徴の１つとしてブロックの承認内容が参加者間で共有されることにより成立するものであることから，トークンの取引においては現物 NFT を含め，認識時点をブロック承認の時を基本とすることが考えられる。

（3）法人税法上の課題

　前述の通り，経済産業省は2023（令和５）年度税制改正要望事項の１つとして，自己発行かつ自己割り当てした暗号資産のうち継続して保有している暗号資産について期末時価評価課税の対象とすべきことを挙げ，ほぼその通りの改正が行われた。当該税制改正要望は，未実現損益への課税という所得課税上の理論的課題の解消によりブロックチェーン分野でのイノベーションを促進することを目的としているとされ，2024（令和６）年度税制改正ではその範囲を拡張したが，どのような状況にあるトークンの時価評価が未実現損益に当たるのかについての整理は行われないままである。

　企業会計は資産分類を明示しないまま資金決済法上の暗号資産の当面の取扱いを整備したのみであるが，法人税法は短期売買商品等としての取扱いを定め，短期的売買を想定する短期売買商品等のカテゴリのままで一部保有状況による期末評価の変更を行う措置を追加することになる。ただし，特定譲渡制限付暗号資産の取扱いを含め，トークンの内容は問われないことから，その性質や保有目的を考慮したものではないと考えられる。そのため，管理強化等の目的で長期保有目的のトークンを追加購入しても譲渡制限措置等を付さなければこの部分については期末時価評価課税対象のままとなるが，これが未実現損益の課税とならない論理は構築にやや無理があるだろう。逆に，条件を満たせば公開したブロックチェーンの状況や ICO トークンのステータスが明確に変化して

第3章　暗号資産の会計上の資産分類と税務　75

いたとしても時価評価は行われない。トークンの支配の状況が変化している場合，その含み益は常に未実現と整理可能であるか疑問である。

　これらに整合的に対応するためには，基本的には保有するトークンの状況や種別，保有目的に応じた資産分類と期末評価が行われるべきであろう。その上で，有価証券類似のものと判断されるものは有価証券に準じた保有目的別の評価が許容されるべきであると思われる。

　また，自己発行や自己割り当ての範囲[10]等，付随する取扱いの明確化も必要になると思われる。特に，その含み益実現のタイミングとして外部への売却や保有目的の変更，またサービスローンチの時を含むのか等についても明確化が望まれる。具体的には，自律型ブロックチェーンのローンチのための ICO である場合，当該ブロックチェーンのサービス開始前後で自己保有トークンのステータスが内部的なものから外部的なものに変更されることとなり，その管理支配の程度・内容によっては ICO 実施者からは完全に独立したとみなされる可能性がある。トークンの処分時と同様，ステータスの変更や保有目的の変更も基本的にはみなし処分損益の認識が原則となると思われ，この部分につき課税しない整理を行うのであれば，その理論的根拠あるいは政策的意義についての検討が行われる必要があると思われる。

5　おわりに

　暗号資産については，AASB は既存の資産分類のいずれの定義にも該当しないとして議題を提起し，IFRS-IC は一定の暗号資産を無形資産（IAS38），棚卸資産（IAS 2）の定義を満たすと判断しつつ，金融資産との類似性についての指摘もされる等，資産であることは前提としながらその分類についての合意は得られていない状況である。その中でも，金融資産への該当性については債権者の不存在を理由として否定してきたが，この点についてはブロックチェー

10　たとえば自律型ブロックチェーンで PoS 等ガバナンストークンによる管理が行われる場合，当該ブロックチェーンのローンチ時の割り当てトークンは自己割り当てとみなして良いのか，自律型ブロックチェーン稼働後に保有を継続するガバナンス目的トークンは「自己発行トークン」に当たるのか等，その定義づけには詳細な検討を要するものと思われる。

ンの特質の解釈でトークンの多くを有価証券に含めうると思われる。ただし，トークンの設計の自由度は極めて高く，多様な構成としうることが考えられることから，トークン自体を独立した資産分類として包摂的に定義するのではなく，その特質ごとに資産分類の検討を行うことが要請されると思われる。

　また，現行の会計基準，法人税法はいずれも資金決済法上の暗号資産にその検討範囲を限定しているが，ASBJでも指摘され始めたように，決済手段を主目的としないトークンの保有が行われるようになっており，決済機能の有無に焦点を絞った定義は企業会計あるいは課税目的に照らして適切ではないと思われる。すなわち，決済機能を主機能とするトークンとサービスやモノの権利を代表するトークンで他の暗号資産と交換可能性のあるものが同様の時価評価とされることは適切ではなく，同時に決済機能を持たないトークンが識別対象とならない，あるいは会計処理が定まらないことも問題であろう。会計・税務目的に照らして適切な暗号資産の範囲について，改めて検討すべきである。また，法人税に特有の課題としては，まず現行税制における短期売買商品等への分類につき，有価証券を基本とすることを含めた検討がされるべきであろう。また，保有目的の変更やトークン自体のステータスの変化等，その含み益の実現あるいは課税繰延の論理についても慎重な検討を要する。

　ブロックチェーン特有の性質から生じる会計問題としては，認識時点の特殊性が指摘できる。ブロックチェーンはブロックに組み込まれた取引情報の全てが追跡可能であり，またシステム参加者間で共有される。その取引の成立はブロック接続という承認のプロセスを経ることによるため，この承認が法律上の効果を生むものか否かは別の議論として，会計処理の認識時点としては採用されるべきであると考えられる。

　その上で，自己発行と他者発行の区分に基づく会計・税務の課題の抽出とその対応が喫緊の課題であろう。具体的には，会計上の課題としては資産分類に加えてハイブリッド型トークンの場合の検討，税務上は自己発行セキュリティトークンの取扱いや国際課税における所得源泉地の識別基準の整備等への対応が課題となると思われる。また，ブロックチェーン自体の会計的理解については，コンセンサスアルゴリズムによる相違や，公開時におけるトークンの含み益の取扱い，PoS等である場合のガバナンストークンの多寡による評価のあり

方等については残された課題である。

【参考文献】

ASBJ［2016］「第350回企業会計基準委員会資料」。

ASBJ［2018］実務対応報告第38号「資金決済法における仮想通貨の会計処理等に関する当面の取扱い」。

ASBJ［2020a］「第431回企業会計基準委員会資料」。

ASBJ［2020b］「第435回企業会計基準委員会資料」。

ASBJ［2021］「第458回企業会計基準委員会資料」。

ASBJ［2022a］「資金決済法上の暗号資産又は金融商品取引法上の電子記録移転権利に該当する ICO トークンの発行及び保有にかかる会計処理に関する論点の整理」。

ASBJ［2022b］実務対応報告公開草案第63号「電子記録移転有価証券表示権利等の発行及び保有の会計処理及び開示に関する取扱い（案）」。

ASBJ［2022c］実務対応報告第43号「電子記録移転有価証券表示権利等の発行及び保有の会計処理及び開示に関する取扱い」

Committee on Payments and Market infrastructures and Markets Committee［2018］ *Central bank digital currencies.*

EFRAG［2020］*Accounting for Crypto-Assets（Liabilities）: Holder and Issuer Perspective.*（ASBJ 仮訳「暗号資産（負債）の会計処理：保有者及び発行者の視点」）

FASB［2023］*Intangibles -Goodwill and Other- Crypto assets（Subtopic 350-60）.*

FINMA［2017］*FINMA Guidance* 04/2017 *Regulatory treatment of initial coin offerings.*

IRS［2014］*Notice* 2014-21.

Nguyen and Maine［2024］Crypto Losses, University of Illinois Law Review, Vol.2024, No.4.

OECD［2020］*Taxing Virtual Currencies: An Overview of Tax Treatments and Emerging Tax Policy Issues.*

Pwc［2020］*6th ICO/STO Report A Strategic Perspective.*

Pwc［2022］*PwC Annual Global Crypto Tax Report.*

SEC［2017］*Report on Investigation Pursuant to Section* 21（a）*of the Securities Exchange Act of* 1934: *DAO.*

SEC［2019］*Framework for "Investment Contract" Analysis of Digital Assets.*

泉絢也［2022］「暗号資産の期末時価評価課税問題と解釈論の限界」『税務広報』第

70巻第 7 号，87-94頁。

伊藤公哉［2014］「仮想通貨と所得税」『大阪経大論集』第65巻第 4 号。

加藤貴仁［2022］「ICO の残照―「有価証券」と「暗号資産」の境界線の再設定に向けて」『証券経済研究』第119号，159-186頁。

金融庁［2018］『仮想通貨交換業等に関する研究会報告書』。

栗原克文［2020］「暗号資産をめぐる税務問題」『筑波ロー・ジャーナル』第30号，29-73頁。

齊藤洸［2022］「ICO トークンの発行に係る収益認識」『企業会計』第74巻第11号，89-97頁。

鈴木智佳子［2018］「仮想通貨の会計」『税務弘報』第66巻第 7 号，20-28頁。

高橋正彦［2009］「有価証券概念の変遷と問題点」『横浜経営研究』第30巻第 1 号。

土屋雅一［2014］「ビットコインと税務」『税大ジャーナル』第23号。

日本証券経済研究所［2008］「有価証券の範囲（金融商品取引法研究会研究記録第25号）」。

野口晃弘［2020］「トークンによる資金調達の会計問題」『会計』第198巻第 4 号，1 -13頁。

箱田昌子［2018］「仮想通貨の税務」『税務弘報』第66巻第 7 号，29-37頁。

林賢輔［2020］「暗号資産（仮想通貨）に係る取引から生ずる所得の国内源泉所得への該当性についての考察」『税務大学校論叢』第101号，99-240頁。

古市峰子［2005］「現金，金銭に関する法的一考察」『金融研究』第14巻第 4 号。

丸橋透・松嶋隆弘編著［2019］『資金決済法の理論と実務』勁草書房。

村上翔一［2020］「ICO に関する会計処理」『敬愛大学研究論集』第98号，173-207頁。

安河内誠［2017］「仮想通貨の税務上の取扱い―現状と課題」『税務大学校論叢』第88号。

PWC あらた有限責任監査法人編［2018］『仮想通貨の会計・税務・監査』中央経済社。

（古田　美保）

第4章

金融デジタライゼーションの
会計・税務

1 はじめに

　近年，さまざまな分野においてデジタル化（デジタライゼーション）あるいはデジタル・トランスフォーメーション（DX：Digital Transformation）が急速に進んでいる。そして，金融業界では，FinTech（Finance と Technology を組み合わせた造語）という呼称で，金融サービスのデジタル化が急速に進んでいる。FinTech は，金融サービスと情報技術（Information Technology）の融合による広い範囲の金融業界における革新を意味し，スマートフォンを用いた送金等のインターネットバンキングもその一例である。これにより，経営効率を高めることを目的として，従来の紙の通帳は急速に姿を消しつつある。また，実店舗の統廃合も進められ，実店舗を持たない金融機関も出現している。紙の通帳の廃止は，通帳発行に課されている印紙税の負担軽減になり，このことは国からすれば税収減に直結する。また，実店舗の縮減は，固定資産税の負担軽減となるなど，課税面での影響も少なくない。

　本章では，まず，資産のうち仮想（デジタル）通貨あるいは暗号資産（英語圏ではこれらを総称として Crypto Currency という語が用いられる）を除く金融商品等を取り巻くデジタル化の概要を整理するとともに，このような環境下での会計および税務上の検討課題を取り上げる。なお，前述の印紙税および固定資産税については，税務会計領域の主たる研究対象ではないため，検討対象に含めないことにする。また，暗号資産そのものに関する会計および税務の諸問題

80　第Ⅰ部　デジタル社会における構造変化と会計・税務上の諸問題

については，第3章における検討範囲となるため，本章においては金融商品を中心に検討を行うこととする。

2　支払手段の電子化

（1）概　　要

　デジタライゼーションは，貨幣にとどまらず，小切手や手形等の売上債権，そして社債や株式にも及ぶ。政府の「未来投資戦略2017」（2017年6月9日閣議決定）において「オールジャパンでの電子手形・小切手への移行」が盛り込まれたことを受け，全国銀行協会では，2026年度に手形および小切手の全面的な電子化という目標を掲げている（一般社団法人全国銀行協会［2021］1-23頁）。

　手形および小切手の全面的な電子化は，政府の方針という要因のみならず，コスト削減効果が見込まれている。しかし，手形および小切手の全面的な電子化については，電子小切手を受け取った場合には現金として処理され，電子手形を受け取った場合には受取手形として処理されることからも明らかなように，簿記・会計上は紙の手形および小切手との相違はない。

（2）前払式支払手段

　商品の売上げについても，政府のマイナポイント政策の後押しもあり，キャッシュレスが進行している。この電子化には，Suica等の交通系カード（ICチップが内蔵されたスマートフォンにおいて利用可能なモバイルSuica等も含まれる）に代表されるデビット型（前払チャージ方式）のもの[1]と，クレジット

1　前払式支払手段は多様であり，以下のようなものが利用されている（一部は販売を終了している）が，これらは形式こそ違うものの，前払式支払手段として資金決済法の規制対象となる。
　（1）証票型
　　①　紙：商品券，図書券
　　②　磁気カード：テレフォンカード，オレンジカード
　　③　ICカード，ICチップ支払：Suica（モバイルSuica），WAON
　（2）サーバ型
　　④　スマホ決済：PayPay，Line Pay（個人間決済可能な場合，資金移動業としての登録規制も受ける）
　　⑤　符号発行：iTunesギフトカード，Amazonギフト券

カードや Apple Pay 等のクレジット型（後払方式）のものに大別される。

　前払チャージという点では，商品券やプリペイドカードも同様であり，商品券については，1932年10月に施行された商品券取締法により規制が行われることとなり，1990年10月には前払式証票規制法に置き換えられることとなった。ICT の進歩により，個人利用の少額決済の場面では電子マネーが普及すると，前払式証票規制法の定める前払式支払証票が有体物への金額の記録を前提としており，サーバ型電子マネーを対象に含めていなかったことから，これを対象とする法改正を行うべく資金決済法が制定され，前払支払手段の発行者への法規制の整備が図られた。

　オンライン上で商品やサービスの販売を行うデジタル・プラットフォーマーが支払手段（電子マネー）を発行する場合には，原則として前払式支払手段発行者として資金決済法に服することになる。前払式支払手段とは，以下の条件をすべて満たすものである（資金決済法第3条第1項）。

①　証票，電子機器その他の物（以下「証票等」）に記載され，または電子的方法により記録される金額に応ずる対価を得て発行される証票等または番号，記号その他の符号であって，その発行する者またはその者が指定する者から物品を購入し，もしくは借り受け，または役務の提供を受ける場合に，これらの代価の弁済のために提示，交付，通知その他の方法により使用することができるもの。

②　証票等に記載され，または電磁的方法により記録される物品または役務の提供の数量に応ずる対価を得て発行される証票等または番号，記号その他の符号であって，発行者等に対して，提示，交付，通知その他の方法により，その物品の給付または役務の提供を請求することができるもの。

　前払式支払手段には，自家型前払式支払手段と第三者型前払式支払手段の2種がある。前者は，発行する事業者が提供するサービス内のみで利用可能な前払式支払手段であり，ゲーム内コイン等が該当する。後者は，発行事業者以外の提供する財やサービスに対しても利用可能であり，Suica 等の交通系電子マネー[2]が該当する。自家型前払式支払手段と第三者型前払式支払手段との相違は，利用範囲の広狭だけではなく，前者は原則として発行に際しての届け出が

不要[3]であるのに対し，後者は内閣総理大臣への登録が必要になるという違いがある（資金決済法第7条）。

　ところで，出資法は，資金提供者保護等経済秩序維持の観点から，業として預り金をするにつき，銀行法に定める銀行等他の法律に特別の規定のある者を除き，何人も業として預り金を行うことを禁止するものとしている（出資法第2条第1項）。預り金とは，不特定かつ多数の者からの金銭の受入れであって，次に掲げるものをいう（出資法第2条第2項）。

　①　預金，貯金または定期積金の受入れ。
　②　社債，借入金その他いかなる名義をもってするかを問わず，①に掲げるものと同様の経済的性質を有するもの。

　Suica等の電子マネーは，名称こそマネーであるが，前述の出資法に規定する預り金に該当することを防ぐ趣旨から，払戻金額が少額である等の一定の例外を除き，払戻しを行わないこととされており（資金決済法第20条第5項），この点で通貨としての性質を持つとはいえない。

（3）後払式支払手段

　企業が商品を売り渡し，クレジットカード等の後払方式により代金が支払われる場合，企業は顧客に対して商品を引き渡す際に，クレジットカードの提示を受け，代金は顧客ではなくクレジットカード会社へ請求する（**図表4-1**）。多くの場合，3～6％程度の手数料を差し引いた金額が支払われる。クレジットカード会社は，予め定められた日に顧客に対して代金の支払を求め，顧客は指定日までに支払うことにより，一連の取引が完結する。

　通常の売掛金が顧客に対する請求権を意味するのに対し，クレジットカードを利用した商品売買における代金の請求先はクレジットカード会社となるため，通常の売掛金とは区別する必要がある。そのため，クレジットカードを利用した商品の売買における売掛金についてはクレジット売掛金という勘定科目を用

2　鉄道事業者が販売する切符や回数券，定期券等は自家型前払式支払手段から除外されている。
3　ただし，未使用残高が毎年3月末または9月末の時点で1,000万円以上である場合，財務局長への届け出義務がある（資金決済法第5条）。

[図表4-1] クレジットカード売掛金

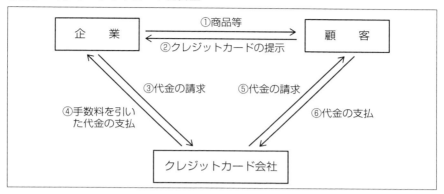

いる。

(4) 電子記録債権・債務

　電子記録債権取引とは，電子記録による金銭債権を用いた取引であり，インターネットなどのIT（情報技術）を活用した，手形に代わる決済手段として創設された取引をいう。手形取引においては，債権者は紛失・盗難のリスクを回避するための手形の保管コストを負担しなければならず，債務者は手形に収入印紙を貼付する義務があるため，印紙税を負担しなければならない。電子記録債権取引においては，いずれのコストも必要としないため，債権者および債務者双方に利点がある。電子記録債権取引には，債務者側，債権者側のいずれが電子記録を発生させる請求を行うかによって，債務者請求方式と債権者請求方式の2つの方式がある。

①　債務者請求方式
　債務者請求方式とは，債務者側において発生記録の請求を行うことによって成立する電子記録債権取引である（**図表4-2**）。

②　債権者請求方式
　債権者請求方式とは，債権者側において発生記録の請求を行い，一定期日以

[図表4-2] 債務者請求方式の流れ

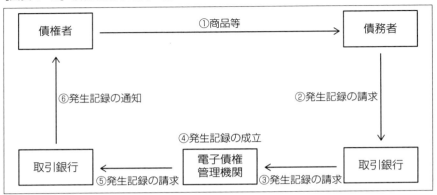

[図表4-3] 債権者請求方式の流れ

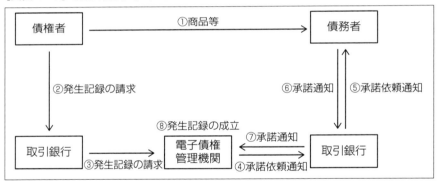

内に債務者側から承諾を得ることによって成立する電子記録債権取引をいう（**図表4-3**）。

　電子記録債権取引は，基本的には手形取引と同様の会計処理を行うが，勘定科目は，手形取引とは区別して電子記録債権勘定および電子記録債務勘定を用いる。債務者請求方式，債権者請求方式のいずれによっても発生記録の成立時に電子記録債権勘定および電子記録債務勘定によって処理する。支払期日が到来したら，手形の決済と同様に，債務者側の預金口座から引き落としが行われ，債権者側の預金口座に振り込まれる。

電子記録債権取引においても，手形の割引や裏書と同様に，譲渡記録を行うことによって電子記録債権を支払期日前に換金や支払手段とすることが可能である。この場合，手形の割引や裏書と同様に，電子記録債権を売却したものとして処理し，債権債務の帳簿価額と譲渡額との差額が生じる場合には，その差額は電子記録債権売却益勘定または電子記録債権売却損勘定として処理する。なお，電子記録債権は，手形とは異なって債権金額の一部を譲渡（分割譲渡）することも可能であり，これが紙の手形と異なる電子記録債権債務の利便性を高めることに寄与している。デジタル化による資産の容易な細分化は，暗号資産にも共通する点である。

（5）会計的性質

これらは，いずれも旧来の紙による取引がデジタル化され，利便性が高まるといった利点から普及しているものであるが，基本的にはアナログがデジタルに置き換えられたものである。商品の販売を例にとれば，クレジットカード導入前は販売企業と顧客との間の取引だったところに，クレジットカードの登場により，クレジットカード会社が介在するという違いがあるが，これはビジネスモデルの変化にとどまるのであり，会計および税務面で特段の対応が求められることはない。

簿記本来の目的である財産管理の観点からは，クレジット売掛金や電子記録債権勘定および電子記録債務勘定といった既存のものとは異なる勘定科目を用いる必要がある。しかし，会計および税務上特に検討すべきは，これらの評価についてであろう。

① 電子小切手：券面額がそのまま現金として評価
② 前払式支払手段：支払額（未使用分）が前払金等として評価
③ 電子手形，電子記録債権：額面金額から正常な貸倒見積高を控除した金額

①および③については，現金での回収が間近あるいは予定されているため，回収（可能）額による評価となる。これに対し，②は現金での回収ないし払戻しは予定されておらず，財またはサービスのための支払であることから，前払

金等として処理すべきものといえる[4]。

FASB は，ビットコインやイーサリアムのような暗号資産を無形資産として処理すべきとしている（FASB［2021］pp.15-16）。なお，暗号資産には耐用年数がないため，償却を行わないことになるとともに，時価評価を行わず取得原価による評価となる。ただし，価値の減少が生じた場合には減損の対象となる。

3　多様なデジタル資産

（1）デジタルトークン（Digital Tokens）

ファイナンス分野におけるブロックチェーン技術の応用例として，デジタルトークンがある。デジタルトークンの分類方法として，スイス金融当局（FINMA[5]）の ICO ガイドラインによれば，以下のように分類される（FINMA［2018］pp. 4 - 5 ）。

① ペイメント・トークン（Payment Tokens）

支払手段として用いられるトークンをいう。

② ユーティリティ・トークン（Utility Tokens）

ブロック・チェーン技術を利用して提供されるソフトウェアやサービスへの電子的なアクセス権を提供することが意図されたトークンをいう。基本的には有価証券に該当しないが，投資目的のものは有価証券に該当することになる。

③ アセット・トークン（Asset Tokens）

負債や持分権を表象するトークンであり，利益に対する持分請求権を約束するものが該当する。有価証券に該当することになるとともに，デリバティブに類似するものもある。

④ ハイブリッド型

FINMA は①～③の混合タイプの存在を認識しており，これをハイブリッ

4　期中においては仮払金として処理することも可能ではあるが，期末を跨ぐ場合には，仮払金のまま貸借対照表に表示することは適切ではない。

5　正式名称は Switzerland's independent financial-markets regulator である。

ド型としてそれぞれの分類に従った規制が適用されるものとしている。

（2）ICO

　企業が行う資金調達方法の１つに，IPO（Initial Public Offering）がある。IPO とは，未上場企業が新規に株式を証券取引所に上場し，投資家に株式を交付するものである。これに対して，ICO（Initial Coin Offering）とはデジタル通貨等の発行を通じた資金調達をいう。

　ICO については，これまで法令等における取扱いが不明確であり，詐欺的な事案や事業計画が杜撰な例も多く，株主や債権者等の利害関係者の権利関係を含めたトークン保有者の権利内容に曖昧な点が多いであるとか，トークン購入者はトークンを転売できれば良く，トークン発行者は資金調達ができれば良いと考えていることから，思惑のミスマッチによる無秩序なモラルハザードが起きやすいといった問題点が指摘されていた（金融庁［2018］20頁）。

（3）STO

　STO（Security Token Offering）とは，Security という名称が示すように，証券型トークンとも呼ばれ，デジタル化時代の資金調達手段として注目されている。STO は，ブロックチェーンを用いて電子的に発行された有価証券であるセキュリティトークン（米証券取引委員会（SEC）が付けた名称で，発行体またはトークンを扱う取引所は SEC に登録するか登録義務免除申請を行わなければならない）を，投資家などに売却することによって資金調達を行うものである。ここで，有価証券とは，株式や債券，手形や小切手など，財産的価値があるものを指す。

　ICO に絡む詐欺事件が相次いだことを受け，有価証券として規制される STO が増加し，日本でも STO 関連の法規制が整備されている。2019年５月31日に成立，６月に公布された「情報通信技術の進展に伴う金融取引の多様化に対応するための資金決済に関する法律等の一部を改正する法律」により，金融商品取引法が改正された。この改正では，仮想通貨デリバティブのほかに，ICO の規制が盛り込まれ，金融商品取引法上の定義の見直しとして，流通性のある投資型 ICO トークンは「第一項有価証券」として規定された。

STO やセキュリティトークンは，株式とは異なり企業の存在を前提としないという特徴がある。すなわち，セキュリティトークンは特定の企業に紐づくこともあれば，企業が主体とならない事業やプロジェクトに紐づくこともある。たとえば，調達された資金を元手に実施される事業やプロジェクトの利益等が投資家に分配されることも想定されている。

また，STO やセキュリティトークンは，ブロックチェーン上で発行された電子的な証券であるため，所有権の移転手続などの効率化・自動化が可能である。この点が，既存の証券関連の業務を効率化し，コスト削減につながると期待されている。

すでに国外では STO の事例が多くあり，たとえば，アメリカの EC 小売大手 Overstock 子会社の「tZERO」は2018年 8 月，アメリカの証券法に準拠した STO によって 1 億3,400万ドルの資金調達を行ったと発表した[6]。tZERO 自体は，規制に則ったセキュリティトークンの発行および取引所を展開するプラットフォームである。

また，法令を遵守するセキュリティトークンの発行や STO を容易にするためのプラットフォームなどを開発する Polymath は2018年 2 月に，STO によって5,870万ドルの資金調達を実施した。Polymath は，ブロックチェーンを用いた有価証券の発行と資金調達を行う際の規制要件をトークンに組み込み，事業者が STO を実施するハードルを下げるための規格や仕組みを開発している（POLYMATH［2021］par.1.0）。

なお，ブロックチェーンとは，「取引の履歴情報をブロックチェーン・ネットワークに参加する全員が相互に分散して保管維持し，参加者が相互に合意することにより，データの正当性を保証する分散台帳（Distributed Ledger）技術」である（金融庁ホームページ「暗号資産交換業者登録一覧」）。ビットコインの記録・管理の技術として開発されたものであることが知られており，一定時間[7]の取引データが 1 つのブロックとして集約され，そのブロックが鎖状に連なって連続的な取引記録となる自立・分散型のシステムであり，改竄が非常に

6　https://fintide.jp/tzero-key-milestones/ を参照。
7　ビットコインでは10分に設定されているが，たとえばビットコインから派生したライトコイン（Litecoin：LTC）では2.5分など，より短い時間に設定されている暗号資産もある。

困難,システムトラブルが起きない,契約が自動執行される(スマート・コントラクト)という特長を持つ。この技術をファイナンス分野に応用することにより,社債の小口発行,利息や配当の支払を非キャッシュの商品やサービスによって行うことが可能となっている。

STOは,社債の小口化やキャッシュレスのリターンという手法により,資本市場を拡大することが期待されている。ICOとSTOの相違として,前者はトークン自体の値上がりが期待されているのに対し,後者はそれに加えて利益の分配も期待される。このほか,特に重要であると思われるものが,評価に関わる部分である。ICOは,トークン自体が価値を有するのに対し,STOは証券や債券をトークンで表象したものであることから,ICOは発行事業者が独自に決定するのに対し,STOは裏付けとなる資産の価値が反映される。

(4) デジタルアセットとデジタライズドアセット

ビットコインのように何らかの資産や負債の裏付けのないもの,あるいは,電子記録債権のようにその電子記録自体が債権となるデジタルアセットと,具体的な資産や負債の裏付けのあるデジタル化されたアセットに区別されるという考え方がある(増島・堀［2020］11-12頁)。

ビットコインに代表される暗号資産にはさまざまな態様があるが,金融庁は以下のように整理して,法整備を進めてきた(**図表4-4**)。

［図表4-4］暗号資産の法規制

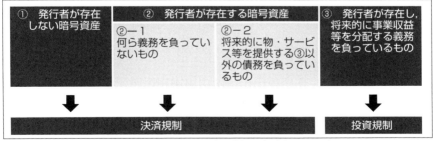

(出所) 金融庁「仮想通貨交換業等に関する研究会」(第10回)資料3,7頁。

（5）ステーブル・コイン

　ステーブル・コイン（Stable Coins）とは，法定通貨または法定通貨建ての資産やそれらのバスケット等に関連付けて価値を安定させることを目的とする暗号資産である。ビット・コインに代表される多くの暗号資産は，その裏付けとなる資産等が存在しないため，ボラティリティが大きいという問題を抱えており，このことが投機の対象となり，ひいてはヘッジ取引の対象ともなる。この問題を解消するために，ステーブル・コインが登場した。ステーブル・コインは以下のようなタイプに整理される（河合他［2020］141-143頁）。

①　法定通貨担保型ステーブル・コイン

　単一の法定通貨の裏付けがあり，払戻しの保証により，当該通貨との価値の連動が図られる。

②　バスケット通貨型ステーブル・コイン

　複数の法定通貨のバスケットの裏付けがあり，①と同様，払戻しの保証により，当該通貨群との価値の連動が図られる。

③　暗号資産担保型ステーブル・コイン

　イーサリアム等の暗号資産の裏付けがあるが，これらの暗号資産の価格に連動するのではなく，法定通貨に価値が連動するように設計される。暗号資産と法定通貨の連動は，ステーブル・コインの発行手数料を増減することにより実施される。

④　アルゴリズム型ステーブル・コイン

　法定通貨等の担保資産の裏付けを持たず，ブロックチェーン上に実装された需給調整機能に基づいて，法定通貨等との連動性を維持しようとするものであるが，価格の安定をアルゴリズムに依存することで実現することは難しいとされる。

　ステーブル・コインの特長は，暗号資産の弱点（ただし投機目的の場合には逆に強みともなりうる）である価格変動の激しさ（ボラティリティの大きさ）を，法定通貨の裏付けを持たせることにより解決し，ブロックチェーン上で発効されるトークンの利便性を活用することを目的としている。

ステーブル・コインの最大の利点は，既存のシステムにおいては不可能であった証券取引等における DVP（Delivery Versus Payment）決済を可能にすることにあると考えられる。DVP 決済とは，証券の引渡しと代金の支払をブロックチェーン上で相互に関連付け，一方が行われない限り他方も行われないようにするものであり（河合他［2020］140頁），企業が行うサービスの提供に対する顧客の支払を同時に行うことがシステム上可能となる。これにより，ブロックチェーン上の取引については，財または用役の引渡しと代金の支払にタイムラグが生じないこととなり，会計および税務が抱える収益ないし益金の認識という問題が生じないことになる。

［図表4-5］ Digital Tokens の分類

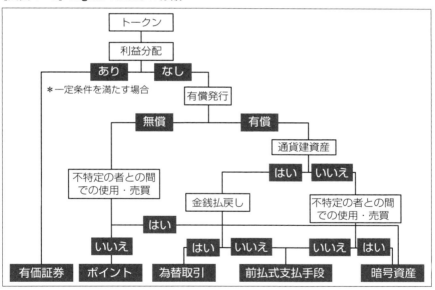

ステーブル・コインは，特定の通貨と連動することが予定されていることから，通貨スワップや通貨オプション，為替予約を組むことが想定される。なお，日本では，為替予約について外貨換算会計基準において定めており，ヘッジ会計の枠外としている。

4　暗号資産デリバティブ

（1）法 整 備

　日本では，2020年5月1日施行の改正金融商品取引法により，暗号資産デリバティブが規制対象となっているが，暗号資産デリバティブ商品の販売は金融庁への登録を行うことにより認められる（金融商品取引法第29条）。従来，金融商品取引法の規制対象となるデリバティブ取引の原資産となる金融商品は，有価証券，債券，通貨等であった（金融商品取引法第2条第24項）。金融商品取引法の改正により，暗号資産が対象に加えられることとなった。暗号資産（資金決済法第2条第5項）は金融商品に含められ（金融商品取引法第2条第24項第3号の2），暗号資産を原資産とするデリバティブ取引および暗号資産の価格等を参照する金融指標を対象とするデリバティブ取引（暗号資産デリバティブ取引）も，金融商品取引法におけるデリバティブ取引の規制対象となった。金融商品取引法の規制対象となるデリバティブとは，①市場デリバティブ取引，②店頭デリバティブ取引，③外国市場デリバティブ取引となる（金融商品取引法第2条第20項）。

　金融商品取引法のデリバティブ取引の参照指標となる金融指標は，金融商品の価格または金融商品の利率等や気象庁その他の者が発表する気象の観測の成果に係る数値等とされている（金融商品取引法第2条第25項）。暗号資産も金融商品に該当することとされたことから，暗号資産の価格等を参照指標とするデリバティブ取引もこの法律の規制するデリバティブ取引となる。

（2）市場デリバティブ取引

　暗号資産を原資産とするデリバティブ取引および暗号資産の価格等を参照指標とするデリバティブ取引のうち，金融商品市場において金融商品市場を開設する者の定める基準および方法に従い行う以下の取引は，市場デリバティブ取引に該当する（金融商品取引法第2条第21項）。
　①　暗号資産先物取引

② 暗号資産指標先物取引

③ 暗号資産市場オプション取引

④ 暗号資産市場スワップ取引

⑤ 当事者の一方が金銭を支払い，これに対して当事者があらかじめ定めた
次に掲げるいずれかの事由が発生した場合に相手方が金銭を支払うことを
約する取引

イ　法人の信用状態に係る事由その他これに類似するものとして政令で定
めるもの

ロ　当事者がその発生に影響を及ぼすことが不可能または著しく困難な事
由であって，当該当事者その他の事業者の事業活動に重大な影響を与え
るものとして政令で定めるもの（イに掲げるものを除く）。

⑥　①〜⑤に類する取引で，政令で定めるもの[8]

　なお，金融商品取引法第2条の2の規定により，①〜⑥の各取引が暗号資産
によって決済される場合も，金融商品取引法の対象となるデリバティブ取引に
含められる。

（3）店頭デリバティブ取引

　店頭デリバティブ取引として，金融商品取引法に以下のものが列挙されてい
る（金融商品取引法第2条第22項）。

①　暗号資産先渡取引

②　暗号資産指標先渡取引

③　暗号資産店頭オプション取引

④　暗号資産指標店頭オプション取引

⑤　暗号資産店頭スワップ取引

⑥　当事者の一方が金銭を支払い，これに対して当事者があらかじめ定めた
次に掲げるいずれかの事由が発生した場合に相手方が金銭を支払うことを
約する取引等

8　現在のところ，政令において具体的な定めはない。

イ 法人の信用状態に係る事由その他これに類似するものとして政令で定めるもの

ロ 当事者がその発生に影響を及ぼすことが不可能または著しく困難な事由であって，当該当事者その他の事業者の事業活動に重大な影響を与えるものとして政令で定めるもの（イに掲げるものを除く）。

⑦ ①〜⑥に類する取引で，政令で定めるもの[9]

（4）外国市場デリバティブ取引

暗号資産を原資産として行われるデリバティブ取引，暗号資産の価格等を参照指標として行われるデリバティブ取引のうち，外国金融商品市場において行う取引であって，市場デリバティブ取引と類似の取引は，外国市場デリバティブ取引に該当する（金融商品取引法第2条第23項）。なお，外国金融商品市場とは，取引所金融商品市場に類似する市場で外国に存在するものである（金融商品取引法第2条第8項第3号ロ）。

（5）英国における規制の議論

英国では，個人投資家への暗号資産デリバティブ商品の提供が禁止されることとなり，2021年1月6日に規制が施行された。金融行動監視機構（FCA：Financial Conduct Authority）は，差金決済取引，オプション取引，上場投資証券（ETN：Exchange Traded Note）等を規制することとしている。規制理由は，暗号資産デリバティブを評価する信頼性のある根拠がない（原資産の不存在）こと，犯罪や盗難の温床になる危険があること，暗号資産の価格変動が極端に高いということが指摘されている[10]。

（6）暗号資産を用いたヘッジ取引

暗号資産の価値変動リスクをヘッジするためには，理論上，その暗号資産について同量の先物取引を組むことにより可能となる。たとえば，1BTC（ビッ

---

9 現在のところ，政令において具体的な定めはない。

10 https://www.fca.org.uk/news/press-releases/fca-bans-sale-crypto-derivatives-retail-consumers と https://www.coindeskjapan.com/83406/ を参照。

トコイン）で10ETH（イーサリアム）をロング・ポジション（買い持ちポジション）
としたとき，BTC/JPY 銘柄で１BTC をショート・ポジション（売り持ちポジション）とすると，BTC が下落した場合の損失をヘッジすることが可能となる。

　暗号資産と暗号資産の組み合わせであれば，ヘッジ対象取引とヘッジ手段取引がともに時価評価の対象となり（第３章参照），ヘッジ会計（繰延ヘッジまたは時価ヘッジ）の適用について明確な基準は示されていない。そして，税務上の取扱いについても，国税庁より「暗号資産に関する税務上の取扱い（FAQ）」（平成30年11月公表，令和４年12月最終改訂）が公表されているが，ヘッジ取引に関する言及はされていない。さらに，暗号資産が決済手段として用いられると状況は少しばかり複雑になる。

【設　例】────────────────

- ・Ｘ１年11月１日に，現在10,000円で仕入れることができる商品について，価格上昇が見込まれるため，当社はＸ２年４月30日に12,000DC（Digital Coin）で購入する契約を海外業者との間で締結した。この時点における円 /DC のレートは，100円＝100DC であり，当社は12,000DC を12,000円で取得した。
- ・Ｘ２年３月31日，決算日を迎え，この時点における円 /DC のレートは，100円＝60DC となっている。
- ・Ｘ２年４月30日，決済日を迎え，商品代金12,000DC を支払い，商品を仕入れた。この時点における円 /DC のレートは，100円＝80DC となっている。
- ・議論の単純化のため，先物契約に関わる証拠金，ベーシスアジャストメントの会計処理，Digital Coin の送金手数料は考慮外とする。

【仕訳例】（単位：円）────────────────

Ｘ１年11月１日	（借）	暗号資産	12,000	（貸）	現　　金	12,000
Ｘ２年３月31日	（借）	暗号資産	8,000	（貸）	評 価 益	8,000
	（借）	商　　品	13,000	（貸）	現　　金	15,000
		先物損失	2,000			
Ｘ２年４月30日	（借）	現　　金	13,200	（貸）	暗号資産	17,600
		売 却 損	4,400			

契約日（X1年11月1日）に，12,000DCを12,000円にて購入し，これは決算日（X2年3月31日）に20,000円（＝12,000×100/60）の価値を持つため，Digital Coinから生ずる評価益8,000円が認識される[11]。法人税等の実効税率を30％とすると，この評価益8,000円について，2,400円が課税される[12]。ここで，2,400円の納税のためには，2,400円に相当する1,440DC（2,400円＝1,440DC×100/60）を売却し，円を用意しなければならない[13]。そして，手元には10,560DC（17,600円＝10,560DC×100/60）が残る。

決済日（X2年4月30日）において，今商品を市場価格で買うとするならば13,000円（10,400DC）であるが，先物契約を結んだことにより15,000円（12,000DC）で購入したということになるため，2,000円（1,600DC）高く購入したことになり，先物損失が2,000円認識される。一方，保有する10,560DCは13,200円（＝10,560×100/80）であるため，Digital Coinの売却損4,400円（＝17,600－13,200）が認識される。

問題となるのは，決算日（X2年3月31日）にDigital Coinを時価評価し，評価益を認識するとともに，これに課税される点である[14]。もし，課税がなければ，保有する12,000DCは決済日（X2年4月30日）に15,000円となり，売却益は総額で3,000円になるはずであった。そして，これに対応する法人税等は900円であるにもかかわらず，2,400円を払ったので，1,500円多く税金を負担することになった。もっとも，この1,500円については，欠損金の繰越控除および繰戻還付が適用されれば問題の一部ないし全部を解決することは可能であろう。

しかし，時価評価による評価益に課税される場合に，1,440DCのDigital Coinを売ってしまうと，Digital Coin建てでの決済時に1,440DCが不足することとなり，契約日（X1年11月1日）には1,440円で購入できたものが，決済日

11　実務対応報告第38号「資金決済法における仮想通貨の会計処理等に関する当面の取扱い」では，「仮想通貨使用者が，保有する仮想通貨について，活発な市場が存在する場合，市場価格に基づく価額をもって評価し，評価差額を当期の損益とする」としている（実務対応報告第38号第5項）。

12　2019（平成31）年度改正により，法人税法において，期末に保有する仮想通貨について，活発な市場が存在する場合には，短期売買目的の金融商品と同様，時価評価することが規定された（法人税法第61条第2項）。

13　納税資金の調達という点からは，2,400円を借り入れることによっても可能ではあるが，この場合も金利という超過負担が強いられることになる。

14　税務上の問題だけでなく，この評価益が配当により社外に流出しうることも問題となる。

（Ｘ２年４月30日）には1,800円（＝1,440×100/80）の支払を要するので，360円の負担増となる。

　この取引は，５カ月後に購入する予定の商品の値上がりという価値変動リスクをヘッジするとともに，５カ月後の決済通貨である Digital Coin の円貨に対する価値変動リスクをヘッジすることを意図したものである。すなわち，１つの先物取引の中に，２つの価値変動リスクのヘッジが埋め込まれており，この２つのヘッジ行動は一組の取引によって機能している。しかし，暗号資産を短期売買商品等として捉えるなどして時価評価を行うという考え方では，このような取引の実態を忠実に描写しているとはいえない。

　暗号資産については，会計上，期末評価とそれに伴い生ずる評価損益について関心が払われており，税務上も同様の視点に立っている。このようなアプローチは，暗号資産を単独の資産として捉え，既存の規定への当てはめを行った結果である。かりに，暗号資産を外国通貨と捉えたとしても，期末評価と評価差額の取扱いにさしたる相違は生じないであろう。しかし，暗号資産の特徴として，決済手段として機能する場合があることを忘れるべきではない。このことは，暗号資産の開発における重要な目的の１つである。本章において取り上げた取引例のように，既存のヘッジ取引に暗号資産を組み込むことにより，このようなヘッジ取引が今後広く行われる可能性は十分にある。

　金融商品会計基準におけるヘッジ会計の基本的な思考は，ヘッジ対象取引とヘッジ手段取引との間に，負の相関関係を持つ価値変動を見出し，ヘッジ対象から生じる損益とヘッジ手段から生じる損益のミスマッチを解消することを目的として，繰延ヘッジまたは時価ヘッジの適用を行うという設計思想に基づいている[15]（李［2015］24-25頁）。この思想は，ヘッジ手段とヘッジ対象との１対１の関係を前提としており，これは金融商品会計基準におけるヘッジ会計の内容を踏襲する法人税法も同様である。

　しかし，本章で取り上げた取引例のように，既存のヘッジ取引に暗号資産の

15　IFRS におけるヘッジ会計は，ヘッジ取引の内容に着目し，キャッシュ・フロー・ヘッジと公正価値ヘッジを使い分けるというアプローチをとっている点で，金融商品会計基準との相違があるが（李［2016］70頁），暗号資産についての規定が定められていないことから，本章では検討の対象に含めていない。今後，IFRS に暗号資産に関する既定が設けられた段階で，検討を行う。

98　第Ⅰ部　デジタル社会における構造変化と会計・税務上の諸問題

価値変動リスクのヘッジ取引を組み込むことが容易になれば，新たな対応が必要となる。

　2021年6月，南米エルサルバドル共和国において，ビットコインを法定通貨とする法律が議会で可決されたことを受け，日本政府は，2021年6月25日にビットコインを外国通貨とは認めない声明を発表した。暗号資産が法令上，通貨とされるのか否かにかかわらず，会計および税務上，経済的実質を忠実に表現するためには，暗号資産単独の性質のみを考えるのではなく，暗号資産が経済の中でどのように機能し，他の資産等とどのように絡むのかを考慮しなければならないだろう。金融システムが高度に進化している今日の経済システムにおいて，暗号資産は実態のないバブルで終わる可能性がある一方，会計および税務におけるヘッジ取引を含む金融取引の捉え方に変革をもたらす起爆剤となりうる。

5　おわりに

　本章の検討を通じ，暗号資産の多様性とともに，特に決済手段として機能する暗号資産のヘッジ性は，暗号資産の持つ通貨としての性質にとどまらず，金融商品あるいは金融派生商品としての性質をも併せ持つことを示している。このことは，さまざまな利用法が想定される暗号資産を既存の資産区分に当てはめることに困難さをもたらしている。

　通貨や金融商品のデジタル化は，紙のデジタル化というだけにとどまらず，これらの仮想代替化とでもいうべき段階に来ている。そもそも株式は，会社という実物財を表象したものであり，これも仮想代替化の一形態ということができるだろう。すなわち，実物財の仮想代替化は今に始まったことではなく，表象はこれまでも行われてきた。さらに，通貨もそれ自体に本源的価値があるのではなく[16]，仮想的な存在であることを思い起こすべきであろう。そのような意味に限れば，会計上，現金と金融商品には共通性を見出すことができる。

　ビットコインについては，投入された計算量がそのままビットコインの価値

16　法定通貨については，通貨を発行する国家等の信用が通貨価値の裏付けになっているという理解は可能である。

であるとする「計算資源本位制」という解釈がある（小川［2014］）が，ビットコインに投入された計算量は問題を解くためのものであり，ビットコインそのものの価値ではなく，この理論は誤りであるとする反論がある（安岡［2014］）。また，ビットコインの設計理論では，計算量が発散し続けるか減衰するため，いずれにせよこの仕組みを維持できなくなるという指摘もされている（安岡［2014］）。

　暗号資産については，供給事業者が発行する暗号資産を焼却（Burn）することにより，市場における供給量を減らして，単位当たりの価値を上昇させるということも起きている[17]。これは，会社が自己株式を取得して消却することと似ており，暗号資産と株式の共通性を示す事例といえるだろう。

　通貨や金融商品は流動性を高める手段としての機能を持つが，これらのデジタル化はそれをより容易にするものとなっているとともに，それ自体が独立した価値変動をすることもある。このことは，デジタル通貨およびデジタル金融商品それ自体が投機の対象となることはもちろんのこと，ヘッジ取引の対象となり，ヘッジ対象にもヘッジ手段にもなりうることを意味する。

　暗号資産の技術的基盤であるブロックチェーンはさらなる発展の可能性が模索されており，その1つが DeFi である。DeFi とは，主としてイーサリアムブロックチェーン[18]上に構築された金融アプリケーションのことで，分散型金融（Decentralized Finance）と呼ばれるものである。インターネット上で提供されている一般的な金融サービスは中央集権的な管理者の存在が前提となるが，DeFi は銀行や証券会社に相当する役割を果たす個々のコントラクト群によって構成されることから，分散型と呼ばれる。DeFi が目指すのは，金融のさまざまな場面において，仲介業者を排除することを可能とし，誰もが保有する資産を自由に動かすことができることである。DeFi には，分散型取引所（DEX：Decentralized Exchange），レンディングプラットフォーム，Wrapped Bitcoin（WBTC）等のアプリケーションがある。ただし，DeFi が抱えるバグも頻繁に

17　2019年11月，ステラルーメン（XLM）は，総供給量の50％に相当する550億トークンを焼却したことを公表した。
18　Bitcoin と異なり，イーサリアムはブロックチェーン上にアプリケーションを埋め込むことができるという点に特徴があり，DeFi もこれを利用したものである。

露見する。スマートコントラクトの長所はあるものの，一度プロトコルが設定されると後から変更はできず，途中に生じた不具合が永久的に存在し続けるという問題も懸念される。そのため，安定性を克服できるかが鍵となるが，上手く機能させることができれば，証券の流動性が飛躍的に高まる可能性を秘めている。

【参考文献】

Bierman Jr. H., L. T. Johnson and D. S. Peterson [1991] FASB Research Report, *Hedge Accounting : An Exploratory study of the Underlying Issues*, Norwalk : FASB.（白鳥庄之助・大塚宗春・富山正次・石垣重男・篠原光伸・山田辰巳・小宮山賢訳 [1997]『ヘッジ会計―基本問題の探求（増補版）』中央経済社）

Borislav Boyanov [2019] Approaches for Accounting and Financial Reporting of Initial Coin Offering (ICO), 15*th International Conference of ASECU*, pp. 74-83.

Cormac, B. [2009] *Accounting for Financial Instruments*, West Sussex : John Wiley & Sons.

Dhaliwal, Dan, K.R. Subramanyam and Robert Trezevant [1999] "Is comprehensive income superior to net income as a measure of firm performance?," *Journal of Accounting and Economics* Vol.26 No.1-3, pp.43-67.

Edwards, Edgar O. and Philip W. Bell [1961] The Theory and Measurement of Business Income, University of California Press.（中西寅雄 [1964]『意思決定と利潤計算』日本生産性本部）

EFRAG [2020] *Discussion Paper Accounting for Crypto-Assets : Holder and Issuer Perspective*.

FASB [2021] *Invitation to Comment Agenda Consultation*.

FCA [2020] *FCA bans the sale of crypto-derivatives to retail consumers*.

FINMA [2018] *Guidelines for enquiries regarding the regulatory framework for initial coin offerings (ICOs)* Published 16 February 2018.

Johnson, L., Swieringa Todd and J. Robert [1996] "Derivatives, Hedging and Comprehensive Income," *Accounting Horizons* Vol.10 No.4, pp.109-122.

Jones, Jefferson P. [2000] "The Effect of Accounting for Derivatives on Other Comprehensive Income," *The CPA Journal* Vol.70 No.3, pp.54-56.

Munter, Paul [1998] "Cash Flow Hedges : The New Comprehensive Income Item," *Journal of Corporate Accounting & Finance* Vol.9 No.4, pp.27-32.

POLYMATH［2021］*Polymesh Whitepaper v1.1.*

PwC［2010］*Guide to Accounting for Derivative Instruments and Hedging Activities.*

Rees, Lynn L. and Philip B. Shane［2012］"Academic Research and Standard-Setting：The Case of Other Comprehensive Income," *Accounting Horizons* Vol.26 No.4, pp.789-815.

Scott, W. R.［2009］*Financial Accounting Theory* 5 th ed., Bergen：Pearson Prentice-Hall.

Trombley, Mark A.［2003］*Accounting for Derivatives and Hedging*, New York：McGraw-Hill.

一般社団法人全国銀行協会［2021］「手形・小切手機能の電子化状況に関する調査報告書」。

岩崎勇［2012］「純利益と包括利益について―利益観の観点から」『會計』第182巻第4号，463-474頁。

岩田巖［1956］『利潤計算原理』同文舘。

小川敦［2014］「仮想通貨「Bitcoin」の本質」『日経 XTECH』。

河合健・高松志直・田中貴一・三宅章仁［2020］『暗号資産・デジタル証券法』商事法務。

北村敬子［1995］「デリバティブ等の会計処理と原価主義会計」『企業会計』第47巻第1号，1995年1月，59-65頁。

金融庁［2018］「仮想通貨交換業等に関する研究会報告書」（2018年12月21日）。

黒田明伸［2020］『貨幣システムの世界史』岩波書店。

中里実［2020］『デジタルエコノミーと課税のフロンティア』有斐閣。

降旗節雄［2020］『新版　貨幣の謎を解く』白順社。

増島雅和・堀天子［2020］『暗号資産の法律』中央経済社。

森田哲彌［1979］『価格変動会計論』国元書房。

森田哲彌［1990］「企業会計原則における収益（利益）認識基準の検討―実現主義の観点から」『企業会計』第42巻第1号，18-24頁。

森田哲彌［1994］「原価主義会計における資産評価」『横浜経営研究』第15巻第2号，93-101頁。

森田哲彌［1995］「原価主義会計の再検討」『企業会計』第47巻第1号，25-30頁。

安岡孝一［2014］「Bitcoin は計算量理論から見て「無限連鎖講」である」『日経 XTECH』。

李焱［2015］『ヘッジ会計の研究―利益概念の観点からの検討を中心として』横浜国

立大学博士学位論文。

李焱［2016］「ヘッジ会計における IFRS と日本基準の乖離―現物商品に係るヘッジ取引の会計処理」『ディスクロージャーニュース』第32巻。

（李　　焱）

第5章

金融商品およびデリバティブの
会計・税務

1 はじめに

　今日の会計制度において，金融商品と無形資産は別のものとして扱われている。日本の会計基準における金融商品とは金融資産と金融負債の総称であり，金融商品会計基準において，金融資産とは，現金預金，受取手形および貸付金等の金銭債権，株式その他の出資証券および公社債等の有価証券ならびにデリバティブ取引により生じる正味の債権等と定義されている（金融商品会計基準第4項）。IFRSにおいては，金融商品の範囲に売掛債権等が含まれるなど（IFRS 32 par.11, AG 3 -AG 5），多少広い概念とされているが，無形資産を含まないという点では日本基準と同様である。米国会計基準では，資産項目として，現金および現金同等物（ASC 305），債権（ASC 310），投資－債券（ASC 320），持分証券（ASC 321），投資－持分法とジョイント・ベンチャー（ASC 323），投資－その他（ASC 325），金融商品－信用損失（ASC 326），棚卸資産（ASC 330），その他の資産と繰延費用（ASC 340），のれんとその他の無形固定資産（ASC 350），有形固定資産（ASC 360）が規定されており，やはり金融商品と無形資産は別種の資産とされている。

　金融商品としてまず頭に浮かぶのが株式であろう。株式のうち，子会社株式や関係会社株式等の他の会社を支配する目的で保有する株式は，固定資産とされるが，土地や建物といった有形固定資産とは異なり，投資その他の資産として区分される。従来，株式は株券として目に見えるものであったが，有形固定

資産や無形固定資産とは別の独立した地位が与えられてきたように思われる。しかし，今や株式もデジタル化され，データとして記録されているのみで，株券が発行されないことが一般的になっている。このことは，金融商品と無形資産の垣根が曖昧になりつつあることを意味している。

　以上のことは，ヘッジ取引にも利用されうる暗号資産をどのような資産区分とするのかという問題が，複数の選択肢を前提とする択一問題とは必ずしもならないことを意味するばかりか，デジタル化が進む金融商品，デリバティブ，ひいてはその他の資産評価の見直しにも波及する可能性を示唆する。

2　株式と債券の評価

　金融商品会計基準において，株式および債券の評価については，保有目的によって区分されることとされている（金融商品会計基準第15-18項）。そして，金融商品はその保有目的によって時価により評価される場合と，原価により評価される場合がある（金融商品会計基準第15-18項）。売買目的の株式および債券は時価により評価されるが，これはこのような金融商品は，実現したものとみなされるためである（金融商品会計基準第70項）。

[図表 5 - 1] 金融商品の区分と評価

区　　分	評　　価
売買目的有価証券	時　　価
満期保有目的の債券	償却原価
子会社株式及び関連会社株式	取得原価
その他有価証券	時　　価

　株式および債券の貸借対照表評価は以上のとおりであるが（**図表 5 - 1**），これはあくまで会計上の取扱いである。本節では，実際に株式や債券を購入するかどうかという経営の判断という局面において，経営者は株式および債券をいかにして評価するかについて確認する。

まず，最も標準的な株式である普通株式の評価について考えてみることにしよう。株式の現在価値は，将来この株式から生み出される配当の期待値であるから，配当によるキャッシュ・フローを同等のリスクを持つ証券が市場で得る収益率で割り引くことによって求められる（Brealey et al.［2011］pp.106, 108, 邦訳131-132頁，136-137頁）。株主におけるキャッシュ・インフローは，配当とキャピタル・ゲインまたはロスであるから，現在の株価を P_0，1年後の株価の期待値を P_1，期待配当を D_1，期待収益率を r とすると，①式のように定式化される[1]。

$$P_0 = \sum_{t=1}^{\infty} \frac{D_t}{(1+r)^t} \cdots\cdots ①式$$

　この算式は，現在のキャッシュ・フローを C_0 とする株式以外の資産の現在価値を求める割引キャッシュ・フローの公式（②式）と全く同じものである[2]。

$$PV = \frac{C_1}{(1+r)} + \frac{C_2}{(1+r)^2} + \frac{C_3}{(1+r)^3} + \cdots + \frac{C_t}{(1+r)^t} = \sum_{t=1}^{T} \frac{C_t}{(1+r)^t} \cdots\cdots ②式$$

　利益の額は配当より大きいことが通常であり，利益の一部は再投資されることから，株式の価値は1株当たりの利益の割引現在価値の総和に等しいという説明は正しくないということに留意する必要がある（Brealey et al.［2011］p.108, 邦訳137頁）。これは，再投資された額は，さらに将来の利益からの配当として考慮されていることを考えれば当然のことである。

　つぎに，債券の評価を確認する。債券の価格 P_0 は，T：満期（売却）までの年数，Ct：t年後のクーポン収入，y：最終（満期）利回り（yield to maturity），F：償還価格（額面価格）とすると，③式により表される（Brealey et al.［2011］p.55, 邦訳65頁）[3]。

1　ゴーイング・コンサーンを前提とすると，株式には債券のような満期という概念がなくなり，最終株価の現在価値は0に近づくため，現在の株価を永久に続く配当の現在価値として表すことになる（Brealey et al.［2011］p.108, 邦訳136頁）。
2　正味現在価値（NPV）は現在のキャッシュ・フローを C_0（通常は初期投資がマイナスになる）として，以下の算式により表される。ここでは，資産評価の観点から現在価値に焦点を当てているが，投資に踏み切るか否かの判断としてはNPVを用いることになる。

$$NPV = C_0 + PV = C_0 + \sum_{t=1}^{T} \frac{C_t}{(1+r)^t}$$

$$P_0 = \sum_{t=1}^{T} \frac{C_t}{(1+y)^t} + \frac{F}{(1+y)^T} \quad \cdots\cdots \text{③式}$$

実際のところ，この算式は債券の価格を求めるために用いるのではなく，債券価格から最終利回りを求めるために利用する場合が多いだろう。

一般的な債券は満期までの金利が固定されているが，無リスク金利は日々変化する。そして，金利が上昇すると債券価格は下落し，金利が下落すると債券価格が上昇するというように，無リスク金利と債券価格は必ず反対の方向に動く[4]（Brealey et al. [2011] p.78，邦訳86頁）。ただし，市場が正常に機能していれば，この変化は瞬時に起きる。

ところで，債券への投資から得られる利益は，金利だけとは限らない。市場金利の低下等により，債券価格が上昇することがあり，そのときに購入価格より高く売却することによって利益が得られ，反対に，債券の価格が低くなったときに購入し，償還日まで保有すれば，値上がり分の利益が得られるという説明がなされることがある。たしかに，金利と債券価格は逆相関の関係にあるから，金利が下がれば債券金額は上昇するため，前段部分の説明は正しい。しかし，債券価格が下落した時点において，その債券を購入すれば，クーポン金利よりも高いネット・キャッシュ・インフローを得られるという説明は，見方によっては正しくない。このケースは債券保有期間における金利変動により，会

3　債券の理論価格の導出については，債券を年金型投資商品（annuity）と1回の最後の支払い（元本の返済）を合わせたものとして評価できる（Brealey et al. [2011] p.75，邦訳80頁）。年金型投資商品の現在価値は，即時に支払開始となる永久債と一定期間後（t年後）に支払開始となる永久債の差に等しいから，利率をrとすれば，以下の算式により表される。

$$年金型投資商品のPV（\%）= \frac{1}{r} - \frac{1}{r(1+r)^t} = \frac{1}{r} \times \left[1 - \frac{1}{r(1+r)^t} \right]$$

したがって，債券の額面金額をP，債券の表面利子率（クーポン利子率）をcとすると，債券の評価式は，③式に最終支払いを加えたものとなり，以下の算式のとおりとなる。

$$債券のPV（\%）= c \times \left[\frac{1}{r} - \frac{1}{r(1+r)^t} \right] + \frac{100}{(1+r)^t}$$

この債券を購入することによってどれだけの収益率を得るのかという債券の最終利回りは，以下の方程式のyを解くことによって求められる（Brealey et al. [2011] p.75，邦訳81頁）。

$$債券のPV（\%）= \frac{c}{1+y} + \frac{c}{(1+y)^2} + \frac{c}{(1+y)^3} + \cdots + \frac{c+F}{(1+y)^t}$$

4　無リスク金利の変動幅と債券価格の変動による最終利回りの変動がどのような関係にあるかは，個々の債券によって違ってくる。無リスク金利の変化によって債券の最終利回りがどの程度変化するかを示す感応度の指標は，デュレーション（duration）として示される（Luenberger [2014] pp.59-65，邦訳70-78頁）。

計的にも実質的にも利益を得ているが，後者のケースは保有期間における金利変動が生じていない前提であるため，債券価格の理論値には変化はなく，会計的には利益を得られるが，実質的にはそうではないということに注意する必要がある。先述の説明は，会計的利益と経済的利益の区別ができていないために生ずる誤解なのである。

3　オプションの資産性と評価

（1）オプションの資産性

　金融商品の資産評価に関連し，本節ではデリバティブの中でも特にオプションに焦点を当てて検討を進める。

　A社株式の1年後の1株の価格をS円とし，1年後に株価Sが100円未満であれば相手に100円で買い取ってもらう契約を考える。この取引では，株価Sが100円未満であれば権利を行使し，株価Sが100円以上であれば相手に買い取ってもらう権利を放棄するという選択権があるため，オプション取引と呼ばれる。1年後のオプションの価値をfとすると，④式のように表すことができる。

$$f=\begin{cases}100-S & 0 \leqq S \leqq 100 \\ 0 & S>100\end{cases}=max\{100-S,0\} \cdots\cdots ④式$$

　1年後のオプション価値fは，A社株式の1年後の価格Sに依存するため，fはSから派生するもの，すなわち，株式から派生する商品であることから，A株式を原資産とする派生商品（デリバティブ）と呼ばれる。

　原資産であるA株式の価格Sに対するオプションの価値$f(S)$は，**図表5-2**に示すグラフのとおりとなる。

　1年後の満期時における株式のみを保有していた場合のキャッシュ・フローはS，株式にオプションを追加した場合のキャッシュ・フローは$S+f(S)$のグラフとして表される。しかし，このオプションを持つ側は，対価も払わずにリスクをヘッジできることになってしまうため，このようなオプションは成立しない。そこで，このオプションが10円の価値を持つと仮定すると，原資産で

[図表 5 - 2] A株式の価格Sに対するオプションの価値

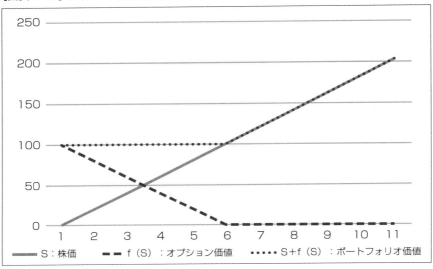

あるA株式の価格Sに対するオプションの価値f(S)は，**図表5-3**のグラフのように変化する。

　ここで示したオプションは，極めて単純なものであるが，オプションの理論とその価値の存在を理解する役割は果たしてくれる。原資産を買う権利のことをコール・オプション（call option），原資産を売る権利のことをプット・オプション（put option）という。そして，権利行使のタイミングが1年後という満期日のみに限定されているものをヨーロピアン・オプション（European option），満期日までの任意のタイミングで権利行使可能なものをアメリカン・オプション（American option）という。この設例におけるオプションは，期間1年のヨーロピアン・プット・オプションということになる。

　オプションの原型を確認したところで，つぎに，現在の株価が100円，1年後の株価が50％の確率で140円となり，50％の確率で80円になると予想される場合のオプションの価値を考える。プット・オプションにおいて，1年後に株価が140円になった場合，権利行使しないことが合理的判断となるため，オプションの価値は0円である。一方，1年後に株価が80円になった場合には，権

[図表5-3] A株式の価格 S に対するオプションの価値（オプション料を考慮）

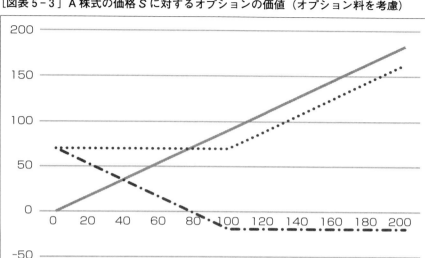

利行使することが合理的判断となるため，このときのオプションの価値は100円－80円＝20円となる。

　無リスク利子率を5％とし，安全資産である預金に x 円投資し，A社株式に y 円投資した場合のポートフォリオは，1年後に株価が140円になるときは $1.05x+140y$，1年後に株価が80円になるときは $1.05x+80y$ と表される。そして，1年後のポートフォリオの価値はオプション価値に一致するとするならば，以下の連立方程式が成り立つ（⑤式）。

$$\begin{cases} 1.05x+140y=0 \\ 1.05x+80y=20 \end{cases} \cdots\cdots ⑤式$$

この連立方程式を満たすのは，$x=\dfrac{400}{9}$ と $y=-\dfrac{1}{3}$ である。これは，このプット・オプションの複製ポートフォリオ（replicating portfolio）であり，現在の安全資産である預金に x 円投資し，A社株式に y 円投資するというポートフォリオの価値は⑥式のように表すことができる。

$$x+100y=\dfrac{100}{9} \cdots\cdots ⑥式$$

110　第Ⅰ部　デジタル社会における構造変化と会計・税務上の諸問題

　オプション契約を結ぶ双方の当事者にとって，裁定（arbitrage）の余地がない価格，すなわち無裁定価格（no arbitrage price）は100／9（≒11.11円）であり，これがオプションの価値ということになる。このように，リスクをヘッジするためのオプションには経済的な価値があり，これを会計上の資産として定量的に評価することは十分に可能なのであり，実際にも行われている[5]。さきほど，暫定的にオプションの価値を10円であるとしたが，この取引におけるオプションの価値はそれよりも１割強ほど高かったことがわかる。

（2）オプションの算定

　無配当株式を対象とするヨーロピアン・オプションの価値を評価する方法として，ブラック・ショールズ・モデル（Black Scholes Model）と二項モデル（binomial model）がよく知られている。

　c：コール・オプションの価値，p：プット・オプションの価値，S_0：現在の株価，K：権利行使価格，r：無リスク金利，T：満期までの時間，σ：標準偏差（ボラティリティ），$N(d)$：標準正規分布 ϕ（0,1）の累積確率密度関数で，確率変数が所与の値より小さい値をとる確率とすると[6]，ブラック・ショールズ・モデル式は，以下により表される（Black and Scholes [1973] pp.639-645）。

$$c = S_0 N(d_1) - Ke^{-rT} N(d_2)$$

$$p = Ke^{-rT} N(-d_2) - S_0 N(-d_1)$$

ただし，

$$d_1 = \frac{\ln(S_0/K) + (r + \sigma^2/2)T}{\sigma\sqrt{T}}$$

5　金融商品会計に関する実務指針第54項において，二項モデルやブラック・ショールズモデルへの言及が見られる。

6　変数ではないため説明を要しないと思われるが，念のために付言すると，e は自然対数の底（ネイピア数）であり，およそ2.718…である。

$$d_2 = \frac{\ln(S_0/K) + (r - \sigma^2/2)\,T}{\sigma\sqrt{T}} = d_1 - \sigma\sqrt{T}$$

S_0：現在の株価100，K：権利行使価格100，r：無リスク金利5％，T：満期までの時間1年，σ：標準偏差（ボラティリティ）30％とすると，ブラック・ショールズ・モデル式により，コール・オプションの価値14.231円，プット・オプションの価値9.354円を得ることができる[7]。

つぎに，同様の数値例を用いて，二項モデルによるオプション価値の算出を行う。二項モデルは，オプションの権利行使期間を細かく分割し，原資産の価格が上昇する場合と下落する場合を計算し，それぞれについて次の期にまた上昇する場合と下落する場合を計算するオプション評価方法であり，格子モデル（lattice model）やツリーモデル（tree model）とも呼ばれる。ブラック・ショールズ・モデルは，権利行使満期日にのみ行使可能なヨーロピアン・オプションの評価にのみ使用でき，権利行使期間中の任意のタイミングで行使できるアメリカン・オプションの評価には適さないという制約があるが，二項モデルはアメリカン・オプションにも用いることができるという特徴がある。

1年を5期間に分ける二項モデルにより，オプション価格の推移を求める。

［図表 5－4］二項モデルによるコール・オプションの価値

（単位：円）

0	1	2	3	4	5
14.778	23.165	35.209	51.525	72.018	95.584
	6.565	11.409	19.360	31.768	49.555
		1.781	3.571	7.160	14.358
			0.000	0.000	0.000
				0.000	0.000
					0.000

7　大野［2013］143-144頁の数値例によっている。

112 第Ⅰ部 デジタル社会における構造変化と会計・税務上の諸問題

[図表5-5] 二項モデルによるプット・オプションの価値

(単位：円)

0	1	2	3	4	5
9.924	4.905	1.490	0.000	0.000	0.000
	15.218	8.468	3.032	0.000	0.000
		22.374	14.156	6.170	0.000
			31.164	22.544	12.555
				40.540	33.135
					48.871

　二項モデルによるコール・オプションの価値は14.778円，プット・オプショ
ンの価値は9.924円となる。

　最後に，株価の変動はランダムウォーク（random walk），より正確にはドリ
フト付きの幾何ブラウン運動（geometric Brown motion with drift）として表さ
れることに着目し，モンテカルロ・シミュレーション・モデル（Monte-Carlo-
Simulation Model）[8]を試す。試行回数を10回，100回，1,000回と段階的に増や
し，10,000回のシミュレーションを行った結果，コール・オプションの価値は
14.518円，プット・オプションの価値は9.352円を得た。なお，モンテカルロ・
シミュレーション・モデルをより高速に計算する方法として，対数変換した株
価に対して離散化した方が，満期までの時間を細かく分割してパスを構築する
手間を省き，ダイレクトに満期株価を推定することが可能になるため，より正
確で，より早い計算が可能であるとされる（大野［2013］145-146頁）。しかし，
筆者がこの離散化によるシミュレーションを行ったところ，10,000回の試行に
よって得られた結果は，コール・オプションの価値が13.811円，プット・オプ
ションの価値が8.611円であり，ブラック・ショールズ・モデルの解析値から
はかえって遠ざかる結果となった。モンテカルロ・シミュレーションは，回数
を増やすことにより，ブラック・ショールズ・モデルの基礎でもある正規分布
に収斂していくものであるが，10万回程度の試行回数でも誤差は残るようであ

8　より正確には，ブラック・ショールズ・モデルをモンテカルロ・シミュレーションするモデルと
　いうことになる。

る。

　モンテカルロ・シミュレーションは，ランダムな数字の羅列で，規則性も再現性もない乱数列を基礎にした推定方法である（大野［2013］79頁）。乱数列を生成する方法として，やや古い方法ながら，線形合同生成法が知られており，次のようなアルゴリズムを用いる。

　整数の3つの組（a, b, M）を考え，$a>0$，$b \geqq 0$，$M>0$，$a<M$，$b<M$とする。x_0を$0 \leqq x_0 \leqq M-1$である整数とし，整数x_1，x_2，x_3，…を以下の漸化式によって定める。

$$x_{n+1} = ax_n + b \,(mod\, M)$$

$$x_n : \{0, \ 1, \ 2, \ 3, \ \cdots, \ M-1\}$$

$a=13$，$b=5$，$M=24$，初期値$x_0=8$とすると，

$$x_0 = 8$$
$$x_1 = 13 \times 8 + 5 = 109 \qquad \equiv 13\,(mod\, 24)$$
$$x_2 = 13 \times 13 + 5 = 174 \qquad \equiv 6\,(mod\, 24)$$
$$x_3 = 13 \times 6 + 5 = 83 \qquad \equiv 11\,(mod\, 24)$$

となり，数例8，13，6，11，4，9，2，7，0，5，22，3，20，1，18，23，16，21，14，19，12，17，10，15，8…と続き，8からスタートして，次に8が現れるまでに，0から23までの数字が1回ずつ現れる周期24の乱数列となる。周期は必ずM以下であり，たとえば，$a=11$，$b=7$，$M=24$，$x_0=5$とすると，5，14，17，2，5…となり，周期はわずか4となる。

　大野［2013］は，線形合同生成法をさらに高度化した浮動小数点計算（Combined Multiple Recursive Generator）を用いて，0から1の範囲の一様乱数（一様分布，すなわち，確率密度関数が常に一定の値である確率分布に従った乱数）を発生させる方法を採っており，これは約2^{191}という非常に長いシークエンスをもち，良好な一様性を最低限45次元まで確保するという。ただし，Excel VBA バージョンでは，計算精度の違いから，わずかにこれとは異なるものの，非常にコンパクトで，広く使われてテストされていることから，信頼性も高いとされる。さらに平均が0，標準偏差が1の標準正規乱数（正規分布

に従った乱数)は,この一様乱数を基礎として,インバース法を用いて発生させている。

この乱数列を用いてモンテカルロ・シミュレーションを試してみることにしよう。モンテカルロ・シミュレーションの簡単な例として,円周率の推定が有名である。なお,円周率πは,正規分布に従う確率密度関数の式に含まれている。具体的には,1辺が1の正方形に,ランダムに点を落としたとき,円を1/4にカットした90度の扇の中に落下した粒の数を数え,これを4倍することにより,円周率を推定する(**図表5-6**)。つまり,円周率を標準正規分布の確率変数として捉えようというのである。

[**図表5-6**] モンテカルロ・シミュレーションによる円周率πの計算

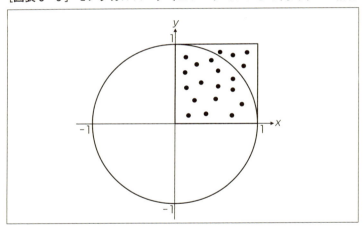

10回から始めて,試行回数を増やしていき,5,000回試行時のプロットは**図表5-7**に示すとおりであり,推定円周率は3.1256と,3.14には遠い。

さらに回数を増やし,100万回の試行でようやく3.142684を得ることができた。10万回試行では,3.13748という値であり,やや物足りない(**図表5-8**)。このことから,モンテカルロ・シミュレーション・モデルの精度を上げるためには,100万回レベルの試行回数が必要となるが,複雑な計算プログラムを組むと,10万回を超える計算をこなすためには,相当なコンピューターの演算性能と計

[図表5-7] モンテカルロ・シミュレーションによる5,000回試行時のプロット

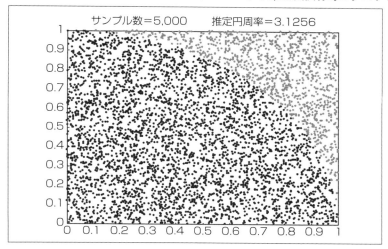

算時間を要することがわかる。シミュレーションの試行回数を n 倍増やすと，推定値誤差は $1\sqrt{n}$ 倍になるため，精度を10倍上げるためには，試行回数を100倍にしなければならない（石川・内田［2002］78頁）。

　ここまで，オプション価値の算定にあたり，①ブラック・ショールズ・モデル，②二項モデル，③モンテカルロ・シミュレーション・モデルの3つの方法を実施した。それぞれの方法により得られた値と，特徴点は**図表5-9**に示すとおりである。

　ここで取り上げた3つのオプション評価は，厳密には一致はしないものの，相互に近似する値を与えてくれる。実社会において，数学的な厳密解を求める必要は必ずしもなく，この程度の誤差の範囲であれば，十分に測定に利用できると言ってよいだろう。

[図表 5 - 8] モンテカルロ・シミュレーションによる推定円周率

試行回数	推定円周率
10回	2.8
100回	3.32
1,000回	3.204
10,000回	3.1584
100,000回	3.13748
1,000,000回	3.142684

[図表 5 - 9] 3つのモデルによるオプションの価値

モデル	コール・オプションの価値	プット・オプションの価値
ブラック・ショールズ・モデル	14.231	9.354
二項モデル	14.778	9.924
モンテカルロ・シミュレーション・モデル	14.518	9.352

（3）リアル・オプション

　オプションの価値は，原資産の価格との関係に基づいて算定されるのであるが，この理論の実物資産（real asset）への応用を行う。

　あるプラントの取得を検討する場合を想定してみる[9]。このプラントは10年間の操業に利用することができ，年間10,000kgの製品製造が見込まれ，製造には1kg当たり200円の変動費用を要するものとする。合理的な経営者であれば，製品価格が1kg当たり200円を超えていればプラントの生産能力の限界まで製造を行い，200円を下回っていれば製造ラインを停止することになる。現在の製品価格は1kg当たり400円であるが，価格はランダムに変動するものと

9　この設例は，Luenberger［2014］pp.30, 393-397（訳書35，490-494頁）を一部修正したものである。

する。毎年，価格は75％の確率で1.2倍となり，25％の確率で0.9倍になる。各年に製造される製品に適用される価格は年初の価格であり，すべてのキャッシュ・フローは年末に生じる。金利の期間構造は，毎期10％であるものとする。

まず，原資産である製品の価格の推移を，1年を1分岐として，二項モデルを用いて，時間の流れと同方向に求める（**図表5-10**）。

[図表5-10] 製品価格の推移

(単位：円)

0	1	2	3	4	5	6	7	8	9	10
400.000	480.000	576.000	691.200	829.440	995.328	1194.394	1433.272	1719.927	2063.912	2476.695
	350.000	432.000	518.400	622.080	746.496	895.795	1074.954	1289.945	1547.934	1857.521
		324.000	388.800	466.560	559.872	671.846	806.216	967.459	1160.951	1393.141
			291.600	349.920	419.904	503.885	604.662	725.594	870.713	1044.856
				262.440	314.928	377.914	453.496	544.196	653.035	783.642
					236.196	283.435	340.122	408.147	489.776	587.731
						212.576	255.092	306.110	367.332	440.798
							191.319	229.583	275.499	330.599
								172.187	206.624	247.949
									154.968	185.962
										139.471

つぎに，プラントの価値の推移を以下のように後ろ向き，すなわち，時間の流れと逆方向に求める。なお，10年後にはプラントの価値は0になるため，10年経過時点における価値はすべて0となる。

つづいて，その1期前において，次の期における価値のリスク中立期待値（risk-neutral probability）を求め，製品価格が製造費用を上回っている場合はプラントを稼働させて製品を製造し，製品価格が製造費用を下回っている場合には製造を止めるというオプションの価値を求める[10]。なお，価格は期首に決定し，製造による収入は期末に得られると仮定するため，製造による利益は無リスク利子率で割り引かなければならないことに留意する。以上により求めら

10　この設例では，10年間というプラント使用可能期間の中途において，製造活動を中止するという選択が可能であるため，アメリカン・オプションとなる。

118 第Ⅰ部　デジタル社会における構造変化と会計・税務上の諸問題

れるプラントの価値は，24,074,548円となる[11]。

[図表5-11] プラントの価値の推移

(単位：百万円)

0	1	2	3	4	5	6	7	8	9	10
24.075	27.755	31.221	34.249	36.532	37.661	37.093	34.116	27.800	16.945	0.000
	17.937	20.748	23.252	25.221	26.350	26.235	24.343	19.982	12.254	0.000
		12.894	15.005	16.738	17.867	18.091	17.014	14.119	8.736	0.000
			8.821	10.376	11.505	11.983	11.517	9.722	6.097	0.000
				5.610	6.733	7.403	7.394	6.423	4.118	0.000
					3.172	3.967	4.302	3.950	2.634	0.000
						1.449	1.983	2.095	1.521	0.000
							0.437	0.703	0.686	0.000
								0.036	0.060	0.000
									0.000	0.000
										0.000

　実際には，このプラントの取得原価が24,074,548円を下回っていれば取得するであろうし，そうでなければ取得を見送ることになるであろう。

　この設例では，製品価格が75％の確率で1.2倍，25％の確率で0.9倍になるという仮定を置き，その価格変動リスクを価値測定に含めたが，価格が不変であるとした場合のプラントの資産価値は，毎年の利益が10,000kg×（400円-200円）=2,000,000円であることから，現在価値法により以下のように計算できる[12]。

$$PV = \sum_{k=1}^{10} \frac{2,000,000}{(1+0.1)^{k}} = 2,000,000 \times \left[1 - \left(\frac{1}{1+0.1} \right)^{10} \right] \times 10 = 12,289,134円$$

　リアル・オプションの価値は価格変動リスクによって大きく変わってくるのであり，この例では現在価値法のおよそ2倍の価値を持つことになる。

　現行の会計制度において，プラントの評価は，取得原価によるものとされ，使用に伴い減価償却による配分が行われることとされている。しかし，資産評

11　スプレッドシートの表示は，小数点以下3位未満を四捨五入している。
12　スプレッドシートにおいて，＝PV（10％，10，-2000000）により求めてもよい。

価という観点からは，リスクを考慮した収入額ベースの評価を行うことは技術的に可能であり，現実にそのような評価に基づいた経営判断が行われる。なお，このような資産評価方法を制度化する場合，資産を取得すると同時に評価差額が計上されることになる。そして，これを利益に含めるかどうかはまた別の議論であることに留意されたい。

ここまでの考察から明らかになることは，オプション（デリバティブ）の価格は原資産の価格に依存するということにとどまらず，この関係は実物資産をオプションと捉えることにより，実物資産の評価にも適用可能であるということである。改めて述べるまでもないことであるが，実物資産のオプションとは，これを購入するかしないかという選択を意味する。そして，その実物資産を購入するということは，経営者はその資産に対して，購入金額ではなく，オプション価格に価値を見出していると考えられる。

ここで注意しなければならないのは，この実物資産の購入価格は，市場において形成されている客観的な価値であるのに対し，オプション価格は，必ずしも市場における客観的価値ではなく，経営者の主観が介入する可能性があるという違いがあることである。

4　資産評価再考

（1）法人税法における資産評価

法人税法における資産評価は，企業会計における資産評価に比べると，直接的な関心事とはならない。

たとえば，棚卸資産について，法人税法はこれを直接規定することはせず，売上原価等＝期首棚卸高＋当期仕入高－期末棚卸高として，売上原価等の算定の一要素として規定されるにとどまる。したがって，法人税法では，棚卸資産については，当期仕入高として取得価額を，期末棚卸高として期末評価をそれぞれ規定している（法人税法第29条，法人税法施行令第32条）。棚卸資産に時価評価の適用はなく，取得原価主義に基づく低価法の適用があるのみであるから，売上原価と評価損や盗難損等を区別する必要はない。

120 第Ⅰ部　デジタル社会における構造変化と会計・税務上の諸問題

　有価証券についての法人税法における主たる関心事は棚卸資産と同様，譲渡損益に置かれる。しかし，有価証券については，一部時価評価対象となるものがあることから，譲渡原価と評価損益を区別して把握する必要があるため，譲渡損益は譲渡対価と譲渡原価の差額として把握する旨を定めている（法人税法第61条の2）。したがって，法人税法は，有価証券について，①取得価額，②譲渡損益，③期末評価の3つを定めている（法人税法第61条の2，第61条の3，法人税法施行令第119条）。

　法人税法の有価証券に関わる期末評価規定は，有価証券を売買目的有価証券と売買目的外有価証券に分け，前者には時価法を，後者には原価法を適用（ただし，満期保有目的等有価証券債券等については償却原価法）するというものである。金融商品会計基準と法人税法の内容をまとめると**図表5-12**のとおりとなる。

[図表5-12]　金融商品会計基準と法人税法の有価証券の期末評価比較

金融商品会計基準		法人税法		
区　分	評　価	区　分		評　価
売買目的有価証券	時　価	売買目的有価証券		時　価
満期保有目的の債券	償却原価	売買目的外	満期保有目的等有価証券	償却原価
関 係 会 社 株 式	取得原価			原　価
そ の 他 有 価 証 券	時　価	そ の 他 有 価 証 券		原　価

　金融商品会計基準と法人税法の間で相違があるのは，その他有価証券の期末評価方法である。この相違には，その他有価証券評価差額金が税効果会計の対象となるという事実も表れている。しかし，これを直ちに会計と税務の相違と捉えることは，その他有価証券に関する会計と税務の一面のみを見ていることになる。

　図表5-13に示すように，確かに資産評価という観点からは，会計と税務の相違が生じているが，純利益および課税所得という観点からは，時価評価差額がいずれにも含まれないため，相違は生じない。この相違は，企業会計と法人税法の資産評価の違いが顕著に表れた好例であろう。

[図表5-13] 金融商品会計基準と法人税法のその他有価証券の取扱い比較

論点	金融商品会計基準	法人税法
資産評価（B/S）	時　価	原　価
損益への影響（P/L）	な　し	な　し

　財産法に基づく財務諸表と損益法に基づく財務諸表の存在を考える場合，資産評価について原価評価を採れば，正しい損益計算を行うことができるが，正しい資本計算は保証されず，時価評価を採れば，正しい資本計算を行うことができるが，正しい損益計算は保証されないという，**図表5-14**に示すようなジレンマがあることが指摘されている（岩田［1956］84-92頁）。

[図表5-14] 資産評価のジレンマ

資産評価	正しい基本計算	正しい損益計算
原価評価	×	○
時価評価	○	×

　しかし，このジレンマは，貸借対照表と損益計算書を跨ぐ唯一の利益が存在することを前提としている。今日の企業会計は，連結財務諸表においては，純利益と包括利益という2つの利益を手にし，このジレンマを克服しつつある。一方，法人税法においては，資産評価は依然として損益（所得）計算の従たる位置に留め置かれている。

　このように，資産評価を巡る企業会計と法人税法の姿勢の相違が浮き彫りになったところであるが，法人税法における資産の特殊な評価方法として，無形資産を対象とした所得相応性基準に言及しておきたい。所得相応性基準の詳細は，次章以降に委ねるが，その特徴を簡潔に述べるならば，評価が困難な無形資産（Hard-To-Value-Intangibles）について，事後的な評価修正を行い，後追い課税するというものであり，日本でも特定無形資産国外関連取引に係る価格調整措置として制度化されている（租税特別措置法第66条の4第8項）。

　企業会計の分野においても，無形資産の重要性の高まりとともに，その資産評価について注目されることが増えている。たとえば，Baruch Lev and Freg

Gu による著書 "The End of Accounting and The Path Forward for Investors and Managers"（邦題『会計の再生』）では，無形資産の重要性が高まる中，無形資産への投資額を費用とする会計基準に疑問が投げかけられ，資産として計上すべきことが主張されている。また，Jonathan Haskel and Stian Westlake による著書 "Capitalism without Capital"（邦題『無形資産が経済を支配する―資本のない資本主義の正体』）では，GAFA が台頭する中，無形資産の増大は生産性や格差にどのような影響をもたらすのかが論じられている。

　Lev and Gu は，1950年から2013年まで，稼得利益および純資産の株価時価総額との価値関連性が大幅に低下していることを指摘し（Lev and Gu［2016］pp.31-34，邦訳54-57頁），会計基準の抱える問題として，研究開発の即時費用化に疑問を呈している（Lev and Gu［2016］pp.37-38，邦訳61-62頁）。しかし，この事実は，投資家が研究開発投資による費用を損失とは区別して認識している可能性を示唆する。すなわち，会計情報の利用者は，稼得利益と純資産という結果だけを見ているのではなく，稼得利益の中身を正当に評価しているのかもしれないということである。

　暗号資産の登場を含め，貨幣や金融商品のデジタル化がもたらす経済への変化は，無形資産の資産性とその評価にも波及しようとしている。そもそも，暗号資産もデジタル化された金融商品はもはや無形資産に含めてもおかしくない性質のものとなっている。

　無形資産に関する資産評価問題の議論が活発となっているのは，会計も税務も同様であるが，税務分野における所得相応性基準は，事前見積りを避け，事後の評価修正を行うという特徴がある。このことは，実現主義と取得原価主義の枠からは逸脱することなく，リスクの事前評価を避けることによる確実性を優先していると解釈することができる。そして，その対価として，課税のタイミングが遅れるという代償を払っているのである。もちろん，その代償は，課税漏れという損失に比べれば取るに足らないものとなるが，本来は金利に相当する追加課税を行うべきであろう。そうでなければ，無形資産の譲渡時に正確な予測による評価額での申告を行った法人が相対的に不利益を被ることになる。

第5章　金融商品およびデリバティブの会計・税務　123

（2）資産評価の進化と統合の可能性

　今日の会計制度における資産評価は，支出額を基礎とする取得原価評価と収入額を基礎とする回収可能額評価に分かれている。この2つの資産評価はただ無秩序に混在しているのではなく，実現主義により区分されている。実現主義が重視されるのは，実現利益である純利益が重視されていることと密接に関連している。

　純利益を前提としない会計制度，すなわち，純利益との関係に囚われない包括利益を前提とするならば，資産評価は実現主義の呪縛から解放されることが可能となる。資産評価は実現主義に基づく純利益による制約を受け，それゆえに，収入額ベースの評価と支出額ベースの評価というハイブリッド方式が取られてきた。しかし，今日，我々は包括利益というもう1つの利益を手に入れ，上場企業等の連結財務諸表という限られた範囲ではあるが，制度として浸透している。幸運なことに，包括利益は資産および負債の定義とそれらの評価によるものとなっている。すなわち，純理論的な包括利益（現実の会計制度においては，その他の包括利益として包括利益に含められる項目は限定的である）を前提とするならば，資産評価は利益概念の制約を受けず，上位に立つことができる。

　その場合，資産評価におけるハイブリッド方式は不要となり，収入額ベースの回収可能額という1つの評価方法に収斂されることが可能となる[13]。なお，この回収可能額への収斂というのは，いわゆる時価会計への収斂を意味しない。かつて，売買目的有価証券とその他有価証券の時価評価が定められたときに，時価会計の時代が来るといった主張も散見されたが，そこでの時価とは評価時点における市場価格を意味するのであり，本章における将来の回収額にリスク要素を加味した現在価値という意味とは全く異なる。

　実現主義に基づく純利益と取得原価主義という制約を取り去り，改めて考え直してみれば，個々の資産に投資するのも，1つの企業にまるごと投資する

13　リアルオプション会計の評価基準は，資産評価の一般基準となる可能性があるという指摘がある（上野［2005］230頁）。なお，資産評価の一本化にのみ焦点を当てるならば，支出額ベースでの取得原価評価という選択肢もありえるが，投下資本の回収過程に入っている，ないしは，回収が完了している資産（売掛金や受取手形等）については，支出額による評価は適しないことは明らかであろう。

（子会社株式）のも，企業に部分的に投資する（関連会社株式）のも，さらには，細分化して投資する（その他有価証券）のも，それらが表象しているのは，発行会社におけるすべての資産と負債であり，その中には有形固定資産も無形固定資産も含まれている。さらには，株式を証券市場で購入した場合には，発行会社の会計情報には直接計上されていない無形の価値まで含まれていることもあるだろう。

　このような理解に基づけば，資金の運用形態という資産の本質は共通であり，金融資産，棚卸資産，有形固定資産，無形固定資産について，異なる評価方法が適用されことは疑問に思える。どのような投資を行うか，言い換えれば，資産を取得するのかという経営者の意思決定において，リスクを考慮した収入額ベースの価値が支出額を超えることが判断基準となることは，原則としてすべての企業活動に共通する[14]。このとき，資産評価を収入額ベースのものと支出額ベースのものに区分する必要性はなくなってくる。

　しばしば語られるものであるが，第2節における債券の評価に関する誤解は，会計的利益と経済的利益が混同されてしまうことに起因する。Edwards and Bell は，経済学は期待値とその要約である期待利益（expected profit）を対象とするが，会計学は実際の事象とそこからの結果である実際の利益（actual profit）を対象とするという違いを指摘したうえで（Edwards and Bell［1961］p.4），物価変動時における会計利益と経済利益の相違として指摘している。

　企業を全体として見たときの時価が個別の資産の時価を超える額は，客観的のれん（Objective Goodwill）の時価である。経営者の主観的価値が個々の資産の市場価値を超える額を「主観的のれん（Subjective Goodwill）」と称する（Edwards and Bell［1961］pp.37-38）。企業資産の主観的価値は，経営者の目から見て，どれほど豊か（well off）であるかを示すものであるから，期待利益（expected profit）は，あらゆる事業年度において，主観価値を損なうことなし（without impairing subjective value）に配当として支払うことができる額と定義され，これを主観的利益（subjective profit）と呼ぶ（Edwards and Bell［1961］pp.38-39）。最終的に主観のれんは0となり，主観価値と市場価値との差異，す

14　企業が慈善活動に寄附を行う場合などは，必ずしもこの限りではない。

なわち，経営者と市場の乖離は消える（Edwards and Bell［1961］pp.50-52）。

Edwards and Bell は，二項モデルやブラック・ショールズモデルについて言及していないが，これは当時，これらのモデルが開発されていなかったという事情を考慮しなければならないため，このことは彼らの理論の本質を損なうものではない。第3節および第4節では，オプション理論の評価について概観し，オプションの価値はリスクと密接に関わっていること，そして，その価値を評価する術があることを確認した。このようなリスクを評価する技法の進歩は，Edwards and Bell［1961］の理論を実践する可能性を当時よりも高めている。

会計データは，第一義的には企業内部の機能（internal functions）として役立つものでなければならないが，株主等の外部利用者も経営者と同様に主として業績評価を行うことから，同じ会計原則を両者に適用することは可能となることが指摘されている（Edwards and Bell［1961］p.4）。

資産および負債の公正価値評価等の算定における経営者の主観的見積りや予測の余地を拡大させたことが，会計情報の完全性と信頼性を低下させたとの指摘がある（Lev and Gu［2016］pp.100-101，邦訳139-141頁）。そのため，活発な市場で取引されていない資産の期間毎の価値評価を避け，取得原価で報告されるべきであるという（Lev and Gu［2016］pp.219-220，邦訳282頁）。しかし，この見解は，情報利用者の分析能力に変化がないことを前提としており，利用者が現行の会計情報から得られる情報を分析して，将来を予測する能力を進化させた可能性を排除しないと思われる。

資産の評価について，収入額を基礎とすることには抵抗感を持つ向きも多いのは当然のことと言えよう。売却することが予定されていない資産を現在の売却時価により評価することに情報としての意味は乏しいことは否定できない。しかし，資産は資金の運用形態であるという説明からもわかるとおり，現金やこれの同等物を除けば，いずれも投資額以上の回収を目指している。そして，この目標は，経営者にとっても投資家にとっても共通のものである。日々の経営判断は，将来を予想し，不確実性の中に期待キャッシュ・フローを描き，オプションの価値を見極めながら行うということでもある。

5　おわりに

　経済のデジタル化は，貨幣および紙幣や金融商品のデジタル化を経て，有形資産と無形資産の垣根を曖昧にしつつある。本章における検討内容とそこから得られた知見は，リスク込みの将来キャッシュ・フローに基づく資産評価の技法が向上していることによる利用可能性を探ったものであり，直ちに制度化することを主張するものではない。仮に本章の知見を会計制度に落とし込む場合，配当可能利益の計算の基礎，同時に，課税所得計算の基礎となる純利益を放棄することは現実的ではなく，資産評価を収入額ベースによって統合した結果としての予測利益を別途得ることを可能にするということである。そのとき，予測利益と純利益の関係は，制度化されている包括利益と純利益との関係とは比較にならない程に複雑化する。このような事態は，社会システムの一角を担う会計制度のあり方として，必ずしも好ましいことではない。

　会計学および会計制度における評価は必ずしも経済学における価値の変化を追跡しているわけではないという指摘もある（德賀［2011］137頁）。しかし，評価方法の進展と普及が進む中，経営者の判断，とりわけ，将来の予想というリスクテイキングの姿勢を会計情報に反映させることが，純利益等の情報提供に支障を生じさせないのであれば，企業と会計情報利用者との間に横たわる情報の非対称性を軽減する有用な情報となりうる。

【参考文献】

Ammann, Manuel and Ralf Seiz [2006] "Pricing and Hedging Mandatory Convertible Bonds," *Journal of Derivatives* Vol.13 No.3, pp.30-46.

Black, Fischer and Myron Scholes [1973] "The Pricing of Options and Corporate Liabilities", *Journal of Political Economy*, Vol. 81, No. 3, pp. 637-654.

Brealey, Richard A., Stewart C. Mayers and Franklin Allen [2011] *Principles of Corporate Finance Global Edition tenth edition*, McGraw-Hill Irwin, Singapore. （藤井眞理子・國枝繁樹監訳［2014］『コーポレートファイナンス　第10版　上』日経 BP 社）

Edwards, Edgar O. and Philip W. Bell [1961] The Theory and Measurement of

Business Income, University of California Press.（中西寅雄［1964］『意思決定と利潤計算』日本生産性本部）

Fischer Black and Myron Scholes［1973］"The Pricing of Options and Corporate Liabilities," *Journal of Political Economy* Vol.81 No.3, pp. 637-654.

Haskel, Jonathan and Stian Westlake［2017］Capitalism without Capital : The Rise of the Intangible Economy, Princeton University Press.（山形浩生［2020］『無形資産が経済を支配する—資本のない資本主義の正体』東洋経済新報社）

Lev, Baruch and Freg Gu［2016］*The End of Accounting and The Path Forward for Investors and Managers*, Wiley.（伊藤邦雄［2018］『会計の再生』中央経済社）

Luenberger, Dabid, G.［2014］*Investment Science 2 nd ed.*, Oxford University Pres, New York.（今野浩・鈴木賢一・枇々木則雄［2015］『金融工学入門 第2版』日本経済新聞出版社）

Robert C. Merton［1973］"Theory of Rational Option Pricing," *The Bell Journal of Economics and Management Science* Vol.4 No.1, pp. 141-183.

Saunders, Anthony and Marcia Cornett［2013］*Financial institutions management : A risk management approach* 8 th ed., Irwin : McGraw-Hill.

Scott, W. R.［2009］*Financial Accounting Theory* 5 th ed., Bergen : Pearson Prentice-Hall.

石川達也・内田善彦［2002］「モンテカルロ法によるプライシングとリスク量の算出について」『金融研究』。

岩田巌［1956］『利潤計算原理』同文舘。

上野清貴［2005］『公正価値会計と評価・測定—FCF 会計，EVA 会計，リアル・オプション会計の特質と機能の究明』中央経済社。

大野薫［2013］『モンテカルロ法によるリアル・オプション分析』金融財政事情研究会。

大日方隆［2002］「利益の概念と情報価値（2）—純利益と包括利益」斎藤静樹編著『会計基準の基礎概念』中央経済社，375-417頁。

北村敬子編著［2014］『財務報告における公正価値測定』中央経済社。

草野真樹［2004］「金融商品会計における利益測定の特徴」『大阪経大論集』第54巻第5号，403-427頁。

佐藤信彦［2001］「包括利益概念と利益観」『企業会計』第53巻第7号，962-968頁。

佐藤信彦［2007］「純利益と包括利益」『経営財務』第2840号，39-45頁。

辻山栄子［2010］「収益認識をめぐる実現・稼得過程の現代的意義」『会計』第177巻

第 4 号，465-484頁。

徳賀芳弘［2011］「負債と経済的義務」（斎藤静樹・徳賀芳弘責任編集『体系現代会計学　第1巻　企業会計の基礎概念』中央経済社所収）。

野口悠紀雄・藤井眞理子［2000］『金融工学　ポートフォリオ選択と派生資産の経済分析』ダイヤモンド社。

古田美保［2021］「無形資産の価値評価の会計と税務」『税務会計研究』第32号，35-51頁。

増島雅和・堀天子［2020］『暗号資産の法律』中央経済社。

森田哲彌［1979］『価格変動会計論』国元書房。

森田哲彌［1990］「企業会計原則における収益（利益）認識基準の検討—実現主義の観点から」『企業会計』第42巻第1号，18-24頁。

森田哲彌［1994］「原価主義会計における資産評価」『横浜経営研究』第15巻第2号，93-101頁。

森田哲彌［1995］「原価主義会計の再検討」『企業会計』第47巻第1号，25-30頁。

李焱［2018］「法人税法におけるヘッジ会計の妥当性」『南山経営研究』第33巻第1号。

李焱［2020］「通貨オプションを用いる予定取引に関するヘッジ会計処理の検討」『駒澤大学経済学論集』第52巻第1・2号。

（李　　　焱）

第 II 部

デジタル社会の国際税務における
諸問題

130　第Ⅱ部　デジタル社会の国際税務における諸問題

◆ 第6章 ◆

デジタル経済下における国際課税の問題

1　はじめに

　平成28（2016）年，政府は第5期科学技術基本計画においてわが国が目指すべき未来社会の姿として Society 5.0[1] を提唱した。近年，デジタル・トランスフォーメーション（DX[2]）を目指す動きが活発化しており，令和3（2021）年度税制改正では，カーボンニュートラル（CN）と並ぶもう1つの柱としてデジタル・トランスフォーメーション（DX）を後押しするための規定（デジタル・トランスフォーメーション（DX）投資促進税制，研究開発税制の見直し等）が盛り込まれた。

　デジタル経済における税務会計に関する問題は多岐にわたるが，1990年代には電子商取引[3]に関する税務問題の議論が活発化の兆しを見せていた。電子商取引に関わる課税問題として，取引の捕捉が困難になること（渡辺［2003］31頁），さらには，電子商取引が国際取引を容易にしたとの指摘がなされている

1　Society 5.0とは，サイバー空間（仮想空間）とフィジカル空間（現実空間）を高度に融合させたシステムにより，経済発展と社会的課題の解決を両立する人間中心の社会のことであり，狩猟社会（Society 1.0），農耕社会（Society 2.0），工業社会（Society 3.0），情報社会（Society 4.0）に続く新たな社会として位置付けられるものである（内閣府 website：https://www8.cao.go.jp/cstp/society 5 _ 0 /，2021年3月16日閲覧，第5期科学技術基本計画10頁）。
2　英語の略字は DT となるが，英語圏において Trans を X と略する表記がなされることが多く，経済産業省の研究報告書においても同様の略記がされているので，本章においてもこれに倣う。
3　電子商取引とは，複数の者が電子的手段や技術を用いて財貨または用役の交換を含む取引をなすことであると定義される（XIWT［1995］）。

（藤本［2005］252頁）。電子商取引によらない国際的な取引はそれ以前から行われていたのであり，そこでは長きにわたり，「恒久的施設（PE）＋独立企業原則」が課税のメルクマールとして機能してきた。

企業活動の国際化の進展とともに租税回避の国際化もまた進化を遂げ，これに対する対応策も国内法の整備から，BEPS（Base Erosion and Profit Shifting：税源浸食と利益移転）行動計画に見られるように国際的な協調という新たな段階へと進んだ。BEPS 行動計画の中でも，第1番目に位置付けられているのが「電子経済（Digital Economy）への対応」であることからも，デジタル時代の課税問題がいかに重要な課題であるかが窺われる。

本章では，経済のデジタル化が進行する中にあって，会計・税務が直面している課題につき，伝統的な課税理論の枠組みの維持あるいは抜本的な転換，特に所得課税を維持するのか消費課税あるいはキャッシュ・フロー法人税等への転換の要否とともに，関連する諸問題について検討する。

2　課税権配分の基礎理論

（1）国際課税における公平・中立原則

国際課税の問題を検討するためには，基本理論，特に国際的な「公平」・「中立」原則を振り返らなければならない。本章では，Eden［1988］の説明を基礎とし，これに適宜修正を加えながら検討を進める[4]。

①　国家間の公平（Inter-Nation Equity）

国家間の公平は，源泉地原則（Source Principle）と関連し，外国からの投資により生じる所得についての国家間配分の問題となる。政府は，国家間の公平を満足するためには，内国法人と外国法人を同様に取り扱うべきであり，当該国におけるすべての法人に対して，その国籍等と無関係に，同税率での課税を行うことが求められ，この考え方は資本輸入中立性（Capital Import Neutrality：

---

[4]　本節における記述は，Eden［1988］pp.366-374，および，この文献について詳細に言及している小野島［2008］97-100頁に基づく。

CIN）と親和性が高い。

② 個人間の公平（Inter-Individual Equity）

個人間の公平は，居住地原則（Residence Principle）と結びつき，所得がどこで獲得されたかにかかわらず，全世界的観点から，政府は各法人の国内所得と国外所得に同じ課税を行わなければならず，これは資本輸出中立性（Capital Export Neutrality：CEN）と繋がりを持つ。

（2）国家規模での視点

F国とH国の2国の存在を前提として，まず，F国における資本とF国におけるリターンを考え，国内資本 C_d に外国資本 FI を加えた F 国における状況を概観する（**図表6-1**参照）。

[図表6-1] 課税がない状況での資本とリターン

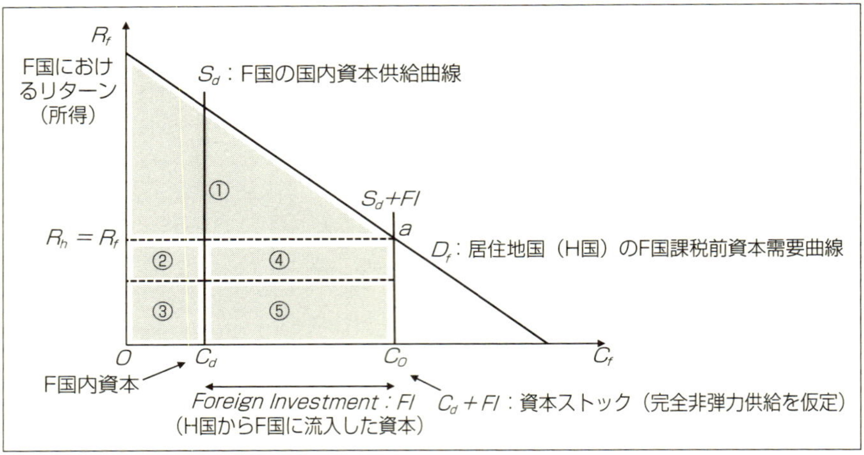

F国で課税される前の初期均衡点（Initial Equilibrium）は a であり，このとき，$R_h = R_f$ となるので，最適資本配分状態となる。C_d 帰属所得は②＋③，FI 帰属所得は④＋⑤，①は労働帰属所得として配分される。そして，F 国の GDP は①＋②＋③＋④＋⑤となる。ただし，H 国の法人が所得を全額本国送金するの

であれば，F国のGDPは①＋②＋③，④＋⑤はH国の国外源泉所得となり，それはF国ではなくH国の厚生（Welfare）を増加させる。

F国がF国内における所得に課税すると，$(1-T_f)D_f$として表されるF国におけるH国の資本需要曲線が下がるため，均衡点はaからbに移動する（**図表6-2**参照）。

[図表6-2] 源泉地国が国内所得に課税する状況での資本とリターン

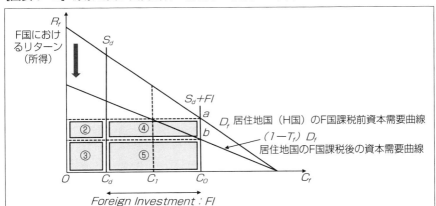

所得課税が起きても，均衡点がaからbに移動するのみであるから，資本ストックC_0はその影響を受けず，F国は厚生を④（FIに対する課税分）だけ増加させることができる。均衡点がaからbに移動したため，H国の所得は④＋⑤だったのが⑤に減少し，④は課税により税収としてH国からF国に移転する。なお，この過程において，F国居住者の利得②は課税の影響を受けない。

（3）世界規模での視点

H国が自国の居住者の全世界所得に課税し，かつ，H国の方が高い税率（$T_f < T_h$）であるとき，外国税額控除（Gross Up and Credit Rebating）を実施するならば，H国において$(T_h - T_f)R_f$分だけ追加課税が起きるため，FIの所得に課されるトータルの税額は$T_h R_f$となり，H国内への投資とF国への投

資は公平な取扱いを受けることになる。

　課税がなされない状況であれば，資本はF国とH国における総所得が等しくなるまで，すなわち，$R_h = R_f$ となるまで投資され，両国が源泉地原則に基づくならば，すなわち，H国がF国の所得に課税免除するならば，資本は課税後利益が均等化するまで移動する。このとき，$(1 - T_h) R_h = (1 - T_f) R_f$ となる。完全な税の調和化が達成されれば，グローバルでの中立性が達成されるが，$T_f \neq T_h$ のときには，資本の誤配分（Misallocation）が避けられない。ただし，後述するように，H国が「居住地課税＋外国税額控除完全実施」を行うならば，国内所得と国外所得はいずれも T_h で課税されることになるので，資本輸出中立性は維持される。

　F国とH国が存在する全世界の所得の総和は一定（$C_h + C_f = C$）であり，H国はF国の資本ストックの一部を保有しているものと仮定する（**図表6-3**参照）。

　課税前の状態において，完全な資本の移動は $R_h = R_f$ をもたらす。このとき，2本の資本需要曲線は a において均衡する。まず，F国だけが所得課税を行うとするならば，資本需要曲線は $(1 - T_f) D_f$ まで降下する。均衡点は $(1 - T_f) R_f = R_h$ となる点，すなわち，右下の b に移動する。両国の法人は，F国に投資すると課税されるが，H国内に投資すれば課税されないので，H国からF国に投資されている資本は，課税を回避する移動が起きるためである。この資本配分における課税前のF国におけるリターンは c において均衡するはずなので，最適資本配分は崩れ，△abc が全世界における死重損失（Deadweight Loss）となる。

　つづいて，H国も居住者の全世界所得に課税に踏み切る段階を考える（**図表6-4**参照）。

　課税により，資本需要曲線は $(1 - T_h) D_h$ まで降下する。このとき，均衡点はH国が行う二重課税調整の方法に依存する（**図表6-5**参照）。

① 二重課税調整を行わない場合

　二重課税が発生し，均衡点は $(1 - T_f - T_h) R_f = (1 - T_h) R_h$，すなわち，d に移動する。そのため，資本配分は均衡点が b のときよりも，さらに歪められることになる。

[図表6-3] 居住地課税実施の場合の資本配分

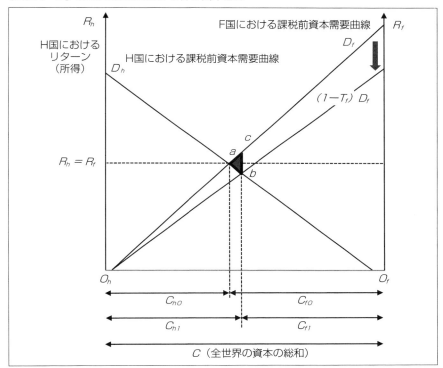

② 完全外国税額控除方式による場合

資本需要曲線は（$1-T_h$）D_fまで降下するので，均衡点はeとなる。税率はH国の税率であるT_hが適用されるので，資本輸出中立性が保たれる。このとき，資本配分は課税がない場合と同じ状態に復帰するため，歪みは消える。

③ 国外所得免除方式（**図表6-5**参照）

F国とH国の税率の大小によって，均衡点が逆方向へ変化し，その結果資本移動が生じることになる。

③-A：（$T_h > T_f$）の場合

均衡点はfに移動し，H国からF国に向けての資本移動が起きる。

[図表6-4] 居住地課税＋外国税額控除完全実施の場合の資本配分

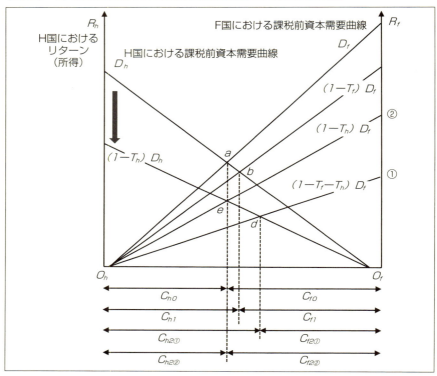

③-B：($T_h < T_f$) の場合

均衡点はf'に移動し，F国からH国に向けての資本移動が起きる。

いずれの場合においても，均衡点がaから左右いずれかの方向に移動するので，資本配分上の歪みが生じる。そのため，資本輸出中立性は満たされないものの，資本輸入中立性は満たされる。

（4）国際課税の理論体系

これまでの説明を踏まえ，公平，中立性，課税原則，二重課税調整の4つの視点について，つぎのように整理することができる（**図表6-6**参照）。

[図表 6-5] 二重課税調整の有無と資本配分の変化

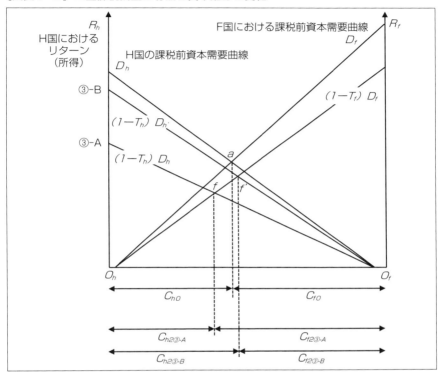

[図表 6-6] 国際課税における公平・中立原則

公平 Equity	中立性 Neutrality	課税原則 Tax Principle	二重課税調整 Double Taxation Adjustment
個人間 Inter Individual	資本輸出 Capital Export	居住地 Residence	外国税額控除 Credit
国家間 Inter National	資本輸入 Capital Import	源泉地 Source	国外所得免除 Exempt

　一般に，資本輸出中立性と資本輸入中立性は，両立しないことが指摘されている（小野島［2008］99頁，増井・宮崎［2015］149頁）。資本輸出中立性と資本

輸入中立性について，F国とH国の税率が一致しない限り同時に成立しないことは，つぎの算式からも明らかであろう。

- 資本輸出中立性(CEN)：$(1-T_h)R_h = (1-T_h)R_f$ …… ①
- 資本輸入中立性(CIN)：$(1-T_h)R_h = (1-T_f)R_f$ …… ②

国際課税における中立性概念を基礎として，課税管轄権および二重課税の調整方法を整理すると，つぎのとおりとなる（**図表6-7**参照）。

[図表6-7] 中立性と課税管轄権および二重課税調整の関係①

まず，所得源泉地において，内国法人と外国法人を問わず課税することは資本輸入中立性により導かれる。つぎに，すべての国が内国法人に居住地（全世界）課税を適用する場合に，外国税額控除か国外所得免除のいずれかを採用することを検討する。

資本輸出中立性の条件式（①式）は，H国の法人にとって，H国（国内）に投資（左辺）しようと，F国（国外）に投資（右辺）しようと，H国の税率が適用された残りを意味している。これは，F国の法人にも同じように当てはまるのであり，F国およびH国の法人は，投資先の国の税率に影響を受けずに投資配分を決定することが可能となる。

一方，資本輸入中立性の条件式（②式）において，左辺はH国におけるリターンにH国の税率が適用された後の手取り額，右辺はF国におけるリターンにF国の税率が適用された後の手取り額を表している。したがって，F国とH国の税率が異なる状況において，**図表6-5**におけるfおよびf'は，ともに②式を満たす点であるが，税率に応じて投資比率が拘束されることになる。そのため，法人レベルでは自らの意思により，税以外の要因を考慮しての投資選択ができない。

資本輸入中立性は，内国資本と外国資本に同様の課税を行うことを求める考え方であり，ここで，それぞれの原則の対象法人を考慮して整理し直す（**図表6－8**参照）。

[図表6－8] 中立性と課税管轄権および二重課税調整の関係②

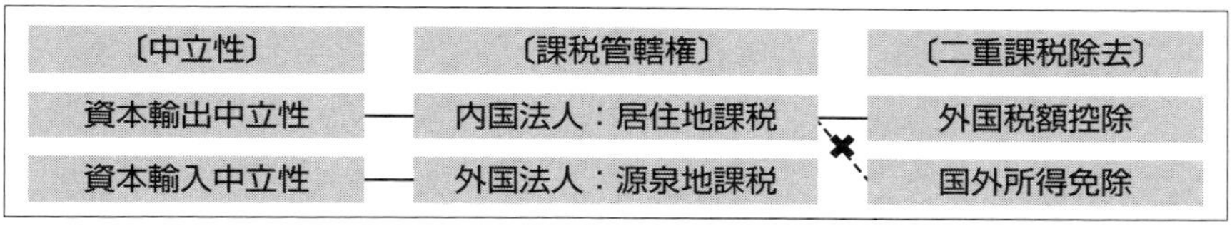

〔中立性〕	〔課税管轄権〕	〔二重課税除去〕
資本輸出中立性 ——	内国法人：居住地課税 ——	外国税額控除
資本輸入中立性 ——	外国法人：源泉地課税 ✖	国外所得免除

　資本輸出中立性は内国法人に居住地課税と源泉地課税のいずれを適用するかという局面において，そして，資本輸入中立性は外国法人を対象として国内源泉所得への課税の有無を判断する局面においての原則である。ここで，二重課税調整を行うのは，内国法人に対してであり，国外所得免除方式は居住地課税を否定するものであるから，この組み合わせは棄却される。

　内国法人には居住地課税を，そして，外国法人には源泉地課税を適用することが，資本輸出中立性および資本輸入中立性の両方を同時に満たす課税体系であり，二者択一という性質のものではない。なお，外国税額控除制度を適用する場合に，完全還付を行ってこそ，資本輸出中立性が担保されるが，完全還付は国家間の厚生の無償移転を引き起こし，中立性とは別の問題をもたらす。なお，この点について，限度額を設けなければ，二重課税が生じていない部分についても税額控除することとなり，日本の国庫にとって耐え難いことであると指摘されている（増井・宮崎［2015］158頁）。

3　国際的租税回避対応

（1）従来の国際的租税回避対応

　従来の国際的租税回避は，企業の資金調達方法を恣意的に操作する過少資本を別とすれば，事業活動を通じて行われる移転価格（TP）と軽課税国にペー

パー・カンパニー（CFC）を設立して所得を留保するという方法であった。TP によれば，居住地国における税収減による利益を源泉地国と法人が分け合うこととなり，CFC によれば，居住地の税収減による利益を第三国である軽課税国と法人が分け合う。これが従来の国際的租税回避の手法であり，居住地国における国内法での対応が中心であった。

　企業が取り扱う商品がデジタル財である場合，源泉地において PE を置くことを必ずしも要しない。この場合，本来徴収できるはずの税収を失うのは源泉地国であり，その分がそのまま居住地国の税収増となる。企業は，税率の高低により，PE を設置するかどうかを任意に決定することができる。このようなことは，デジタルを扱う企業ならばより容易となる。ただし，この誘因が働くのは，居住地国の税率が源泉地国の税率よりも低い場合に限られる。税率の高低が逆の場合，源泉地国の税収減を居住地国が総取りしてしまうことになるので，PE を回避するだけでは，法人には何らメリットがない。

　事態を複雑にするのが，第三国を挟む場合である。GAFA が得意としてきた国際的租税回避は，いずれも居住地でも源泉地でもない第三国にノウハウ等の無形資産を置くことがスキームの核心部分であった。

　これらの国際的租税回避行為による税収および税負担の損得を整理すると，**図表 6－9** に示すとおりとなる。

［図表 6－9］ 租税回避防止規定の特徴

スキーム	居住地国	源泉地国	第三国	法人
TP	△	＋	－	＋
CFC	△	±0	＋	＋
PE 回避	＋	△	－	＋
第三国に無形資産を置く	△	△	＋	＋

＊＋：税収増または税負担減，△：税収減，±0：税収への影響なし，－：スキームに無関係を示す。

　TP および CFC は，いずれも居住地国と法人との間のせめぎ合いであり，TP の場合には源泉地国，CFC の場合には第三国が言うなれば漁夫の利を得ていたのであり，居住地国側が法人の租税回避行為に対していかに網をかけてい

くかというものであった。

これに対し，PE 回避は，Amazon の例が該当するものであり，この問題は，事業において主要な役割を果たすと認められる倉庫等を PE と認定するというように，PE 概念の拡張によって対処されうるものである。このとき，PE 概念の拡張については，できるだけ各国が足並みを揃えることが必要となり，そのために BEPS 行動計画のような多国間合意の枠組みが必要となる。

第三国に無形資産を置くスキームは，Google，Apple，Facebook に加え，STARBUCKS が行ったものである。このタイプのスキームは，居住地国と源泉地国の双方が税収減となり，無形資産が置かれる第三国が税収増となる構図である。第三国が漁夫の利を得るという点では CFC と同様であるが，この源泉地国も税収減のダメージを負うという点で，CFC と異なる様相を呈し，そのことが，居住地国と源泉地国の利害一致をもたらした結果，BEPS 行動計画のような多国間合意形成の機運が高まったと考えられる。

（2）主要国の対応と国際協調

肝心の合意形成は思うように進んでいないのが現状である。フランスでは，一定の規模を超える企業のフランスにおけるデジタル部門の収益に3％を課税するというデジタル税の導入が検討され，米国との鞘当てが行われてきたが，当面棚上げされることとなった。

2020年1月，英国はデジタル課税（Digital Service Tax：DST）を導入することを表明した。デジタル部門の全世界の売上高が5億ポンド超，かつ，英国内における売上高が2,500万ポンド超の企業を対象として，英国における収益の2％に課税するというものである。

英国では，2015年4月から迂回利益税（Diverted Profits Tax）を導入し，外国法人が英国における PE 認定を回避する目的で，利益を迂回させるスキームを仕組んだりした場合には，英国内の経済活動による利益であるにもかかわらず課税回避されたと認められる所得を対象として，通常の税率より高い25％の税率で課税している（HM Revenue & Customs ［2018］DPT1030）。ただし，英国税務当局（HMRC）は，この措置が OECD の BEPS プロジェクトと首尾一貫したものであり，そこから逸脱するものではないことを強調している（HM

Revenue & Customs［2018］DPT1000）。

　米国は，2018年より，全世界無形資産低課税所得（Global Intangible Low-Taxed Income：GILTI）税制を導入している。GILTI は，CFC 税制と連携し，CFC の有する適格事業資産投資額（Qualified Business Asset Investment：QBAI）に通常利率（Routine Return）10％を乗じた ROA を超える超過利益を，CFC の株主は持株割合に応じて合算するものである（IRC §951A）。なお，所得合算に際して，低課税の現地法人税については，外国税額控除が適用される（IRC §960）。GILTI 税制は後述する国際協調の合意内容にも多大な影響を及ぼしている。

　GILTI 税制では，無形資産源泉所得の算定について，１つの方法論が実践され，QBAI の10％相当額は QBAI から生ずる利益であるとの仮定が置かれ，その残余利益が無形資産から創出された利益であると考えられている。

　また，米国は，国外由来無形資産所得（Foreign-Derived Intangible Income：FDII）の37.5％と，総所得に算入された全世界無形資産低課税所得（GILTI）の50％を所得控除することを認める[5]（IRC §250）。

　FDII と GILTI が，米国企業が無形資産を第三国に置く誘因を減らすことに寄与することを目的としていることは明らかであろう。GILTI 税制では，まず，CFC 税制と連動して持株割合に応じて米国企業の所得に合算され，つぎにその50％について所得控除が認められるという二段階の調整計算が行われるため，一見すると複雑な規定に思えるが，50％の所得控除が適用されるため，米国の通常の法人税率21％に対して，実質的に10.5％の税率が適用されることになる。同様に計算すると，37.5％の所得控除が認められる FDII については，実質税率13.125％が適用されることとなり，米国政府は GILTI と FDII に実質的な軽減税率を適用することによって，米国企業の有する無形資産から創出される全世界の所得に課税を行う制度を構築している。

　この他，米国では，2018年より，税源浸食および反濫用税（Base Erosion and Anti-Abuse Tax：BEAT）制度が導入され，同時に，代替ミニマム税（Alternative Minimum Tax：AMT）が廃止された。BEAT 制度は，修正課税所

5　2026年度からは，FDII の控除率は37.5％から21.875％に，GILTI の控除率は50％から37.5％に引き下げが予定されている。

得（Modified Taxable Income）の10％が，通常の税額計算規定により算出された税額を超過した場合には，その超過額を税源浸食ミニマム税（Base Erosion Minimum Tax）として課税するというものである（IRC §59A）。

このような独自課税が乱立していることの背景には，現状の国際課税のルールが経済のデジタル化に対応できておらず，新しいルールの合意形成が進まないことがあると指摘されている[6]。しかし，所得課税の枠組みから逸脱した収益課税を導入する場合には，法人税課税を事業税等の収益課税で代替させることになり，課税構造の混乱を招き，新たな国際的租税回避の温床となりうることに留意しなければならない。

GAFA を中心とするデジタル時代に急成長した企業はその多くが米国を居住地としており，それ以外の国々との対立という新たな火種が生じていることが合意形成を困難にしている。自国企業を守りたい米国が各国の動きに神経を尖らせ，米国の通商代表部（USTR）が2020年6月に10カ国・地域を対象に，米国企業が各国による独自課税による損害を受けていないか調査を始めたとの報道もある[7]。デジタル財を扱う企業を取り巻く国際課税の対立は，従来の居住地国対源泉地国という対立関係において，このような企業を多数有する米国対その他の国々という新たな対立構造を重ねた混沌とした状態となっているのである。

（3）所得相応性基準

米国内国歳入法では，1986年以来，無形資産の譲渡または実施許諾に関わる所得は，無形資産に帰属する所得と相応しなければならないという，所得相応性基準（commensurate with income standard）が規定されている（IRC §482）。所得相応性基準によれば，無形資産の譲渡における対価の額について，無形資産に帰属すべき所得の金額に相応するものとするため，無形資産に係るロイヤルティについて定期的に修正する。具体的には，外国関係会社に係る比較対象企業の営業利益水準を参照して独立企業間利益率を算定する利益比準法による検証により，外国子会社の利益水準を固定し，それを上回る超過利益を外国関

6　読売新聞2020年9月18日朝刊。
7　読売新聞2020年9月18日朝刊。

係会社ではなく内国法人に帰属させ，無形資産価値の事後的な上昇による超過ロイヤルティを課税対象とする（角田 [2019] 12頁）。移転価格税制における米国の所得相応性基準は，それまでの第三者間取引価格原則の限界に対応したものと位置付けられる。

　BEPS 行動計画における無形資産取引に関わる議論では，無形資産の評価が困難であることを認め，関連者間での取引時点において，①信頼できる比較対象取引が存在せず，②譲渡された無形資産から生じる将来のキャッシュ・フローもしくは収益についての予測，または無形資産の評価で使用した前提が非常に不確かで，その時点で当該無形資産の最終的な成功の水準に係る予測が難しいものを，評価困難な無形資産（Hard-to-Value Intangible：HTVI）と定義している（BEPS 行動計画 8 -10ガイドライン par.6.189）。

　そこでは，無形資産の射程を拡大し，医薬品業等における研究開発や営業活動から創造された無形資産の価値だけでなく，事業再編等による新しいビジネスモデルの構築から創造された価値等についても，超過利益を生み出す無形資産として支配することができ，使用によって対価が生じるものとして移転価格税制の対象とすることを目指していることが指摘されている（角田 [2019] 12頁）。

4　EU における CCCTB の議論

（1）2011年の提案

　2011年，欧州委員会（EC）は EU 域内の税制を調査し，「A proposal for a Council Directive on a Common Consolidated Corporate Tax Base：CCCTB」と題する提案を行った。その主な内容は以下のとおりである。

①　法人税率の調和化（30～40％）
②　会計規則の調和化
③　EU 域内の法人税制の共通化

　課税所得の計算は会計上の利益を出発点とすることを前提とし，課税所得と

税率を調和化することにより，税負担の調和化を目標としたのである。CCCTBの概要はおよそ以下のとおりである。

- ・所得を資産負債の価値の変動とし，課税所得計算は収益（Revenue）と費用（Expenses）の差額とすること。
- ・全加盟国が，発生主義（Accrual Principle）会計を基礎とし，収益は実現主義（Realization Principle）[8]によること。
- ・資産の取得原価は，費用収益対応の原則により，資産計上のうえ，有効期間にわたり，減価償却により費用化すること。
- ・連結範囲は，50%超から100%までとすること。

　しかし，欧州委員会はこの提言を不採用とした。その理由は，①加盟国間の税率が異なっている（35〜60%），②税制の共通化ではなく競争の存在が望ましい（多様性を認めつつの調和）というものであった。そもそも，EUにおいて消費税の統合が比較的円滑に進んだのは，消費税の構造上，課税ベースの統一化が容易だったことにある。

　資本輸出中立性原則は，投資者がどこに投資すべきであるかということについて，影響を及ぼさないことを含意するが，国家間での税制度の相違があるならば，意思決定上の歪みは残ることになる。多国籍企業においては，高税率負担を嫌い，本社をどこに置くかという点が，この歪みに該当する。ただし，本社の可動性は，株主が往々にして株式交換（share-for-share exchange）等からのキャピタルゲインについての税を負担しなければならないという事実により制約を受けるかもしれない。

（2）2016年の CCTB・CCCTB 提案

　2016年10月25日，欧州委員会は，「Proposal for a COUNCIL DIRECTIVE on a Common Corporate Tax Base（CCTB）」と「Proposal for a COUNCIL DIRECTIVE on a Common Consolidated Corporate Tax Base（CCCTB）」を内容とする法人税改革プランを公表した。また，これより少し前の同年7月12

8　具体的には，重要なリスクと所有に伴う便益の移転（Transfer of Significant Risks and Rewards of Ownership），引渡し（Delivery）が基準となり，評価益の計上は認めない。

日には，租税回避対策指令（The Anti Tax Avoidance Directive：ATAD）も公表されている。CCCTBについては，2011年に提案されたものの，加盟国の同意が得られず宙に浮く形となっていたが，息絶えたわけではなかったのである。

　この提案は，EUの単一市場を前提として，多国籍企業に関する共通連結法人税を再提案するものであった。この背景には，OECDのBEPSプロジェクトの進行があったことが窺われる。提案は2つの段階から成っており，第一段階は，CCTBを2019年に導入し，2021年よりCCCTBを導入するというものである。全世界収入が7億5,000万ユーロ以上のEC居住多国籍企業は強制，それ未満の法人は選択適用とするとしている。

　租税回避対策指令は，2016年7月のEU理事会で採択された。なお，これには，BEPS行動計画には含まれていない，以下の2つの重要な内容が含まれている。

　　①　一般否認規定（GAAR）……包括的租税回避防止規定
　　②　出国課税規定（Exit Taxation Rules）……EU域内から無形資産を域外に移転させる場合，その時点で課税を行うことを内容とする規定。

（3）2018年デジタル経済対応に係る指令案

　欧州委員会は，2018年3月21日，デジタル経済の課税に関する指令案「EUにおけるデジタル課税に係る中長期的提案−デジタルプレゼンスおよびデジタルCCCTBに係る理事会指令案（Proposal for COUNCIL DIRECTIVE laying down rules to the corporate taxation of a significant digital presence）」を公表した。これは，加盟国の法人課税制度について，デジタル事業の物理的商業プレゼンスがない場合のネクサスとして，重要なデジタルプレゼンスを創設する規定を設けることを内容とし，2020年1月1日から適用するとしている。

　重要なデジタルプレゼンスという概念は，既存のPE概念を置き換えるものではなく，それに追加されるものとされる（第1条，第4条）。提案されているルールは，デジタル・サービスからの収益，デジタル・サービスのユーザー数あるいは契約数に基づいている。これらは，デジタル・ビジネスが大規模なユーザーベース，ユーザーの寄与，ユーザーの貢献，ユーザーが創造する価値に依存していることを反映しており，さまざまな類型のビジネスモデルに対応

可能なものとされている。

（4）2021年政策文書

2021年 5 月18日，欧州委員会は，EU 加盟国の税制に関する将来的な方向性を示す政策文書「21世紀の事業課税（Business Taxation for the 21st Century）」を公表した。内容は以下のとおりとなっている。

① デット・エクイティ・バイアス（デット・ファイナンス選好）に対処するため，エクイティ・ファイナンスへの引当金制度（Debt Equity Bias Reduction Allowance：DEBRA）制度を2022年第 1 四半期に提案する。

② 企業の実態と実質的な経済活動を評価するために必要な情報を税務当局に報告することを企業に義務付け，悪質なシェル・カンパニーの存在や利用に関する税務上の恩典を否定し，新たに税の透明性をモニタリングするための法案を2021年第 4 四半期までに提案する。

③ OECD による Pillar 2 で議論されている新たな国際課税の方法論に基づき，大規模な多国籍企業が納付する実効税率の公表に関する法案を2022年までに提案する。

④ EU の単一の法人税制への移行や，EU 加盟国間における課税権の公平な分配のための新たな法人所得課税の枠組みである BEFIT（Business in Europe：Framework for Income Taxation）を2023年までに提案し，現在保留状態となっている CCCTB の提案を撤回する予定（より強い共通化の方向）。

この政策文書においては，後述する OECD/G20における Pillar 1 および Pillar 2 について，国際的合意が達成されれば，それを EU 域内で実行するための指令を提案する方針が示されている。また，欧州委員会は，加盟国に対し，中小企業（SMEs）の損失に関する国内法の手当として，2020年以前に利益が生じ，納税している企業に対し，2020年および2021年の損失を過去の納税額と相殺することを認めるよう勧告している。この繰戻還付措置の勧告は，COVID-19に関連するものである。また，欧州委員会は，EU 内における労働課税の負担が，先進諸国に比べて高く，COVID-19の流行後の競争力維持や雇

148　第Ⅱ部　デジタル社会の国際税務における諸問題

用の創出のために削減を要することや，付加価値税（VAT）が既に歴史的な税率の高さにあることを指摘し，2050年に向けた持続可能な税制度の構築を訴えている。

5　資本コスト課税とコーポレート・インバージョン

（1）資本コストの課税関係

STARBUCKSの租税回避スキームは，税率の高い国において利息の支払いを過大にするという特徴があった。このような問題については，日本においても，過少資本税制とこれを補完する過大支払利子税制によって対応が図られている。

株主と法人との関係が国内で完結する場合には，デット・ファイナンス（Debt Finance）とエクイティ・ファイナンス（Equity Finance）の違いはそれほど大きな問題とならない。すなわち，法人段階で課税しようと株主段階で課税しようと，最終的な税額に相違がないため，課税のタイミングを考慮して税制設計を行えば済む。実際に，現在の法人税制では，ともに資本コストでありながらも，支払利息は損金とする一方で，支払配当は損金に含めないという取扱いになっている。確かに，法人擬制説によれば，所得税の源泉徴収として株主にとっての所得が算定されるため，支払配当が損金とされないことは自然である。

ここで，負債と資本の比率の問題を別として，利息と配当の課税関係を国際課税の文脈において整理すると，以下のごとくである。

① 　支払利息損金算入，支払配当損金不算入（現行制度）……源泉地国，居住地国の両方が課税を行う。

② 　支払利息損金算入，支払配当損金算入……居住地国が最大課税を行う（全額配当の場合，源泉地課税不可能となりうる）。

③ 　支払利息損金不算入，支払配当損金不算入……源泉地国が最大課税を行う。

④ 　支払利息損金不算入，支払配当損金算入……理論上ありえはするものの，

積極的な合理性を見出しがたいため，考慮外とする。

このように，源泉地国と居住地国の所得配分が相対的に最も均衡化するのが①の方法であり，さらにその調整手法として，過少資本税制が整備されているのが現状である。この問題は，資本コストを子会社所在地国と親会社所在地国のいずれの国に帰属させるべきであるかという点に帰着する。

企業価値を最大化，すなわち，資本コストを最小化するような資本構成を考えることができ，これを最適資本構成という（堀［1991］22頁）。しかし，国際的租税回避行為において目標とされているのは，法人段階における税コストの最小化であり，それが最適資本構成に繋がっている。注意すべきは，ここでは株主との二重課税調整を含めた税コストの最小化が図られているのではないという点である。したがって，このような企業において，法人擬制説の理論はもはや薄らいでしまっている。

国際投資の場面では，法人税と所得税の二重課税がどのようになされるかが投資を大きく左右する。外国法人税と日本の法人税との二重課税調整はなされ，外国所得税と日本の所得税との二重課税調整も同様になされているところであるが（**図表6-10**参照），居住者が外国法人に出資している場合に収受する配当については二重課税調整の対象から漏れており，法人税と所得税を一体とする思考とは矛盾する。

[図表6-10] 二重課税調整の適用関係

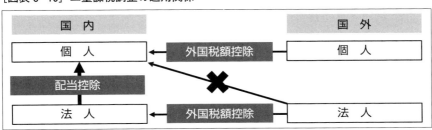

このことは，居住者が居住国の法人の株主となることを促すという効果を持つことになり，資本配分の歪みを引き起こすため，個人が外国法人の株主とな

る場合の課税調整もなされるべきであろう。

(2) コーポレート・インバージョン

コーポレート・インバージョン (Corporate Inversion) とは，国際的な組織再編を行うことにより，実質的に親子関係を逆転させることをいう。

三角合併を用いたコーポレート・インバージョンは，以下の手続を経て行われる（**図表6-11**参照）。

① 低税率国にB社を設立
② B社が日本に子会社C社を設立
③ C社がA社を吸収合併
④ A社は解散し，B社は親会社，C社が子会社となり，親会社はA社からB社に変更

[図表6-11] コーポレート・インバージョン

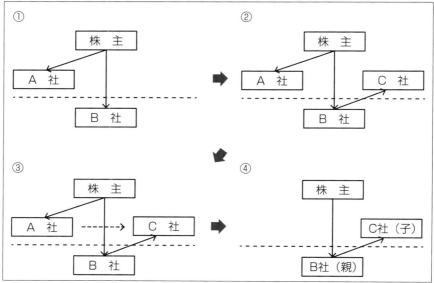

コーポレート・インバージョンの主な目的は，タックス・ヘイブン対策税制

の適用を回避することにある。そのため、内国法人の株主（特殊関係株主等）が、三角合併等の組織再編成により、軽課税国に所在する外国法人（特定外国法人）を通じて、その内国法人（特殊関係内国法人）の発行済株式等の80％以上を間接に保有することとなった場合、その特定外国法人が各事業年度において留保した所得を持株割合に応じて、その特定外国法人の特殊関係株主等である内国法人の収益の額とみなして、益金の額に算入する措置が講じられている（租税特別措置法第66条の9の2）。

　たとえば、日産自動車は、同社の高級車チャンネルである INFINITI Motor Company のグローバル本社を2012年に法人税率の低い香港に移した[9]。コーポレート・インバージョンを実行すれば、本社を税率の低い国に置くことで、居住地国課税そのものを骨抜きにすることが可能となる。これは、デジタル財を扱う企業ではなくとも、本社をどこの国に置くかという判断に際して、税率を含む税制度が大きな要因となること、そして、その実行が可能であることを示す例である。

　このような方法への対処も検討されるべきであるが、そのような対処規定が設けられたとしても、今後はその対処規定を回避する方法として、最初から軽課税国に法人を設立してしまうことが考えられる。BEPS 行動計画は、居住地で成長した企業が後で無形資産を譲渡した場合にしか十分に機能しない。これを補うのが所得相応性基準の適用による後追い課税であるが、最初からオフショアに置いた無形資産については、現在検討されている方法では対処できない。

6　消費課税と所得課税

（1）概　　要

　GAFA 問題に端を発し、英国やフランスを中心に、いわゆるデジタル税の導入が検討された。デジタル税とは、簡潔に言うならば、一定条件を満たす企

9　日産自動車のプレスリリース（2020年5月29日）によれば、2020年半ばに横浜に移転することが発表され、同年中に移転した。

業を対象に，売上高に一定率を乗じた課税を行うものであり，これは原理的に所得課税ではなく，消費課税に近いものとなる。

　消費課税と所得課税とは，たとえば，転嫁の有無に着目した直接税か間接税かという観点から見ても明らかなように，基本構造が全く異なるもののようにも思える。しかし，米国では，仕向地基準キャッシュ・フロー税（Destination-Based Cash Flow Tax：DBCFT）という法人税の一種として議論が進められた。

　法人所得税に関わる国際課税の分野において，仕向地基準キャッシュ・フロー税が議論の俎上に載ることは，一見不思議にも思える。課税ないし認識のタイミングの問題を脇に置くとするならば，課税物件としてこれを所得金額とするか消費金額とするかには，類似する点がある。それは，法人における課税物件として，収益（益金）から費用（損金）を控除する所得金額と，受取消費税から預り消費税を控除するという点である。厳密には，給与等を控除する所得課税と，これを控除しない消費課税には明からな相違が見られるうえ，認識のタイミングも異なる。

（2）取引高税方式と賦課課税方式

　まず，取引高税方式と賦課課税方式を比較してみる。税率いずれも10％とし，製造段階，卸売段階，小売段階を経て，消費者に販売される場合の比較は以下のとおりとなる（**図表6-12**参照）。

　取引高税方式によれば税の累積が生じるが，付加価値税方式であればこれを回避できることがわかる。

　つぎに，中里他［2018］217-219頁を参考に，国際取引における原産地主義と仕向地主義について，A国（税率5％）では製品a，B国（税率10％）では製品b，C国（税率20％）では製品cを製造（ただし，各製品は同種であるものとする）している状況下での比較を行う（**図表6-13**参照）。

第6章　デジタル経済下における国際課税の問題　*153*

［図表 6 -12］ 取引高税方式と賦課課税方式の比較

① 取引高税（税率：10%）

	製造段階	卸売段階	小売段階	合計
税込仕入	-	3,300	8,030	11,330
売　上	3,000	7,300	11,030	21,330
売上税	300	730	1,103	2,133
税込販売価格	3,300	8,030	12,133	23,463

② 付加価値税（税率：10%）

	製造段階	卸売段階	小売段階	合計
税込仕入	-	3,300	7,700	11,000
売　上	3,000	7,300	10,700	21,000
付加価値	3,000	4,000	3,000	10,000
付加価値税	300	400	300	1,000
税込販売価格	3,300	7,700	11,000	22,000

［図表 6 -13］ 原産地主義と仕向地主義の比較

① 原産地主義

	A国（5%）	B国（10%）	C国（20%）
製品 a	105	105	105
製品 b	110	110	110
製品 c	120	120	120

② 仕向地主義

	A国（5%）	B国（10%）	C国（20%）
製品 a	105	110	120
製品 b	105	110	120
製品 c	105	110	120

　原産地主義による場合，製品 a はどの国でも105で売られ，有利となるため，税の引き下げ競争を誘発することになるのに対し，仕向地主義によれば，輸出免税＋輸入課税により，いずれの国においても価格競争に中立となり，自由貿

易体制に合致する（中里他［2018］217-219頁参照）。

（3）転嫁の有無

キャッシュ・フロー法人税については，過去に何度も導入が提唱されてきた。しかし，法人税と消費税との間には，税負担者の観点，換言すれば，直接税か間接税かという決定的な相違がある（**図表6-14**参照）。

[図表6-14] 転嫁の有無の比較

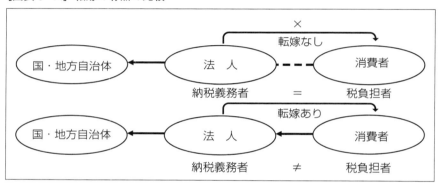

最終負担者が，株主か消費者かという相違があり，法人所得税か消費税かという問題だけでなく，個人所得税を含めた全体での制度設計に影響する。

税負担者の相違という問題を解消するためには，直接税としても消費税が検討されることになる。OECD/G20の国際的合意の枠組みにおいては，所得発生地を価値創造地と考えて議論されている。価値創造がなされた国・地域に税源を配分するという原則は，全世界所得課税主義（World-Wide System）でも地域内所得課税主義（Territorial System）にも共通する（岡村［2017］75頁）。所得発生地，すなわち，価値創造地の判断に関する問題を解決できないのであれば，仕向地基準によって，仕向地国に課税権の全部を機械的に分配してしまうことは，課税権分配ルールの顕著な明確化，簡素化に繋がるとの意見がある（岡村［2017］75頁）。

仕向地基準による課税は，輸入課税と輸出免税による国境税調整（Boarder

Adjustment) により達成される（岡村［2017］75-76頁）（**図表6-15**参照）。

[**図表6-15**] **仕向地基準における国境税調整**

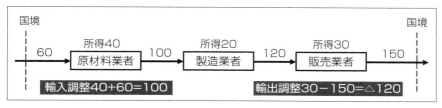

　この国境税調整により，国内法人の所得金額は，原材料業者100，製造業者20，販売業者△120となり，合計0となるため，課税権は完全に消費国に移転することになるという説明である。仕向地基準によれば，輸出価格は税負担に影響しないため，価格操作による所得移転という誘因は生じない（岡村［2017］76頁）。

　法人所得の課税権のすべてを仕向地国に付与するという思考は，消費が行われるのは仕向地国であるからという理由に加えて，消費財の購入に関する中立性（どこの国で購入しても同じ価格になる）ことが根拠とされる（岡村［2017］77頁）が，これは消費課税を前提とした思考である。また，各法人が独立した法人であるならば，輸入原材料が国内で消費される場合に原材料業者においては輸入関税に等しい効果となり，また，国内で仕入れた原材料による製品を輸出した場合には補助金が交付されたのと同様の効果を生むことになり，国レベルではなく法人レベルで見ればこの理論は必ずしも成り立たない。

　仕向地基準によれば，資本増殖としての所得と課税権は完全に切断され，消費課税ということになるため，各法人における課税基礎を所得と捉えることは，理論的な一貫性を欠くことになる。消費税および付加価値税と法人所得税は，区別されるべきものであり，キャッシュ・フロー法人税は，税の転嫁がない，すなわち，株主への負担となる設計であるならば，それは法人所得税の一形態となる。キャッシュ・フロー法人税は，資本収支を課税除外するのであれば，それは，収益（益金）および費用（損金）の認識を現金主義によって把握しているに過ぎないのであり，基本設計の異なる消費税とキャッシュ・フロー法人

税を混同すべきではない。

7　おわりに

　本章では，国際課税における公平および中立という原則に立ち返り，デジタル時代になっても変わることのない原則となることを確認した。欧州では，大きく分けて，デジタルサービス税（Digital Service Tax：DST）とデジタル利益税（Digital Profit Tax：DPT）の導入が検討または実施されているが，利益配分に関わる技術的困難さはあっても，後者による努力を怠るべきではない。サービス収益を課税標準とするのであれば，それは売上税あるいは消費税の範疇に属するものとなり，直接税である法人税とは別種の間接税として，累積課税の除去等の対応が不可欠となる。そのため，法人税については，あくまで法人所得課税の枠内で規律を図ることが望ましい。

　しかし，いわゆる GAFA 問題に代表される，国際的な租税回避行為は，デジタル財の増大とともに，無形資産の移転が容易になったことにより，従来よりも大規模で巧妙になってきている。租税回避行為への対応は，外国税額控除あるいは国外所得免除，さらには租税条約という二国間（Bilateral）での調整から，BEPS 行動計画やその後の国際協調の枠組みという多国間（Multilateral）での対応が必要になっている。欧州における CCCTB の議論も，多国間対応の一環と捉えることができるが，BEPS 後の国際協調の枠組みが進展しつつある中で，あえて EU 限定の多国間協調を進めることには，グローバルでの国際協調における EU の生き残り，発展を意図するしたたかさも垣間見える。

【参考文献】

Avi-Yonah, Reuven S. [2019] *Advanced Introduction to International Tax Law* 2 *nd. ed.*, Edward Elgar Publishing.

Block, Cheryl D. [2001] *Corporate Taxation Example and Explanations* 2 *nd ed.*, New York：Aspen Law & Business, Gainthburg.

Burke, Karen C. [2003] *Federal Income Taxation of Corporations and Stockholders in Nutshell* 5 *th ed.*, Minnesota：West Publishing Co.

Department of the Treasury Office of Tax Policy [1996] *Selected Tax Policy Implications of Global Electric Commerce.*

Doernberg, Richard L., Luc Hinnekens [1999] *Electronic Commerce and International Taxation*, Kluwer Law International, Hague.

Doernberg, Richard L., Luc Hinnekens, Walter Hellerstein, Junyan Li [2001] *Electronic Commerce and Multijurisdictional Taxation*, Kluwer Law International, Hague.

Eden, Lorraine [1988] Equity and Neutrality in the International Taxation of Capital, "*Osgoode Hall Law Journal*", Vol.26, No.2.

Endres, Dieter et al. [2007] *The Determination of Corporate Taxable Income in the EU Member States*, Kluwar Law International.

European Commission [2011] *Proposal for a COUNCIL DIRECTIVE on a Common Consolidated Corporate Tax Base (CCCTB).*

European Commission [2016a] *COUNCIL DIRECTIVE (EU) 2016/1164 of 12 July 2016 laying down rules against tax avoidance practices that directly affect the functioning of the internal market.*

European Commission [2016b] *Proposal for a COUNCIL DIRECTIVE on a Common Corporate Tax Base.*

European Commission [2016c] *Proposal for a COUNCIL DIRECTIVE on a Common Consolidated Corporate Tax Base (CCCTB).*

European Commission [2017] *COUNCIL DIRECTIVE (EU) 2017/1852 of 10 October 2017 on tax dispute resolution mechanisms in the European Union.*

European Commission [2018] *Proposal for a COUNCIL DIRECTIVE laying down rules relating to the corporate taxation of a significant digital presence.*

European Commission [2021] *Communication from the Commission to the European Parliament and the Council.*

Harris, Peter [2013] *Corporate Tax Law Structure, Policy and Practice*, Cambridge, Cambridge University Press.

HM Revenue & Customs [2018] *Diverted Profit Tax : Guidance.*

Mann, Ronald J., Jane K. Winn [2002] *Electronic Commerce*, Aspen Law & Business, New York.

Michael Devereux and Rita de la Feria [2014] "Designing and Implementing a Destination-Based Corporate Tax", *Oxford University Centre for Business Taxation WP*, Vol.14, No.7.

Mitroyanni, Ioanna [2008] *Integration Approaches to Group Taxation in the European Internal Market*, Wolters Kluwer.

Modiliani, Franco and Merton Howard Miller [1958] "The Cost of Capital, Corporation Finance and the Theory of Investment", *American Economic Review*, Vol.48 No.3.

OECD [2015] *Addressing the Tax Challenges of the Digital Economy, Action 1-2015 Final Report, OECD/G20 Base Erosion and Profit Shifting Project*, OECD Publishing, Paris. (http://dx.doi.org/10.1787/9789264241046-en)

OECD [2018] *Tax Challenges Arising from Digitalization - Interim Report* 2018： *Inclusive Framework on BEPS, OECD/G20 Base Erosion and Profit Shifting Project*, OECD Publishing, Paris. (http://dx.doi.org/10.1787/9789264293083-en)

Shim, Jae K., Anique A. Qureshi, Joel G. Siegel, Roberta M. Siegel [2000] *The International Handbook of Electronic Commerce*, Fitzroy Dearborn Publishers, Chicago.

Westin, Richard A. [2000] *International Taxation of Electronic Commerce*, Kluwer Law International, Hague.

Wendt, Carsten [2009] *A Common Tax Base for Multinational Enterprises in the European Union*, Gabler Edition Wissenschaft.

XIWT [1995] Cross-Industry Working Team, *Electronic Commerce in the NII*, at §1.0. (http://www.xiwt.org/documents/ECommerce.html)

青山慶二 [2018] 「租税条約の濫用防止」『日税研論集』第73号。

浅妻章如 [2013] 「サービス所得等の国際課税に関する3段階の nexus の考察と BEPS」『論究ジュリスト』第5号。

岩﨑政明 [1998a] 「電子商取引・電子有価証券取引に関する租税政策の動向（上）」『ジュリスト』第1133号。

岩﨑政明 [1998b] 「グローバル電子商取引に対するアメリカの租税政策」『横浜国際経済法学』第6巻第2号。

岡村忠生 [2017] 「仕向地基準課税再考」『税・財政及び国際課税を巡る現状と課題』日本租税研究協会，74-107頁。

小野島真 [2008] 「国外所得免除方式移行への国際的潮流—米国における国外所得免税方式導入の提案を中心に」『政経論叢』第76巻第5・6号。

齋藤真哉 [2018] 「タックス・ヘイブン対策税制の強化」『日税研論集』第73号。

佐藤正勝 [2003] 「電子商取引と課税—最近の動向」『租税研究』第640号。

鈴木一水 [2018] 「電子商取引課税」『日税研論集』第73号。

田井良夫［2010］『国際的二重課税の排除の研究』税務経理協会。

中小企業庁［2020］『2020年版　中小企業白書』（2020年6月）。

角田伸広［2019］『所得相応性基準』中央経済社。

デジタルトランスフォーメーションに向けた研究会［2018］『DXレポート―ITシステム「2025年の崖」の克服とDXの本格的な展開』。

中里実・弘中聡浩・淵圭吾・伊藤剛志・吉村政穂［2018］『租税法概説　第3版』有斐閣。

成道秀雄［2018］「PE認定の人為的回避の防止」『日税研論集』第73号。

平野嘉秋［2018］「ハイブリッド事業体と国際課税問題」『日税研論集』第73号。

藤井誠［2007］「電子商取引に関わる法人所得課税上の問題点」『税経通信』第62巻14号。

藤井誠［2015］「配当に関わる法人税の変容」『税務会計研究』第26号。

藤井誠［2019］「企業活動の国際化が税務会計研究に与える影響」『税務会計研究』第30号。

藤井誠［2021］「デジタルネイティブ企業の税務」『日税研論集』第79号。

藤本哲也［2005］『国際租税法』中央経済社。

藤本哲也［2019］『設例から考える国際租税法』中央経済社。

堀彰三［1991］『最適資本構成の理論（第2版）』中央経済社。

増井良啓［1997］「電子商取引と国家間税収分配」『ジュリスト』第1117号。

増井良啓［2002］『結合企業課税の理論』東京大学出版会。

増井良啓・宮崎裕子［2015］『国際租税法（第3版）』東京大学出版会。

森信茂樹［2019］『デジタル経済と税』日本経済新聞出版社。

吉村政穂［2018a］「経済の電子化と租税制度―ヨーロッパの焦燥」『ジュリスト』第1516号。

吉村政穂［2018b］「移転価格税制の強化（無形資産の移転を中心に）」『日税研論集』第73号。

渡辺智之・浅妻章如［2000］「電子商取引をめぐる国際課税上の諸問題」『ジュリスト』第1183号。

渡辺智之［2014］「電子商取引と課税」『租税研究』第776号。

渡辺裕泰［2003］『国際取引の課税問題』日本租税研究協会。

（藤井　誠）

第Ⅱ部　デジタル社会の国際税務における諸問題

第7章

2つの柱から成る国際課税に関する新ルール

1　はじめに

「BEPS2.0」と呼称されるデジタル経済への課税のあり方に関する2つの柱から成る国際課税の新ルール（第1の柱は，利益率の高い巨大多国籍企業の超過収益の一部を市場国に新規配分する施策であり，第2の柱は，非課税所得の集積地となっている無税，低税率国への所得移転を防止するとともに，国家間の法人税率引下げ競争を防止する目的の「グローバルミニマム税」を創設するというもの）は，2020年秋に合意案のドラフトとしてOECD事務局から提示されたいわゆる「青写真」が検討のベースとなっていた。

青写真は，OECD加盟国とG20国（併せて約40カ国）を中核として，この問題に関心を有する途上国を含めた「包摂的枠組国（140カ国，以下「IF」と略す）」で審議され，度重なるパブリックコンサルテーションや政治折衝を経て2021年10月に「歴史的成果」と呼ばれる基本合意文書にまで到達した。

同合意文書を受けて，IFは，その後，2023年（第1の柱は2024年）からの各国での施行を目途として，各国国内法の改正内容を統一化するための「第2の柱に係るモデルルール」の作成・公表等の作業を行い，併せて，執行上の課題にも答える「第2の柱に関する実施枠組み」の確定作業および第1の柱の実施に向け国際協調のために必要とされる「多国間条約（MLC）」の起草作業等を順次進行させた。その結果，まず，第2の柱の中核である所得合算ルールを中

心とするグローバル・ミニマム税についての執行ガイダンス（第一弾）の提供が終了した2022年末を契機として，IF参加国は，同税制の国内法制化を着実に進めている。2024年中には施行対象となる多国籍企業の60％が同法制の適用下にあると予想されている[1]。

　IFでの2つの柱に係る残された起草作業は，2023年に入りさらに加速化し，その結果合意されたパッケージについて，IFは2023年7月に至り，①第1の柱について，市場国へ課税権を新設する利益Aと呼ばれる制度の根拠法令となるMLCの起草作業がほとんどの国の合意で確定したこと，②第1の柱のもう1つの処方箋である，途上国向けの基礎的マーケティング・再販売機能を果たす事業会社に対する利益Bと呼ばれる簡易な移転価格算定方法の枠組み案が固まったこと，③第2の柱のうち残されていた租税条約に基づく源泉徴収面での最低税率の設定についても合意に至ったこと，を踏まえてこれらの中身の要約を「アウトカムステートメント」として公表した（OECD［2023b］）。

　OECDによれば，2024年10月時点で，すでに我が国を含めた45カ国が，第2の柱のパッケージの主要部分を占める所得合算ルール等の施行段階に入っているとされている[2]。また，第1の柱についても，IFで合意された多国間条約（A4判で200頁を超える条約文およびそのガイダンス文書については2023年10月に公表済み）については，IF国による署名式が2024年内に計画されており，早ければ2026年からの施行も可能とされている[3]。

　本章は，青写真公表（2020年10月）をきっかけとして2021年春以降本格化した政治折衝の展開を概観しつつ，2021年秋に合意された2つの柱の新ルール枠組みの目的適合性を検証するとともに，その後の施行に向けた国際協議を通じて明らかになった諸課題をも検討するものである。

　主に参照する外国文献は，OECD関連のもので，内容は以下のとおりである。

　イ．2020年10月公表の2つの柱に関する青写真：OECD［2020］

　ロ．2021年10月の2つの柱に関するOECD/IF合意文書（それに先行する同　年7月公表の大枠合意文書も含む）：OECD［2021a］

1　G20 Brazil［2024］p.5

2　同上 p.6

3　これらの経緯を紹介する文書として，G20 India［2023］およびG20 Brazil［2024］がある。

ハ．2021年10月の OECD 事務総長から G20財務大臣会合（イタリア議長国）への報告書：OECD［2021b］

ニ．2021年12月公表の第２の柱に関するモデルルール：OECD［2021c］および2022年３月公表の同モデルルールのコメンタリー文書：OECD［2022a］

ホ．2022年10月に開催された第１の柱に関する公聴会への諮問文書：OECD［2022b］

ヘ．OECD/IF で２つの柱に係る条約を含めた施行法令の中身に係る合意達成を宣言するとともに，その概要を解説した「アウトカムステートメント」：OECD［2023b］

ト．暫定合意されている多国間協定の条約文：OECD［2023a］

チ．OECD 事務総長から G20財務大臣会合へ報告された進捗レポート：G20・India［2023］および G20・Brazil［2024］

リ．上記の外，財務省，経済産業省の資料および自己の論稿。

2　政治的折衝の前提となった青写真をめぐる動向

（1）経　　緯

2020年10月に公表されたデジタル課税に関する新ルール素案（青写真と呼ばれる第１の柱と第２の柱に区分した諮問文書（OECD［2020］））は，延べで約400団体から合計3,500頁に及ぶパブリックコメントを踏まえて，2021年１月に OECD 公聴会が実施され，同青写真は，その後の最終合意案作成の検討の枠組みを確定した文献として，折衝過程および最終合意で頻繁に参照された[4]。

本項では，

イ．当該青写真の骨子をまとめ，

ロ．その後の政治折衝の前に斟酌された OECD 公聴会でのビジネスからの反応等を振り返り，

ハ．2021年春以降の米国の本プロジェクトへの本格回帰の基礎となったと思

---

[4]　青写真に至る OECD/IF での議論の経緯については，青山［2020］45-65頁を参照。

われる米国バイデン政権の下での国際課税に関する税制改正等の動向を確認する。

（2）青写真の概要

我が国財務省の公表資料（財務省［2020］8頁，11頁）では，2つの柱から成る青写真は，経済の電子化により市場国で課税が行えないことが顕在化する事例（第1の柱の対象）と，軽課税国から事業を行うことで最低限の課税が行えない事例（第2の柱の対象）にそれぞれ対応できる新ルールとして，以下のとおり構想されたと解説された。

①　第1の柱

第1の柱の中心となる利益Aに関する青写真は，デジタル産業に対する市場国での課税漏れという，BEPS1.0の行動1が提示した課題に直接に応えうる新ルール（上記の利益Aを主体とするもの）を検討したものである。それは，また，EU諸国をはじめインド，トルコなどで拡大しつつあった国内法改正によるデジタルサービス税の賦課が起因となった貿易紛争を収束させる処方箋としても，待ち望まれたものであった（青山［2021a］303-336頁）。

青写真で課税対象として提案されたビジネスは，欧州勢が主張した「自動化されたデジタルサービス（ADS）」（GAFAMなどのデジタルビジネスを対象）と米国が主張した「消費者向けビジネス（CFB）」（超過収益を生むブランド品販売ビジネス等を念頭）の，両者を納税義務の対象とするものであった（青山［2021a］325頁）。

多国籍企業の超過収益の課税漏れが現行制度の下で発生する要因として，ADSでは，デジタルビジネスの消費者が提供するデータの価値（ユーザー参加が生み出す付加価値）が課税上斟酌されていないことが強調されたのに対し，CFBでは，市場国で生み出される超過収益の根源となるブランド価値など，市場国に存在するマーケティング無形資産が斟酌されていないことが強調されていた。両者の着眼点は異なるものの，いずれも，多国籍企業が市場国で稼得する超過収益に対して，従来の課税制度の下では相応する課税権の市場国への賦与が不十分と認識して，両者に共通する市場国への課税権配分スキームの新設が提案されたものであった。

[図表 7 - 1] 第 1 の柱：市場国への新たな課税権の配分

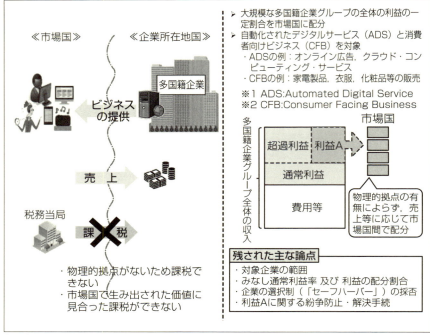

(出所) 財務省［2020］8 頁。

　なお，青写真の検討に際しては，市場国で継続して売上をあげており，市場国との関係があると認められる一定の場合に「重要な経済的存在」を市場国に認定すべきであり，それを根拠に，途上国にとっても執行が容易な課税権賦与スキームとすべきである，という途上国の意見も斟酌されている（青山［2021］317頁）。
　なお，利益Bについては基本構想の紹介にとどまり，詳細設計は利益Aの確定後とされていた。

② 第2の柱
　第2の柱は，デジタル化の下で，軽課税国から事業を行うことで，最低限の課税が行えない上記2つの事例を念頭に，そのようなBEPS結果を容認しな

[図表7-2] 第2の柱：主要な2つのルール（イメージ）

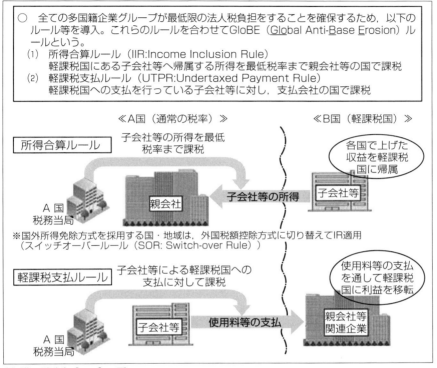

（出所）財務省［2020］11頁。

い最低限の法人税負担を確保するとともに，法人税率引下げ競争によるいわゆる税制の堕落（Fiscal Degradation）にも終止符を打つという財政規律確保の目的でも提案されたものである（OECD［2021b］p.4）。

最低限の法人税納付を求めるグローバル・ミニマム税の創設を内容とする国内法上の措置（GloBEルール）に加えて，国際源泉徴収に関する租税条約の恩典を修正する租税条約上の新措置（STTR）も提案された。

（3）OECD公聴会でのビジネスからの反応

① 第1の柱
自動化されたデジタルサービス（ADS）と消費者向けビジネス（CFB）がも

たらす超過収益を対象として，市場国に新たな課税権を付与する「利益A」を中心とする第1の柱については，ビジネスから，提案趣旨の正当性を認めながらも，CFBの定義の複雑性などコンプライアンスコストが過重になる面が指摘され，より簡素な方法にする必要があるとの広範な要請が行われた。加えて，新ルールが適用された後も併存する移転価格税制など既存税制との間で二重負担が生じないようにする措置の必要性や，税の安定性および予測可能性確保の観点から，紛争の予防・解決メカニズムの充実を求める意見も多く寄せられた（OECD/BIAC［2020］，経団連［2020］）。

②　第2の柱

グローバル・ミニマム税の新設を内容とするGloBEルールについては，グローバルビジネスに携わる多国籍企業が，軽課税国での利益留保を行うというBEPS行動への最終処方箋として提案されたものであるが，併せて，法人税率をめぐる政府間の「底辺への租税競争」の防止という財政規律の確保策との位置づけも行われた。

なお，GloBEルールについてビジネスからは，基本構想を受け入れるとの一致した意見表明があったが，その実施のために新たに必要とされる国単位での実効税率測定作業等がもたらすコンプライアンスコストの重さと，租税回避防止の立法趣旨で共通する各国の国内法制（外国子会社合算税制）の二重賦課の調整の必要性などの指摘が多く寄せられた。

また，国別実効税率算定の際の企業会計／税務会計間の調整方法や，低税率国であっても投資の実質（有形資産＋人件費）がある場合の適用除外措置の拡充などについても，多くの要請が提示された（OECD/BIAC［2020］，経団連［2020］）。

（4）米国バイデン政権の動向

トランプ共和党政権は，2017年の税制改正で，グローバル・ミニマム税のモデルともいえるGILTI税制（グローバル無形資産低課税所得税制）を国内法で制定していた。この税制は，名称に無形資産の看板を標榜しているものの，中身は，外国子会社で稼得された超過収益を対象に，国内の法人税率（21％）と比

較して，当該国でその半分に相当する10.5％の税率での税負担に達していない子会社の当該所得について，10.5％に達するまで親会社所在地国である米国で上乗せ課税をするというミニマムタックス構想の導入であった。

2020年末，バイデン政権は，法人税率引上げ（21％から35％へ）とともにGILTI税制の上乗せ課税の閾値を21％まで引き上げる改正案（BBB法案）を提出したが，2022～2024年のいずれも，政府の法人税率の改正およびGILTI税制の改正案を米国議会が承認せず，GloBE税制と国内法の間の乖離が残されたまま2024年秋を迎えている。

ただし，2つの柱の制度設計の議論参加に積極的ではなかったトランプ政権[5]とは異なり，バイデン政権は，第2の柱のGloBE税制と整合的な国内でのGILTI税制改正案の提案を背景に，OECDでの国際協議に本格復帰したことによって，2つの柱の最終合意到達へのモメンタムを高める貢献をした（青山[2021b]）。

市場国と親会社国間で反対方向の税収効果を持つ2つの柱の新ルールの成立には，巨大多国籍企業を抱える最大の利害関係者である米国の参加およびリーダーシップは欠かせないが，今回もまた，第2の柱の基本構造（ミニマム税率に達するまでの上乗せ課税の仕組み）については，過去の移転価格税制やタックスヘイブン税制の国際基準成立の経緯と同様，米国制度が先行モデルとなったといえる。

3　G20・OECDでの最終合意

（1）合意に至る経緯

IFが，青写真に基づく政治折衝を踏まえて2021年7月に公表した2つの柱から成る国際課税に関する新ルールの大枠をG20蔵相会議は歓迎した。それを受けてIFは，同年10月に2つの柱を構成する課税方式の重要な閾値についての合意を含めた最終改革案を140のIF参加国中136カ国の合意により公表し，

5　トランプ政権の消極的対応については，青山［2020］62-63頁を参照。

同月開催されたG20蔵相会議はこれを「歴史的成果」と評価して支持する旨の声明を発表した（青山［2021c］）。

（2）IF（包摂的枠組み）合意の新ルールの枠組み[6]

① 2つの柱の役割分担

最終合意を踏まえて財務省から更新された下記課題取りまとめ図（**図表7-3**）によれば、まず、パターン①に対応する新ルールが、第1の柱の利益Aによる市場国への課税権配分であり、パターン②に対応する新ルールがグローバル・ミニマム税を主体とするGloBEルールであると解説されている。

[図表7-3] 経済のデジタル化に伴う課税上の課題への対応

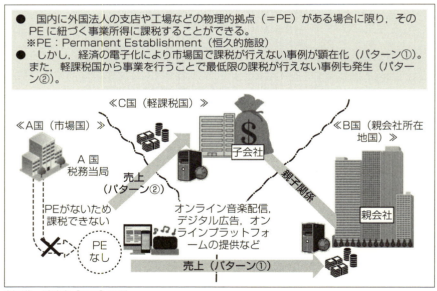

(出所) 財務省［2022］73頁。

---

6 この部分の解説は、OECD［2021a］,［2022a］,［2022b］,［2022c］および財務省［2022］による。

② 第1の柱（デジタル経済への課税ルールとしての利益Aの創設）
(イ) 全体設計
　財務省資料によれば第1の柱利益Aの最終合意内容の大略は**図表7-4**のように表される。

[図表7-4] 第1の柱（市場国への新たな課税権の配分）

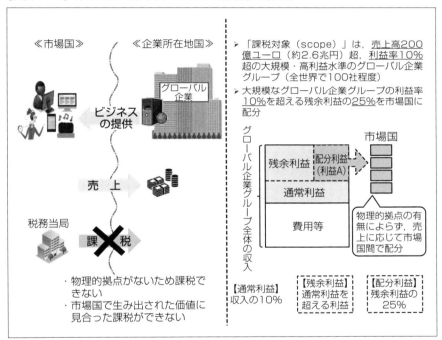

(出所) 財務省［2022］77頁。

　図表7-5に従って，利益Aの算定の重要なステップを確認すると，以下のとおりである。

(ロ) 課税対象
　全世界売上が200億ユーロ超，かつ，利益率が10％超の多国籍企業（約100社程度）を課税対象に限定している。すなわち，青写真において，ビジネスから批判も多かった対象企業の2分類（自動的デジタルサービス事業（ADS）と消費

170 第Ⅱ部　デジタル社会の国際税務における諸問題

[図表 7-5] 利益 A の適用プロセス

Step 1 適用対象企業の決定	利益 A の適用対象（インスコープ）となるグローバル企業かどうかを決定。 ・利益 A の適用対象となるグローバル企業グループは，収入が200億ユーロ超，かつ，利益率が10％超のグループ（第1条第2項）。 ・グローバル企業グループがこれらの閾値を満たさないが，グループの連結財務諸表において開示されているセグメントが単体でこれらの閾値を満たす場合は，当該セグメントが利益 A の適用対象となる。 ・採掘業及び規制金融サービス業に関連する収入や利益は除外される。
Step 2 ネクサス及び ソースルール	利益 A の下でグローバル企業グループの残余利益の一部を課税することができる市場国を決定。 ・利益 A の配分対象となる市場国は，グローバル企業グループが100万ユーロ（GDP400億ユーロ未満の国は25万ユーロ）以上の収入を得ている国（第3条）。 ・収入の源泉地となる市場国は，第4条等に含まれるソースルールによって特定。
Step 3 課税ベースの決定	利益 A を各市場国に配分する際の基礎となるグローバル企業グループの損益の指標を決定。 ・利益 A の課税ベースは，グローバル企業グループの連結財務諸表の最終損益が出発点（第5条第1項）。 ・連結財務諸表の最終損益から利益 A の課税ベースとなる調整税引前利益を算出するため，税金費用（又は税金所得）の加減算，受取配当の除外，政策上許容されない費用（賄賂等）の除外等の調整（book-to-tax adjustments）を実施（第5条第2項）。 ・損失（別表Hに基づき計算された事業再編に伴う移転損失を含む）を繰越期間制限の範囲内で繰越し（第5条第3項）。
Step 4 利益 A の配分	利益 A を各市場国に配分。 ・各市場国に配分される利益 A は，以下の配分式により決定（第6条第2項）。 ・グローバル企業グループの収入の10％を超える調整税引前利益の25％（利益 A）を算出。 ・利益 A をソースルールにより生じた収入の額に応じて，各市場国に配分。 ・利益 A の配分額は，市場国がグローバル企業グループの残余利益に既に課税権を有している場合，MDSH（マーケティング・販売セーフハーバー）によって減額される（第6条第3項～第6項）。
Step 5 二重課税の除去	二重課税の除去を実施。 ・市場国で利益 A が課税されることで，既存の法人税の下での課税との間で生じる二重課税は，第7条から第11条までに規定されるメカニズムによって除去される。 ・二重課税の除去の義務を負う国と二重課税の除去が求められる額を特定するため，二重課税除去のルールが国別及び定量的に適用される。

（注）　条文表記は多国間条約案による。
（出所）　財務省［2022］79頁。

者向けビジネス事業（CFB））を取り下げて，利益率が高くしかも高額の売上高を誇る企業グループのみに課税対象を限定すべきとの米国提案が採択された（グループ全体では閾値を下回るものの，セグメント別で上記の閾値を超えるグループに対しては，セグメント単位での利益Aの課税が行われる）。

ただし，利益Aの適用対象となるグローバル企業グループの抽出において，収入テストは，当期の収入で200億ユーロ超としているものの，利益率テストは，企業の過去4年間の利益率を加味した平均メカニズムによって，利益率が10％超になるかどうかを判定することとしている。

このようにして限定された課税対象企業グループの中には，実質的には利益率の高いグローバル・デジタルビジネス企業の多くが含まれると見込まれている。しかし，制度の建付けは，「デジタル化の進展→超過収益を得る大規模多国籍企業の拡大→業種を問わず"利益率の高い大規模多国籍企業"が生み出す超過収益への課税権の市場国への新規配賦」を一定のフォーミュラで行うという整理で国際合意がなされたことから見ると，ADSとCFBについての欧州・米国の主張をうまく包含し，併せて，コンプライアンスコストの削減を求め制度の簡略化を主張するビジネスや途上国からの要請にも配慮した，バランス重視の政治合意と評価できると考えられる。

ただし，課税対象企業の狭さについて不満を持つIF参加国（ADSへの1国限りの課税措置を導入済みの欧州諸国や利益Aの対象企業の拡大を希望する途上国等）への配慮として，上記の課税対象企業グループの売上閾値は，条約発効7年後にレビューを行い，円滑な制度執行（紛争解決メカニズムを通じた税の安定性の確保を含む）が行われていることを条件として，100億ユーロ超に引き下げることとしている。

（ハ）　国別のネクサス（課税根拠）と市場国への配分割合

個別の市場国で最低100万ユーロの売上があることが，課税権配分を受ける国となるための要件とされている。ただし，GDPが400億ユーロ未満の小規模国の場合は，25万ユーロの売上閾値に引き下げられる。なお，市場国への配分割合は，グループ利益のうち，グループ売上の10％を超える部分を，市場国へ配分可能とされる残余利益と定義し，そのうちの25％を，国別売上額の多寡に従い上記ネクサスを有する市場国に配分する。

(ニ)　売上帰属国の認定

　最終消費が行われる市場を基準に売上帰属国を認定する方式（詳細な帰属ルールはモデルルールの第4条および別表に詳細に規定）が合意された。同モデルルールでは，グローバル企業グループは，全ての収入の源泉地を特定しなければならないとし，その際の収入の源泉地は，信頼できる方法（①信頼できる指標または②配分キー）によって特定することとされ，一次的には，ソースルール毎に規定された信頼できる指標（例として，最終製品の最終顧客への直接販売から生じる収入の場合は，「最終顧客への配達先住所」や「最終顧客に販売する小売店の場所」）によるとされていた。

　ただし，グローバル企業グループが信頼できる指標を見つけられない場合は，各ソースルールで許容されている限りにおいて，配分キー（例として，部品の販売から生じる収入の場合は，GDP比に基づき収入を各国に配分する方式など）を利用して，特定するとしている。

(ホ)　課税対象企業の課税ベース算定

　財務会計上の所得をベースに，若干の税・会計間調整（book-to-tax adjustment）を加えて算定する（損失は繰り越す）こととされた。基本はグループ全体の財務諸表に基づくのであるが，グループが行う事業のうち特定セグメントのみが課税対象の閾値要件を満たしている場合には，例外的に，開示されたセグメント別の財務諸表に基づき課税ベースが算定される。

(ヘ)　利益Aの各市場国への配分（マーケティングセーフハーバーによる調整付き）

　図表7-6において言及されているMDSH（マーケティング・販売利益セーフハーバー）は，市場国がグループの残余利益に対してすでに課税権を有する場合に，その市場国への利益Aの配分を減額するものである。制度の一貫性の観点から，二重課税の除去と同様の国別かつ定量的なアプローチ（デミニミス・ルール）も採用すべきとしている。具体的には，各市場国に配分される予定の利益からMDSH調整額を減額した額が，最終的に各市場国に配分される利益となる。

(ト)　二重課税の排除と税の安定性

　新たに市場国に配分される利益Aに対する二重課税の排除は，まず，積算

[図表7-6] Step 4：利益Aの配分式

(出所) 財務省［2022］82頁。

方式および個別基準（デミニミス基準を含む）によって二重課税排除義務を負う法人を特定し，その後，国外所得免除方式または外国税額控除方式によって当該法人所在地国において確保する。

なお，税の安定性の確保に関しては，課税対象多国籍企業には，利益Aの課税における二重課税救済目的の義務的・拘束的な紛争予防および紛争解決メカニズムの利用が保証される。

(チ) 施行に向けた残された作業の確認

2021年合意の時点では，以下のスケジュールが予定されていた（OECD［2022c］p.6）。

174　第Ⅱ部　デジタル社会の国際税務における諸問題

[図表7-7]　利益Ａに関するスケジュール

	スケジュール
2022年7月11日	➤ 利益Ａ進捗報告書の公表，パブリックコンサルテーション開始
8月19日	➤ 利益Ａ進捗報告書のパブリックコンサルテーション意見提出期限
9月12日	➤ 利益Ａ進捗報告書のパブリックコンサルテーション会合
10月 IF 会合まで	➤ 執行，税の安定性に関するルールを公表予定
10月	➤ IF 会合
2023年前半	➤ 多国間条約署名式
2024年	➤ 多国間条約発効

（注）　大枠合意で定められた利益Ｂ（基礎的販売・マーケティング機能を果たす法人への定式配分による利益配分）の制度設計については，IF は利益Ａの作業終了後に遅れて行う予定とされていた。
　　　　しかし，その後，利益Ａに関する多国間条約の条文案の調整および利益Ｂの課題解決に手間取り，2024年秋時点でも条約署名式は行われていない（青山「2024」45頁）。
（出所）　財務省［2022］85頁。

③　第2の柱（グローバルミニマム税の創設等）

（イ）　全体設計

　財務省資料では中心となる所得合算ルールについて**図表7-8**のとおり表示されている[7]。

　第2の柱は，全体として国内法ルール（GloBE ルール）と租税条約ルール（STTR）の2つから構成されている。

　国内法ルールは，①軽課税国にある子会社等の所得について，親会社の国で最低税率まで課税する制度（「所得合算ルール」と呼称，「IIR」と略称）と，②親会社等の所得が IIR の最低税率の対象となっていない場合に，子会社等の国で支払控除否認等により最低税率まで上乗せ課税する制度（「軽課税所得ルール」と呼称。「UTPR」と略称）および③軽課税国が国内法改正により自らミニマム課税を実現する制度（「適格国内ミニマム課税」と呼称，「QDMTT」と略称）から成る。

7　財務省資料は，2021年10月の合意，その後の OECD ［2021c］，［2022a］，［2022c］の文献を反映している。

[図表7-8] 第2の柱（所得合算ルールのイメージ）

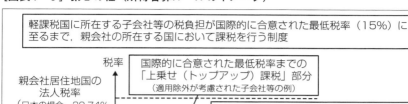

(出所) 財務省 [2022] 86頁。

　租税条約ルールは，軽課税国の関連者に対する支払いについて，源泉地国に対し，従来条約が定める減免された源泉徴収ではなく，一定の源泉徴収税率の適用を租税条約上新たに要求できるとする制度である。

　なお，GloBEルールについては，BEPS勧告の中の「共通アプローチ」の位置づけであり，IF参加国は，自らGloBEルールの採用を義務づけられないが，他のメンバー国がルールに従った課税を行う場合には，当該GloBE税制の適用を受け入れる義務を負うとされている。

　ただし，青写真では明確にされていなかった「適格国内ミニマム上乗せ税（QDMTT）」がモデルルールで認められることになったことから，軽課税国自身が国内法改正により，上乗せ課税を行う蓋然性が高まり，その場合には，IIRの上乗せ課税額からQDMTT納付税額が控除されるため，税源配分面での親会社所在地国等への追加期待値は，縮小するものと見込まれている。

[図表7-9] QDMTTが採用された場合の国・地域別実効税率（ETR）計算とトップアップ税額の計算手順

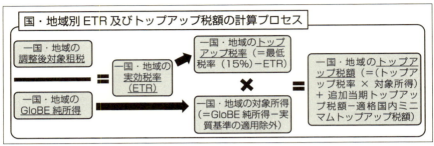

（出所）　財務省［2022］89頁。

図表7-9によれば，QMDTTが課税された場合には，当該税額は当該国の実効税率算定（15％に達するか否か）に際して斟酌されるのではなく，最終的な上乗せ税額算定過程での上乗せ課税額の控除項目とされることが明らかにされている。

[図表7-10] 国内ミニマム課税（QDMTT）のイメージ

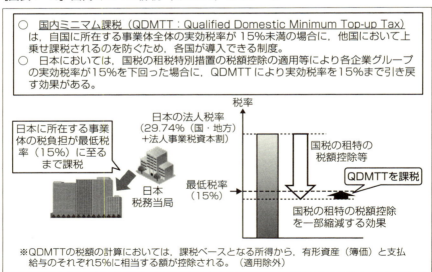

（出所）　財務省［2022］86頁。

（ロ） GloBE ルールの課税対象企業

年間総収入金額が7.5憶ユーロ以上の多国籍企業が対象とされる。ただし，多国籍企業の親会社所在地国は，上記閾値を超えない場合でも，IIR を施行することは自由である。

閾値が第1の柱に比べて低く設定され，かつ同ルールの実施は IF 参加国の選択に任されている点は，法人税率の決定は各国の課税主権に任されていることが背景にあるほか，軽課税国への BEPS 対応を目的とした BEPS1.0での外国子会社合算税制（CFC 税制）の勧告（行動3に係るもので，CFC 税制の各要素別のベストプラクティスの提示にとどまっている）が，課税主権を踏まえたオプションとされていたこととの平仄をとったものと考えられる。

（ハ） GloBE ルールの設計の要点

財務省資料では，GloBE ルールのポイントおよび適用手順について，**図表7-11**のとおり図示している。

1） 国別実効税率の算定

本制度の肝は，**図表7-11**で明らかなとおり，国別実効税率の算定という，法人格規準の下に制度設計されてきた従来の法人課税ルールが予定してこなかった手順（**図表7-11**の Step 1 ～ 4 までの過程）が入る点であり，そのための法令整備および追加的なコンプライアンスコストの増加にどう対応するかが問題視されていた。また，その際に参照できるとされる IFRS，USGAAP，日本会計基準等に従った連結財務諸表のデータも，税務・会計調整のメカニズムが伴うため，法規定および執行ガイダンスが複雑なものになっている。

IF で検討された「モデルルールの実施枠組み（執行面のルール等）」では，15％の実効税率基準を上回る蓋然性の高い企業等について，複数の簡素化オプション案（例として，ETR が15％を超える可能性が高い国・地域に関する ETR 計算を不要とするなどの簡素化措置のほか，デミニミス基準に基づき実効税率計算を不要とする措置も含む）が検討された。

なお，上記の課題に加えて，外国子会社合算税制を導入済みの国にとっては，租税回避防止機能の面で共通する新ルールは，CFC 税制の法人単位の合算メカニズムと併存することになり，申告義務を有する納税者にとって，国別と企業別データの二重の準備・申告事務の負担（最低税率と CFC 税制の

178 第Ⅱ部 デジタル社会の国際税務における諸問題

[図表 7 -11] GloBE ルールの適用手順等

GloBE ルールのポイント

・グローバル企業グループが各国・地域において稼得する一定の所得に対し，最低税率まで課税するルール。
・国・地域別の実効税率（ETR）を計算し，これが最低税率（15%）に満たない国・地域における対象所得に対する租税負担（ETR を参照）が 15% に達するまで課税を行う（「トップアップ課税」）。

GloBE ルール適用プロセス

Step 1 ：適用対象となるグローバル企業グループおよび構成事業体（Constituent Entity）の特定

グローバル企業グループが GloBE ルールの適用対象かを判定し，グループを構成する事業体（構成事業体）とその所在地国を特定。

Step 2 ：GloBE 所得・損失（GloBE Income or Loss）の決定

財務諸表上の純損益からスタートし，一定の調整等を通じて各構成事業体の GloBE 所得・損失を決定。

Step 3 ：調整後対象租税（Adjusted Covered Taxes）の決定

財務諸表上の対象租税（Covered Taxes）を特定し，一定の調整等を通じて各構成事業体の調整後対象租税を決定。

Step 4 ：実効税率（ETR）およびトップアップ税額（Top up Tax）の計算

国・地域別の ETR を計算し，最低税率（15%）を下回る国・地域について，各構成事業体のトップアップ税額を計算。

Step 5 ：所得合算ルール（IIR）と軽課税所得ルール（UTPR）の適用

Step 4 のトップアップ税額の割当てを受けた国・地域において，IIR/UTPR によって課税。

（出所） 財務省［2022］87頁。

トリガー税率の二重の基準に対応するデータ準備等）が過大になる懸念も憂慮された（経済産業省［2022]）[8]。

2 ） 上乗せ課税の仕組み

国別に計算された実効税率が，最低税率（15%）よりも低い場合，実効税率との差分に係る法人税を上乗せして親会社等所在地国で課税する「上乗せ課税（トップアップ課税とも呼称）方式」は，仕組み自体について，**図表7 - 9** のとおり簡素に表現できるものの，親会社が複数存在する場合の適用

優先関係など，複雑な仕組みとならざるを得ない。

3） GloBE ルールの課税標準についての一定の控除

GloBE ルールの対象所得算定上，有形資産（簿価）と支払給与の「5％以上」の金額が除外されることが合意された。これは実質的な投資活動が伴う場合の，同ルールの軽減措置の仕組みであり，CFC 税制の経済活動基準に近い機能を果たすものである。

なお，上記控除率については経過期間を10年とし，当初は8％（有形資産）ないし10％（支払給与）の控除から始めて10年後に5％に収束する逓減方式がとられている。これは，投資優遇措置を前提に海外進出した企業グループの期待利益に配慮したものと捉えられている。

（ニ） GloBE ルールに関するその他措置

ターゲットに焦点を当てた設計やコンプライアンスおよび執行コストに配意したセーフハーバールールなどの簡素化メカニズムが含まれる方向で，モデルルールの実施枠組みが検討された。また，GloBE ルールは国別の実効税率に基づいて適用されることを踏まえつつ，米国 GILTI 税制との共存を前提とすることが明記されている。

（ホ） 租税条約上の最低課税ルール（STTR）

軽課税国の関連者に対する利子・使用料・その他一定の支払いに対して，最低税率（9％）を下回る名目税率を適用する国は，途上国から求められた場合，源泉徴収税率が9％に達しない差分の課税権を源泉地国に認めるルール（STTR）を二国間条約に導入することとされた。

（ヘ） 執行のスケジュール（OECD［2022c］p.7）

実施計画のスケジュール中，GloBE ルールは第1の柱と同様，2022年中に国内法に導入後2023年以降に実施する（ただし UTPR については施行時期を2024年に延期）することとされ，その後これらのスケジュールに沿った国内法施行

8　経済産業省［2022］はこの点を詳しく指摘していた。日本の産業界からは，平成29年度改正でBEPS1.0勧告に沿った大改正を行った後の CFC 税制のコンプライアンスコストの増加（ペーパーカンパニーへの30％実効税率基準での合算要否の検討に係る毎年の追加事務負担）についての不満が寄せられており，同報告書は，その声に応える検討も内容としていた。
　　これらの懸念を背景に，2023年税制改正では30％の閾値を27％に引き下げて実効税率27〜30％の対象法人を合算対象から除いている。

180　第Ⅱ部　デジタル社会の国際税務における諸問題

および多国間協定の署名が行われている[9]。

（3）EU における BloBE ルール指令

①　GloBE 税制の早期域内実施を目指す EU

EU の経済・財務閣僚理事会（ECOFIN）は近年，パンデミック後の加盟国の経済回復に向けた予算を中心議題として協議し続けてきた。しかし，2021年12月に，第2の柱に基づくグローバル・ミニマム税構想を実現するための EU 指令案が，欧州委員会から提案されてからは，ECOFIN は，全加盟国の合意が必要な同指令の成立に向けた協議にも注力してきた。

2022年3月の定例会で，4カ国（ポーランド，スウェーデン，エストニア，マルタ）の反対で物別れになった同指令案は，その後，議長国フランスによる改定提案の提示等を受け4カ国も賛同に転じ，2022年12月，EU 加盟国は書面による手続きを経て，ミニマム課税指令を全会一致で採択した。

その際，以下のスケジュールも確認されている。

・加盟国は2023年12月31日までに本指令に基づいた国内法を制定する。
・EU 加盟国において，所得合算ルール（IIR）は，2023年12月31日以降に開始する事業年度に適用される。軽課税所得ルール（UTPR）は，本指令の規定の下で，2024年12月31日以降に開始する事業年度に適用される。

なお，最後まで反対していたポーランドは，提案されたミニマム税が，巨大多国籍企業による最も有利な国での利益計上を防止する新ルールがないまま，執行されてしまう可能性（第1の柱と第2の柱の同時執行を法的に義務づける要件を欠いていること）に懸念を有している旨，その反対理由を述べていた（青山[2022a]）。

なお，EU におけるミニマム税に関する制度設計は，長期的には，EU の共通法人税構想の一部をなすものと位置づけられている。2021年5月に欧州委員会によって開示された政策文書「21世紀の事業課税」（欧州委員会[2021]）[10]にその内容が解説されており，我が国を含めた他の先進国にとっても参考になる

9　2024年9月に57カ国がパリで開催された STTR を執行するための多国間協定の署名式に参加している（G20・Brazil[2024] p.5）。

ものと思われるので，以下に第2の柱が移植される地盤となる EU の法人税長
期構想を紹介する。

②　EU が目指す「21世紀の事業課税」
（イ）　2050年に向けた EU のあるべき税目構成の摸索

　加盟国の予算は，社会保険拠出を含めた労働課税に重く依存しており，
EU27カ国では全税収の50％超に達している。しかし，人口高齢化と非定型職
種の増加は，労働課税による税収源を縮小する。なお，現状，他の課税では，
付加価値税（VAT）が全税収の15％超を占めるが，その他の税目は相対的に貢
献度が低い（環境税6％，資産税5％，法人税7％）。

　気候変動や労働市場のデジタル変革のような巨大変化が，EU 加盟国の将来
の税目構成に影響を及ぼすことになる。まず，VAT については，金融危機以
後増税されてきたために，税率は，現在すでに歴史的な高さにあるが，非効率
な軽減税率や非課税取引の利用によって，VAT が当初目的とした政策効果の
実現が妨げられており，まず，それらを制限することにプライオリティを置く
べきとしている。

　将来を保障できるその他税目として，個人および法人の双方からの資本所得
に対する公平で効率的な課税も求められるが，その際には，執行の複雑さを削
減する簡素化施策が必要であり，また，不動産についての毎年の課税は，相対
的に効率的な税目であるが，資産評価に関する執行上等の課題があると指摘し
た。

（ロ）　法人税の在り方についての最近の検討
1）　内外の環境への対応

　経済のデジタル化が，租税計画スキームによって，従来の法令を遁脱する
新しい機会をもたらし，多くの租税スキャンダル，国家補助ルールの厳格な
執行，そして金融危機後の歳出ファイナンスの必要性の中で，国際的な法人
税枠組みの改革に関する議論が2010年代前半に加速化し，BEPS プロジェク
トへ引き継がれたことを背景として，EU では，2015年 OECD/G20合意の内

10　この政策文書 "Brussel,18.5.2021 COM（2021）251final" のタイトルは "Business Taxation for
the 21st Century" であり，これを紹介したものとして，青山［2022b］がある。

容を，租税回避防止指令（ATAD）を通じて実行に移した。

その後，課税権の再配分と最低水準の実効的課税を内容とする指令案が提案されたが，そこでの議論の実質は，EU の今後に向けた事業課税のアジェンダの形成に影響を与えている。

米国等の国際的なパートナー国は，今後に向けた彼らの事業課税アジェンダを形作る計画を公表し，その内容には，国際合意の枠を超えるものもある。英国等では，パンデミック後の法人課税構想を公表した。

これらを踏まえると，EU の法人税は，歳入需要に対応した，頑強で効率的かつ公平な税構造を必要としており，同時に，公平・持続可能・かつ雇用が十分にある成長と投資に貢献する環境を創造するものであり，その結果，復興とグリーンでデジタルな構造変革を支援できるものでなければならない，としている。

2）　包括的な EU 指針との整合性の確保

事業課税に対する EU 措置も，包括的な EU 指針（「EU グリーン政策」，「欧州委員会デジタル指針」，「欧州新産業政策」，「資本市場同盟」など）と整合性の取れたものでなければならないとし，その際の留意点を以下のとおりまとめた。

●公平で持続可能な成長への貢献

たとえば，グリーン化移行を支援する税制は，規制措置と同様に他の環境プライシング措置とも並行して実施されねばならない，との指摘である。具体的には，EU の気候政策目標を支援するための新しく改正されたプライシングのメカニズム（炭素国境調整メカニズム）と改正される EU 排出取引システム（ETS）の 2 つの提案を内容としている。

●効率的な課税の保証

何百億ユーロにも上る税収が EU では租税回避および脱税により失われているが，中でも，各加盟国の税制規定（例として，使用料や利子の支払いに対する低課税）が他の加盟国にとって税収減をもたらしうる点に留意すべきとしている。

デジタル賦課金（digital levy）構想は，EU における復興財源にもなり，社会一般に対するデジタル企業の公平な貢献を保証するので，進行中の国際

的な法人税改正についての合意からは独立したものであり，WTO や他の国際義務にも反していないと指摘している。すなわち，経済のデジタル化を支援し加速するという基幹政策目的にかなうものであって，超大規模な多国籍企業の課税ベースの一部を共有するという OECD 合意の実行とは共存しうると，位置づけている。

３）　ミニマム課税合意と既存の EU 指令との間の調整

第２の柱の合意実行によって，ATAD 下の現行ルール，特に CFC ルールとの適用関係の整理の必要性を指摘している。

また，第２の柱の導入は，グループ企業間の国境越え利子およびロイヤルティ支払いへの源泉徴収負担を撤廃するという「利子・ロイヤルティ指令案（IRD）」を，仕向地国で課税に服している利子に限って適用するものであり，ミニマム税合意は，このような措置を求めてきた加盟国の意向に沿うものと評価している。

さらに，欧州委員会は，第２の柱を，第３国が EU の非協力リスト判定過程での評価のために利用する基準の中に導入することも提案した。

(ハ)　OECD による国際合意の執行に向けた EU での事業課税の進め方

「事業所得課税のための新しい枠組み（BEFIT）」と呼ぶ中長期策が提案されており，その概要は以下のとおりである。

１）　検討手順

公平で効率的な課税を保証するための措置として，まず，2021年末までに，税目的でのペーパーカンパニーの濫用を防止するための統合ルールを設定するための立法提案を提出し，2022年末までには，大規模法人により納付される税金の実効税率算定方法を，第２の柱で議論された方法に基づき算定したものとする立法提案を提出する。その後，本指針に沿った損失の国内取扱いに関する勧告を採択し，また，負債・株式バイアスを削減するための控除を創造する立法提案を2022年第１四半期までに作成するという段取りであった。

２）　BEFIT の内容

BEFIT 構想は，EU でペンディングになったままの共通連結法人税課税標準（CCCTB）提案に代替するものである。BEFIT の概要は，以下のとおりである。

184　第Ⅱ部　デジタル社会の国際税務における諸問題

- 一加盟国以上の国で単一市場内の運営を行うグループ会社に対して，共通のルールブックを作成し，国境越え投資に対するバリアを削減すること
- 単一市場における官僚主義やコンプライアンスコストを縮小し，課税当局と納税者の執行上の負担を削減すること
- 租税回避と戦い，雇用創出，成長および投資を支援すること
- 加盟国間に課税権を配分するより簡素で公平な方法を提供すること
- 各加盟国に信頼性があり予測可能な法人税収を保証すること

　なお，BEFIT は，多国籍企業の EU メンバーの各利得を１つの課税ベースに統合し，その後，フォーミュラに従って各国に配分して，最後に各国の法人税率で課税されるというものとなる。その中心課題としては，多国籍企業が事業を行う市場国の重要性を反映するために，売上高にどのようなウェイトづけをするか，および，異なる経済プロファイルを持つ各加盟国に調和のとれた法人税収配分をするために，無形資産を含む資産と給与を含む労働コストをどのように反映すべきか，についての検討が挙げられていた。

　これらの検討を経て欧州委員会は2023年９月に BEFIT 指令案を公表しており，今後 EU 理事会での審議により，指令採択されるかが注目されている。

（４）2023年以降の２つの柱の推移および若干の予備的考察

①　2023年後の展開

　2023年は，第１の柱については，利益 A を規定する多国間条約（MLC）の内容の詰め，第２の柱については，GloBE ルールについての執行ガイダンス第２弾の詰め，という本プロジェクト中枢部についての最終段階の各種起草作業が予定された年であった。その概要は同年７月のアウトカムステートメントで解説されているので，以下に紹介する（OECD ［2023b］）[11]。

（イ）　第１の柱関係

1）　MLC に係る政治的折衝

　上記 MLC については，2023年７月に条文が取りまとめられたことが報告

11　同文献は，G20議長総括，G７コミュニケ等を踏まえて，これまで交渉されてきた成果を公表したものである。

され，200頁を超える条約条文は，同10月に公表された（OECD［2023a］）。ただし，若干の IF 参加国が特定の項目につき異なる意見を持っている点については，MLC に注記されていた。

　異見を述べる数カ国の中に G 7 および G20 メンバーであるカナダが入っていたことが，注目を集めた。カナダは，2021年12月にデジタルサービス税（DST）法案を公表し，2023年末までに国際合意に基づく MLC が発効していない場合には2024年 1 月から上記法案による課税をスタートする旨公表していたのである。後述するとおり，同年 7 月公表のアウトカムステートメントでは，DST 凍結期間期限を2024年末まで延長（2025年末までの再延長も可能）と整理されたことに対し，カナダのフリーランド副首相・財務長官は，MLC の条文は別として，DST 凍結期間・MLC 発効期限の延長に同意できない旨の声明を，アウトカムステートメントの同日に公表している（Department of Finance Canada［2023］）。これは，すでに DST を施行済みの EU 諸国等との対比で，カナダが国益を失っているとの認識に基づくものであり，制度設計自体に反対するものではない。ただし，MLC の施行は，現時点で導入されている DST 等の廃止および新規 DST 等の導入禁止とパッケージとされていたため，カナダのように法制化途上にあった国にとっては，期待税収面で施行期限の延期の影響は重大であったと思われる[12]。

　IF ではこの問題は建設的に解決されたようであるが，利益Ｂに関するインドのクレームの調整等に手間取り，2024年秋時点で利益Ａと利益Ｂのパッケージとなる政治的最終合意は達成されていない。MLC 条文は近々最終合意できる一方，利益Ｂの合意は政治的合意にかかっていると OECD 事務局は報告している（G20 Brazil［2024］）。

　したがって，アウトカムステートメントがめざしていた MLC に係るスケジュール目標（2023年末までの署名式挙行，2025年中の発効）は少なくも 1 年遅れが明らかになっている。

2）　MLC の制度設計における追加合意事項

　2021年10月の基本合意のうち，アウトカムステートメントで修正された事

12　財務省［2024］によれば，カナダは自国の DST を2024年 6 月に2022年に遡及して施行している。

項は以下のとおりである。

・課税対象事業から除外されるものとして，これまで予定されていた金融業，採掘事業に加えて，防衛事業と外国事業が僅少で国内メインの企業等の追加。

・MLC の発効条件として，対象グローバル企業グループの最終親会社の60％以上をカバーし，かつ，30カ国以上が批准した後，これらの国が条約発効日を決定すること。

上記発効要件から見ると，実質的には，米国における批准の成否が施行のため不可欠と考えられる。この点に関しては，UTPR 導入国に対し米国議会に提出された制裁法案（青山［2023b］210頁）や多国間協定に対する米国の伝統的消極性，さらには，本年の大統領選挙という不確定要因（共和党は，2つの柱への国際協議に消極的）もあり，今後迅速な発効は行われにくいと予想する向きも多い。このような環境も，IF がアウトカムステートメントでMLC 発効期限の1年後ろ倒し（さらにもう1年の延期を合意可能）を行った背景と考えられる。

３）　利益 B についての市中協議

アウトカムステートメントによれば，基礎的なマーケティング・販売活動に対する移転価格税制の執行に係る簡素・合理化のガイダンスの大枠についての政府間合意が達成され，同年7～9月にかけて市中協議が行われた。利益 B は，特に執行力の不足する途上国にとって重要なものと位置づけられており，2023年中にさらに議論を進めて2024年1月に最終報告書をまとめることが予定されたが，選択的適用の仕方を巡って政治的な折衝が残されたまま2024年秋を迎えている[13]。なお，合意された簡易な算定手法についてはOECD 移転価格ガイドラインに取り込まれ，それを踏まえた国内法改正が行われると予測されている。また，2024年6月には，利益Bの適用対象となる対象法域が公表されると共に，同9月には，利益Bの執行に関する権限ある当局間合意モデルも公表されるなど，技術的論点は解釈されている。

13　新しい算定方法（業種別等で一定の利益率表を適用）については，納税者の選択制にとどめるか，税務当局による適用も認める（実質的な原則適用）かの執行方法については，各国の裁量に任せることとされている。

（ロ）　第2の柱

　第2の柱については，アウトカムステートメントの発表に合わせて，執行ガイダンス第2弾と，GloBE情報申告書に係るドキュメントが公表された。その主な内容は以下のとおりである。

　1）　市場性のある譲渡可能税額控除の取扱い

　　実効税率の計算上不明確であった本件税額控除については，実効税率の計算上，適格還付可能税額控除と同様，BloBE所得の増加（分母への加算方式による）として扱うことが周知された。

　2）　UTPRとQDMTTに係るセーフハーバー

　　米国を中心とした実務界，学界において，租税条約違反の域外課税ではないかとの批判の声が高まっているUTPRについて（青山［2023b］199頁），それらの批判に対する妥協とも見られるセーフハーバーの導入，および低税率国で取り組みが進行しつつあるQDMTTについてのセーフハーバーの合意が，以下のとおり成立した。

　　　・最終親会社法域において，20％以上の名目法人税率が適用される場合，同法域のUTPRトップアップ税額は，移行期間（2025年12月31日以前に開始する事業年度）においてゼロとみなすこと。

　　　・一定の基準を満たした適格国内ミニマム課税（QDMTT）制度を持つ法域のトップアップ税額をゼロとみなすこと。併せてQDMTT自体の適格化要件も明確化。

　3）　その他

　　適用対象企業の税務申告にとって重要なGloBE情報申告書の様式，ならびに同報告の簡素化措置等が公表されている[14]。

②　若干の私見

　政府にとっては，法人税率引下げ競争に歯止めをもたらしつつ，コロナ禍での財政需要にも貢献するという趣旨を体現し，企業にとっては，伝統的ルールの下での予測可能性衰退状況を改善し，さらには，生産国・市場国間や先進

14　これらはGloBEルールに関する3回にわたる執行ガイダンスの公表（2023.7, 2023.12, 2024.6）で明らかになった。

国・途上国間での税収の不公平配分の懸念にも応えた今回の2つの柱の合意は，歴史的な成果と評価できる。これまでのPE帰属原則と独立企業間原則に縛られた厄介な算定手続きから部分的にも解放されるメリットは，納税者にとっても当局にとっても実質的なゲインとして評価すべきであろう。

　政治折衝における各重要閾値等の決定については，親会社所在地国と市場国および先進国と途上国の間で，さらには，コンプライアンスコストをめぐる制度簡素化等の要請については，政府の執行当局と新ルールの納税義務者間であるグローバルビジネスの間で，困難な折衝が重ねられたことが推測されるが，グローバル・ミニマム税の最低税率の確定や，優遇税制に頼ってきた途上国に対する経過措置などの弾力化や，納税者向けの各種セーフハーバーの制度設計などで，利害バランスに配慮した工夫がうかがえる。ただし，合意を求めるあまりセーフハーバーによる解決を優先すると，期限付きの措置とはいえ，2つの柱の本来の制度理念にそぐわない妥協も出てきており，長年にわたり培われてきた国際課税ルールが誇ってきた専門性や一貫性が損なわれる懸念も感じるところである。

　また，野心的な実施に向けたスケジュールの下，合意実施によりデジタルサービス税などの一国限りの方策を早期に廃止させる（USTRによる通商法第301条の制裁関税などがもたらす通商戦争も終わらせる）方針が，期限どおりスムーズに達成できない可能性も払しょくできていない。デジタル経済課税の市場国としてカナダのような不満を持つ国は，今後の施行段階に入るとさらに出てくる可能性もある。

　目下のところ，利益Aについては2022〜2024年にわたり，スケジュール遅延が明らかとなり，DSTからのスムーズな乗り換えにつき懸念が広がりかねない。この懸念を解消するためには，迅速な多国間協定の署名・批准や，実施ガイダンスを体現した早期の国内法改正および施行が不可欠である。また，これまで，二国間主義に固執してきた米国の伝統的な国際課税ポリシーの中で，2024年の大統領選挙をまたいで誕生する新大統領および政権与党が，2つの柱合意の実現にどのように取り組むかも注目される。

　最後に，我が国は，IFのスケジュールに乗って，令和5年度税制改正でIIRの導入を終えた。ただ，今後の対応については，ルールの行く末に関していく

つかの不透明感が残る状況下では，先頭集団を走って将来直面するかもしれない諸問題を経験する最初の国，になる必要はないと考える。特に，第2の柱のミニマム税の残りの部分（UTPRとQDMTT）の国内法制化については，セーフハーバーの追加効果も踏まえて，慎重に対応する余地もあると思われる。この点は2022年の与党税制改正大綱で今後の課題とされた既存税制である外国子会社合算税制（CFC税制）とGloBEルールとの間の調整についても，新ルールが15％であるのに対し，CFC税制は20％と適用の閾値が近い関係にあることを踏まえたビジネス界からの両制度の簡素化要請が高まると思われる。EUのように今後の法人税制の在り方の検討の中で，2つの柱の役割を位置づけることも必要と思われる。

【参考文献】

(OECD文書はすべて，OECDweb-siteから入手)

Business at OECD（BIAC）[2020] Written Response to the OECD Public Consultation on the OECD/G20 "Inclusive Framework on BEPS Reports on the Pillar One and Pillar Two Blueprints".

Department of Finance Canada [2023] "Statement by the Deputy Prime Minister on international tax reform negotiations".

G20 India [2023] "OECD Secretary-General Tax Report to G20 Finance Ministers and Central Bank Governors".

G20 Brazil [2024] "OECD Secretary-General Tax Report to G20 Finance Ministers and Central Bank Governors".

OECD [2020] Tax Challenges Arising from Digitalisation – Report on Pillar One and Pillar Two Blueprint, Inclusive Framework on BEPS, OECD/G20 Base Erosion and Profit Shifting Project, OECD Publishing, Paris.

OECD [2021a] Statement on a Two-Pillar Solution to Address the Tax Challenges Arising From the Digitalisation of the Economy 1 July 2021, and Statement on a Two-Pillar Solution to Address the Tax Challenges Arising from the Digitalisation of the Economy.

OECD [2021b] OECD Secretary-General Tax Report to G20 Finance Ministers and Central Bank Governors.

OECD [2021c] Tax Challenges Arising from the Digitalisation of the Economy –

Global Anti-Base Erosion Model Rules（Pillar Two）.

OECD［2022a］Tax Challenges Arising from the Digitalisation of the Economy - Commentary to the Global Anti-Base Erosion Model Rules（Pillar Two）.

OECD［2022b］Progress Report on Amount A of Pillar One Two-Pillar Solution to the Tax Challenges of the Digitalisation of the Economy, consultation 11.

OECD［2022c］OECD/G20 Inclusive Framework on BEPS, Progress Report.

OECD［2023a］"The Multilateral Convention to Implement Amount A of Pillar One".

OECD［2023b］"Outcome Statement on the Two-Pillar Solution to Address the Tax Challenges Arising from the Digitalisation of the Economy".

青山慶二［2020］「変遷するグローバルビジネスから見たデジタル経済課税ルールの課題」財務省『フィナンシャルレビュー』第143号，45-65頁。

青山慶二［2021a］「OECD/IF による新しいデジタル経済の課税ルールの国際合意への見通し」『デジタル取引と課税』日税研論集第79号，303-336頁。

青山慶二［2021b］「バイデン政権の国際課税改革とデジタル課税」『プロフェッションジャーナル』第421号。

青山慶二［2021c］「国際課税に関する G20最終合意」『プロフェッションジャーナル』第446号。

青山慶二［2022a］「2 つの柱の合意実施についてのスケジュール遅延」『プロフェッションジャーナル』第479号。

青山慶二［2022b］「21世紀の事業課税（欧州委員会による政策資料文書)」『租税研究』第6号，181-190頁。

青山慶二［2023a］「第2 の柱：軽課税利得ルール（UTPR）の見通し」『プロフェッションジャーナル』第513号。

青山慶二［2023b］「軽課税利得ルールと"利用しなければ失効するとの原則"」,「軽課税利得ルールと租税条約」『租税研究』第8号。

青山慶二［2024］「BEPS プロジェクトを通じた国際法人税制の多国間協調」『税研』vol.40 No 3（2024.9）39-45頁。

欧州委員会［2021］Brussel,18.5.2021 COM（2021）251final "Business Taxation for the 21st Century".

経済産業省［2022］貿易経済協力局研究会報告書（2022.9公表「最低税率課税制度及び外国子会社合算税制の在り方に関する研究会」報告)。

経団連［2020］「電子化に伴う課税上の課題—第1 の柱及び第2 の柱の青写真に係る公開諮問文書に対する意見」（経団連 web-site より)。

財務省［2020］財務省・政府税制調査会提出資料「経済のデジタル化に伴う国際課税上の課題「青写真」の概要と論点」。

財務省［2022］2022年 9 月の日本租税研究協会主催「租税研究大会」で財務省から提出された資料 "OECD/G20「BEPS 包摂的枠組」 2 つの柱の合意"（第74回租税研究大会記録2022）。

（青山　慶二）

192　第Ⅱ部　デジタル社会の国際税務における諸問題

第8章

グローバル・ミニマム課税の実務上の課題

1　はじめに

　本章では，OECD/G20のBEPS包摂的枠組み（Inclusive Flamework on BEPS：IF）において合意された2つの柱のうち，第2の柱（pillar 2）グローバル・ミニマム課税に関する取扱いを対象としている。

　用語の定義として，第2の柱はpillar 2と言われ，pillar 2の税源浸食防止所得や措置はGlobal Anti-Base Erosion：GloBE所得，GloBEルールと言われる。日本では，「各対象会計年度の国際最低課税額に対する法人税」として定められ，グローバル・ミニマム課税として用語が定着している。本来は，OECDでの公表内容（国際課税原則）と日本の国内法との差異があるため，分けて論じなければならないところ，本章では暫定的にグローバル・ミニマム課税と表記している。

　グローバル・ミニマム課税は，低い法人実効税率や優遇税制により外国企業を誘致する動きによって法人税の継続的な引下げが行われ各国の法人税基盤が弱体化し，税制面における企業間の公平な競争条件が阻害されていることに対処するため，IFプロジェクトでは，モデル・ルールおよびコメンタリー，ガイダンス等の公表を受け，各国が国内法に導入するものである。

　これにより，これまで「親会社管轄からの利益ストリッピング」にのみ対処してきたが，OECDがこれまで解決[1]したかった「第三国からの利益ストリッピング」を税率差アプローチにより，防止できることになった。すなわち，外

第8章　グローバル・ミニマム課税の実務上の課題　*193*

－外取引の結果，低税国第三国から移転された所得（税源浸食）も親会社管轄に帰属させられるという論理となる。

　一方で源泉地国，導管国へ帰属，法的所有・法的支配，経済的所有・経済的支配，事実上の所有・事実上の支配，究極の所有者・究極の支配者などの基礎概念およびこれらの国々への帰属をめぐる論理構成，各国が国外所得への課税を行うことについて執行や訴訟，二重課税，紛争解決に至るまで本格的に見直さなければならない。

2　グローバル・ミニマム課税

（1）概　　要

　令和5年度税制改正[2]においては，制度に関する国際的な議論の進展や，諸外国における実施に向けた動向等を踏まえ，グローバル・ミニマム課税のルールのうち，所得合算ルール（Income Inclusion Rule：IIR）に係る法制化として，「各対象会計年度の国際最低課税額に対する法人税」として創設された（令和5年法律第3号，法人税法第82条）。2024（令和6）年4月1日以後に開始する対象会計年度から適用される。さらに，国際的な議論を踏まえ，令和6年度税制改正以降の法制化が検討されている。

　また，「特定基準法人税額に対する地方法人税」ならびに「情報申告制度」（OECD［2023b］）が創設され，外国子会社合算税制等の見直し（租税負担割合の判定が30％から27％に）も行われている。

　情報申告については，国内法上は「国際最低課税額確定申告書」（法人税法

1　BEPS行動計画3は，実務家からの反対によりベストプラクティスとされ，ミニマムスタンダードとはならなかったが，タックスヘイブンへの取組みとして，BEPS Action 3（Strengthening CFC Rules）では十分に議論され，当時から議論はあった。ここでは，①各国が自己の税源浸食・利益移転，自国の利益ストリッピング（profit stripping）を防止するための対抗措置とするか，②事業活動の場，価値創造の場など利益の源泉地国（BEPSリスクを伴う他国）からの利益ストリッピングを防止するための対抗措置とするかという点で，意見の対立がありミニマムスタンダートには至らなかった。詳しくは，OECD［2015］参照。

2　詳しくは，国税庁「グローバル・ミニマム課税への対応に関する改正のあらまし」令和5年4月を参照されたい。

第 2 条第31号の 2 ，第82条の 6 第 1 項，法人税法施行規則第38の45，第38の46）において申告を行い，「特定多国籍業グループ等報告事項」（法人税法第150条の 3 第 1 項）において各国間で情報共有される内容になっている。

国際最低課税額確定申告書の記載事項として，①特定多国籍企業グループ等に属する構成会社である内国法人の名称，納税地および法人番号並びにその納税地と本店または主たる事業所在地が異なる場合には，その本店または主たる事務所の所在地，②代表者の氏名，③当該対象会計年度の開始および終了の日，④その他参考となるべき事項が求められている。

国際最低課税額確定申告書の添付資料として，①当該対象会計年度の内国法人の属する特定多国籍企業グループ等の最終親会社等に係る連結等財務諸表，②当該対象会計年度の前号の特定多国籍企業グループに係る共同支配親会社等の連結財務諸表，③当該対象会計年度前の対象会計年度に係る連結財務諸表に表示すべき事項の修正の内容，④勘定科目内訳明細書，⑤その他参考となるべき事項を記載した書類[3]とされている。

グローバル・ミニマム課税のルールは，軽課税国への対処を念頭に多国籍企業の所得が最低限の課税に服するよう，全世界的な税源浸食防止措置（Global Anti-Base Erosion：GloBE）として検討され，①居住地国に追加課税を認める所得合算ルール（IIR），IIR に関連した進出先国における追加課税（Qualified Domestic Minimum Top-up Tax：QDMTT），②居住地国で IIR の適用がない場合のバックストップとして，進出先国側で損金不算入等を通じて課税を行う軽課税所得ルール（Undertaxed Profit Rule：UTPR），③関連当事者間での支払に関して租税条約上の進出先国課税が所定の最低課税に満たない場合に追加課税を行う条約特典制限ルール（Subject to Tax Rule：STTR），④二重課税の救済のため源泉地国での免税を否定し，源泉地で課税を行う外国税額控除方式に切り替えるルール（Switch Over Rule：SOR）などがある。

この各対象会計年度の国際最低課税額に対する法人税は，適用対象[4]をグ

3　セーフハーバーに関する情報（経過的セーフハーバーを含む），国別国際最低課税額の計算過程，株式保有関係等が該当する。この点は国内法と OECD との差異がある。
4　OECD ガイダンスでは，過去 4 年間 2 会計年度において，連結総収入金額が 7 億5,000万ユーロ以上としている。

ループの全世界での連結総収入金額が7億5,000万ユーロ以上の多国籍企業グループを対象とし，実質ベースの所得除外額を除く所得について国ごとに基準税率15％以上の課税を確保することを目的に，子会社等の所在する軽課税国での実効税率が15％に至るまで，日本に所在する親会社等に対して上乗せ（トップアップ）課税を行う制度となっている。

適用要件を国別報告書と同じにすることにより，世界規模の法人税の90％は，カバーできるとしている（OECD［2023a］）。

グローバル・ミニマム課税（GloBEルール）は，権限ある当局や企業において，多大な事務コストが生じる。そのため，適用免除基準（デミニマス），セーフハーバー国別報告書が設けられている。

また，GloBEルールは，共通のアプローチの形で管轄区域によって採用されることを目的とした連動ルールの調整されたシステムであり，GloBEルールと一致しているかどうかを多国間レビューとして評価することにより，各国の制度品質を保証するとしている。

OECDは，Webページで，概要，ファクトシート，ウェビナー，事例，情報申告等を公表することにより制度の差を埋める取組みを行っている[5]。

（2）国際最低課税の計算構造

国際最低課税の計算構造として，①個社単位の所得額および租税額，②国単位の実効税率，③グループ単位の国際最低課税額，④個社単位の最低課税額，⑤内国法人の国際最低税額の計算構造となっている。これらの計算過程は情報申告となるため留意が必要となる。

また，計算過程を遂行するのに本社から各拠点まで多岐にわたる会計・税務情報，関連データを収集する必要があり，その税務体制（ガバナンス）も重要となる。子会社管理・人材不足の問題もあるため，ツールとしてのアプリ（ソフトウェア）も必要となる。

1）　個社単位の所得額および租税額（法人税法第82条第26号）として，国際会計基準（一定の国・地域のIFRS）または最終親会社の所在地において一般に

5　規定の解釈と適用ルールの詳細は，OECD［2022］が詳しい。

[図表8-1] グローバル・ミニマム課税

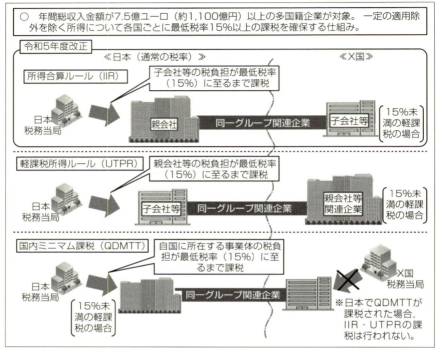

(出所) 財務省「資料 令和5年度税制改正 (国際課税関係)」令和5年4月。

公正妥当と認められる会計処理の基準を採用する[6]。採用された連結等財務諸表の損益計算書の当期純利益に調整を加えて，個別計算所得の金額を算出する。

特に各種調整措置での加算減算調整が議論の焦点となり，日本にはない調整（たとえば移転価格調整金）となる。また，これらの計算や判断が実務上留意点となる。

---

[6] 経済活動 (economic activity) の測定方法について，エンティティの会計（測定，事業体の収益認識）は，議論はあるものの本研究では論じない。「経済活動の比較は会計上の収益または資産価値に基づくこと」を原則としている。当然，会計と税法上の差異，一般に公正妥当と認められる会計処理の基準との差異がある。

第8章 グローバル・ミニマム課税の実務上の課題　197

[図表8-2] 国際最低課税額の計算過程

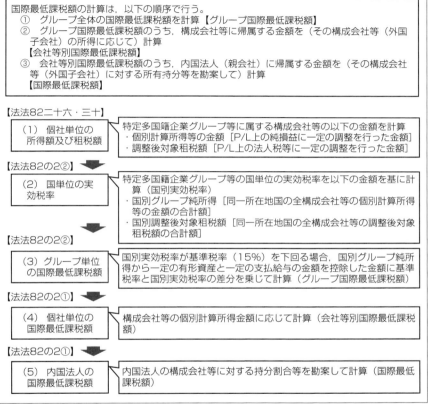

(出所) 水野雅「令和5年度税制改正（国際最低課税額に対する法人税）について」日本租税研究協会会員懇談会（令和5年7月24日）。

2) 国単位の実効税率

　個社単位の所得額および租税額が確定したら，次に国単位の実効税率の判定になる。ここで合算した国別グループ純所得および個別調整後対象租税額が確定する。

　ここでは，個社単位の所得額および租税額が国で15％に至っているかを判定する。たとえば，シンガポールに，5社子会社形態で進出している場合には，

198 第Ⅱ部 デジタル社会の国際税務における諸問題

[図表8−3] 個別所得等の金額

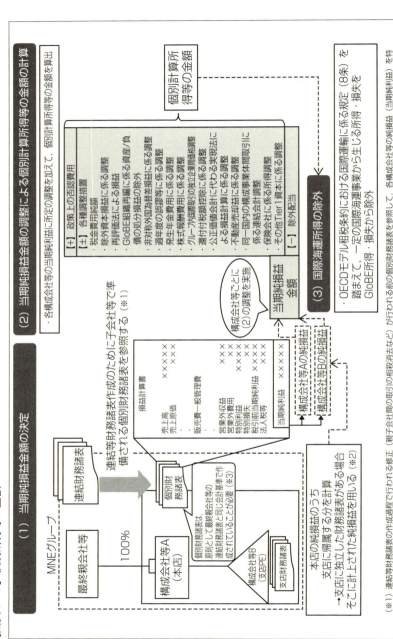

(出所) 水野惇「令和5年度税制改正（国際最低課税額に対する法人税）について」日本租税研究協会会員懇談会（令和5年7月24日）。

第8章 グローバル・ミニマム課税の実務上の課題　199

[図表8-4] 対象租税, 調整後対象租税額

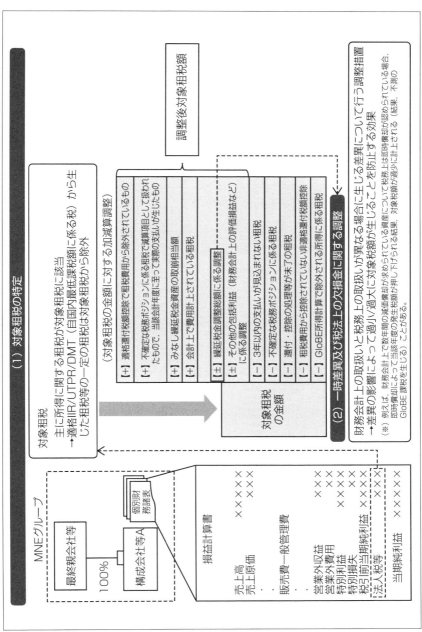

(出所) 水野雅「令和5年度税制改正(国際最低課税額に対する法人税)について」日本税務研究協会会員懇談会(令和5年7月24日)。

５社子会社の所得と税額を判定し，５社を合算し，国単位で所得と税額が15％に至っているのかを判定する。

３）　グループ単位の国際最低課税額（carve-out）

国別実効税率が15％を下回っている場合には，国別グループ純所得から一定の有形資産と一定の支払給与の金額を控除した金額に基準税率と国別実効税率差分を乗じて計算する。令和６年中に開始する対象会計年度においては給与等の費用の額に乗じる割合は9.8％，有形固定資産等の額に乗じる割合は7.8％とし，それぞれ９年間で５％に逓減する経過措置が設けられている（令和５年改正法附則第14条第５・６項）。

有形資産は，貸借対照表から把握できる。支払給与については，損益計算書から把握できる[7]。

給与等の費用と有形資産のカーブアウトにより，追加の GloBE 所得を調整し，その結果投資インセンティブをカバーするとされている[8]。

４）　個社単位の最低課税額では，構成会社等の個別計算所得金額に応じて計算する。

各対象会計年度の国際最低課税額に対する法人税の課税標準は，各対象会計年度の課税標準国際最低課税額。各対象会計年度の課税標準国際最低課税額は，各対象会計年度の国際最低課税額になる（法人税法第82条の４）。

各対象会計年度の国際最低課税額に対する法人税の額は，各対象会計年度の課税標準国際最低課税額に100分の90.7の税率を乗じて計算した金額に地方税を加えた金額になる（法人税法第82条の５）。

５）　内国法人の国際最低税額として，内国法人の構成会社等に対する持分割合等を勘案して計算する。

7　国別報告書から有形資産の総額は一致する。一方，国別報告書では従業員人数（非正規雇用者含む）は把握できるものの，支払給与は損益計算書で詳細に把握できない。また，原価に算入している給与がある場合もある。

8　カーブアウトを設けているが，本質的なインセンティブが解消されるのかは疑問が残る。2050年の温暖化ガス排出量実質ゼロの実現に向けて，企業に積極的な投資を促す，いわゆる ESG 優遇税制は各国生き続ける。これにより早期償却，税額控除，免除，研究開発費・研究開発費税額控除等（税額以外の助成等含む）と FDI（海外直接投資）との関係も今後明らかとなってくると考えられる。その後，本制度が成功だったのか明らかにされていくと考えられる。

[図表8-5] 給与適用除外額および有形資産適用除外額に関する経過措置

[経過措置の趣旨]
➤実体を有する経済活動を行う企業は，早急な投資先の変更が困難であることを踏まえ，導入後一定期間は適用除外割合を高くする。

【給与適用除外額】

開始する対象会計年度	適用除外割合
令和6年	9.8%
令和7年	9.6%
令和8年	9.4%
令和9年	9.2%
令和10年	9.0%
令和11年	8.2%
令和12年	7.4%
令和13年	6.6%
令和14年	5.8%

【有形資産適用除外額】

開始する対象会計年度	適用除外割合
令和6年	7.8%
令和7年	7.6%
令和8年	7.4%
令和9年	7.2%
令和10年	7.0%
令和11年	6.6%
令和12年	6.2%
令和13年	5.8%
令和14年	5.4%

（出所）　水野雅「令和5年度税制改正（国際最低課税額に対する法人税）について」日本租税研究協会会員懇談会（令和5年7月24日）。

3　適用免除基準（デミニマス），セーフハーバー国別報告書

（1）適用免除基準（デミニマス）

　特定多国籍企業グループ等に属する構成会社等（各種投資会社等を除く）が各対象会計年度において次の要件の全てを満たす場合には，その構成会社等の所在地国における当期国別国際最低課税額は，零とすることを選択できる（法人税法第82条の2第6項）。

① その構成会社等の所在地国におけるその対象会計年度およびその直前の2対象会計年度に係るその特定多国籍企業グループ等の収入金額の平均額として一定の計算をした金額が1,000万ユーロに満たないこと（円換算14億円程度）。

② その構成会社等の所在地国におけるその対象会計年度およびその直前の2対象会計年度に係るその特定多国籍企業グループ等の利益または損失の額の平均額として一定の計算をした金額が100万ユーロに満たないこと（円換算4億円程度）。

　　なお，共同支配会社等に係る適用免除基準（デミニマス）についても，基本的に同様（法人税法第82条の2第10項）。

③ 通常利益要件（令和5年改正法附則第14条第1項第3号）

　調整後税引前当期利益の額が，特定構成会社等とそれ以外の構成会社等を区分しないで計算した場合の実質ベースの所得除外額（国別報告事項等における租税特別措置法第66条の4の4第1項の事業が行われる国または地域と所在地国が同一である構成会社等（無国籍構成会社等その他一定のものを除く）に係るものに限る）。

　なお，共同支配会社等については，構成会社等に係る適用免除基準に準じた一定の要件を満たす場合には，適用免除を受けることができる。共同支配会社等については，構成会社等の適用免除基準（国別報告事項セーフハーバー）の判定で国別報告事項等の記載金額を使用する部分に，連結等財務諸表に記載される金額を使用することによって判定することとされている（令和5年改正法附則第14条第3・4項）。

（2）適用免除基準（国別報告事項セーフハーバー）

　グローバル・ミニマム課税の導入に伴う企業の事務負担に配慮することを目的として，令和6年4月1日から令和8年12月31日までの間に開始する各対象会計年度（令和10年6月30日までに終了するものに限る）については，その各対象会計年度に係る国別報告事項（租税特別措置法第66条の4の4第1項に規定する国別報告事項をいい，連結等財務諸表を基礎として作成されたものに限る）また

はこれに相当するもの（以下「国別報告事項等」という）における記載内容に基づき，次のいずれかの要件を満たす構成会社等（無国籍構成会社等その他一定のものを除く）の所在地国における適用免除基準（デミニマス）により計算される構成会社等に係るグループ国際最低課税額の金額を零とすることを選択できる（令和5年改正法附則第14条第1・2項）。

　（**イ**）　デミニマス要件（次の要件を全て満たすこと）（令和5年改正法附則第14条第1項第1号）

　　A　国別報告事項等に記載されるその構成会社等の所在地国に係る収入金額に一定の調整を加えた金額が1,000万ユーロ未満であること

　　B　国別報告事項等に記載されるその構成会社等の所在地国に係る税引前当期利益の額に一定の調整を加えた金額（以下「調整後税引前当期利益の額」という）が100万ユーロ未満であること

　（**ロ**）　簡素な実効税率要件（令和5年改正法附則第14条第1項第2号）（OECD［2022］公表と同じ）

　次の計算式による簡素な実効税率が，次の対象会計年度の区分に応じた割合以上であることが条件となる。

$$簡素な実効税率＝\frac{連結等財務諸表に係る法人税の額等に一定の調整を加えた金額の国別合計額}{調整後税引前当期利益の額（0を超えるものに限る）}$$

　令和6年4月1日から同年12月31日までの間に開始する対象会計年度　15%

　令和7年1月1日から同年12月31日までの間に開始する対象会計年度　16%

　令和8年1月1日から同年12月31日までの間に開始する対象会計年度　17%

　全ての多国籍企業が適用対象となるわけではなく，一定の要件を満たしていればセーフハーバー規定を設けている。移行期セーフハーバーの判定は2会計年度を加味した内容であるため，毎期判定を行っておく必要がある。

　企業は，①セーフハーバーテスト，②実効税率の計算（15%未満），③GloBE所得算定，④トップアップ税計算，⑤調整対象税金算定を求められる。実務コストは生じるものの各子会社のモニタリング，税のガバナンスと整っていくものと考えられる。

[図表8-6] セーフハーバー

- グローバル・ミニマム課税のモデルルールには、実効税率が基準税率（15%）以上である可能性が高いと認められる国又は地域について、実効税率及び国際最低課税額の計算を不要とするセーフハーバーが規定されている。
- セーフハーバーにはグローバル・ミニマム課税導入後の一定期間のみ適用できる移行期間CbCRセーフハーバーと恒久的セーフハーバーがある。
- これらのセーフハーバーのうち、移行期間CbCRセーフハーバーのみ、令和5年度改正において規定。
- 移行期間CbCRセーフハーバーでは、国別報告事項（CbCR：多国籍企業グループの国別の所得、納税額の配分等、多国籍企業グループの活動状況に関する情報。我が国では平成28年度税制改正において措法66の4の4で規定）の情報を計算の一部で使用している。

令和5年度改正で対応

恒久的セーフハーバー

※「簡素な計算」については、OECDで議論中

次の要件のいずれかを満たした国又は地域の国際最低課税額を零とする。

デミニマス要件

次の要件の全てを満たすこと。
▶「簡素な計算」に基づく国別の平均収入の額が1,000万ユーロ未満であること
▶「簡素な計算」に基づく国別の平均の所得・損失の額が100万ユーロ未満であること

簡素な実効税率要件

次の計算式で計算される簡素な実効税率が15%以上であること。

$$簡素な実効税率 = \frac{「簡素な計算」に基づく国別調整後対象租税額}{「簡素な計算」に基づく国別グループ純所得の額}$$

通常利益要件

「簡素な計算」に基づく国別グループ純所得の額が実質ベースの所得除外額以下であること

移行期間CbCRセーフハーバー

※令和8年12月31日以前に開始し令和10年6月30日以前に終了する対象会計年度のみ適用可能

次のいずれかの要件を満たした国又は地域の国際最低課税額を零とする。

デミニマス要件

次の要件の全てを満たすこと。
▶CbCRにおける国別の総収入金額が1,000万ユーロ未満であること
▶CbCRにおける国別の税引前当期利益の額が100万ユーロ未満であること

簡素な実効税率要件

次の計算式で計算される簡素な実効税率が15～17%以上であること。

$$簡素な実効税率 = \frac{連結等財務諸表に係る法人税等及び法人税等調整額の国別合計額}{CbCRにおける国別の税引前当期利益の額※}$$

通常利益要件

CbCRにおける国別の税引前当期利益の額が、法法82の2①一イ（2）で算出される実質ベースの所得除外額（CbCR上該当国・地域に居住する構成会社等に係る金額に限る。）以下であること。

※法法82の2②一の国別実効税率と同様、分母が零を超えるものに限り、計算する。

4　申告および納付

　申告について，特定多国籍企業グループ等に属する内国法人は，その対象会計年度の課税標準国際最低課税額がない場合を除き，各対象会計年度終了の日の翌日から1年3月以内に，税務署長に対し，その対象会計年度の課税標準国際最低課税額，各対象会計年度の国際最低課税額に対する法人税の額等の事項を記載した申告書（国際最低課税額確定申告書）を提出することとされた（法人税法第2条第31号の2，第82条の6第1項）。

　納付について，申告書を提出した内国法人は，その申告書の提出期限までに，各対象会計年度の国際最低課税額に対する法人税を国に納付することとされた（法人税法第82条の9）。

　情報申告の導入により，税務調査，二重課税，租税訴訟までが想定される。国外所得への課税[9]について等と，今後の課題は多くある。

5　むすび

　OECDは，2021年10月（OECD/G20 Base Erosion and Profit Shifting Project [2021]）に包括的枠組みを取り決め，各国は国内法に導入を試みている。なお，詳細事項は徐々にアップデート[10]していく方針となっている。OECDは，インターネットを通じて事業を展開している多国籍企業への課税や法人税を市場国へ公平かつ適切に分配できるとしている。

　日本においても，足並みをそろえ令和5年度与党税制改正大綱において，「法人税の引下げ競争に歯止めをかけるとともに，わが国企業の国際競争力の維持及び向上にもつながるものであり，わが国においても導入を進める」と基

9　一般財団法人法曹界編［2018］『租税訴訟の審理について（第3版）』「第10章証拠」を参照されたい。米国でも国外情報の取扱いをめぐって議論が起こっている。PATRICK W. MARTIN, SEBASTIEN N. CHAIN, LUZ VILLEGAS-BAÑUELOS［2023］を参照。

10　執筆時最新のもので，2023年7月17日運営指針（Administrative Guidance），GloBE情報申告書（GIR：GloBE Information Return），租税条約上の最低課税ルール（STTR：Subject to Tax Rule）に文書が公表されている。

本的な考え方を示し，国際的な合意に沿った法制度を導入する背景となっている。

また，OECD の解釈と国内法の解釈，また各国のグローバル・ミニマム課税の取扱いが一致しているとは言い難い。

本税制について，賛同する者もいれば反対する者もいる[11]。要約すると，賛同する者はたとえ複雑な税制になろうとも，これでタックスヘイブンの撲滅，低い法人税率や優遇税制によって外国企業を誘致する動きを防ぎ，企業間の公平な競争条件を確保できると主張する。反対する者からはそもそも制度が複雑すぎる，執行ができない，OECD 加盟国の平均税率を踏まえなぜ15％なのか，なぜ連結総収入金額が 7 億5,000万ユーロ以上のみなのか（中小企業は含めるべきか），どのような論理で本制度を説明し，帰属・納税地，課税管轄を考えるのか，二重課税の増加や租税訴訟の増加が増えるのではないか，またこれまで築いてきた同盟国との国際協力が薄れるのではないか等の意見がある。これらもポジションによって意見は異なると考えられる。

いずれにせよ，紆余曲折はあったものの OECD は，税率差アプローチを採用した。2013年 2 月の税源浸食に対する対応の方向性を示した OECD［2013］「税源浸食と利益移転への対応（Addressing Base Erosion and Profit Shifting）」から方向性は変わっていないものと考えられる（BePS 1.0から BePS 2.0）。

グローバル・ミニマム課税については論点が多く，引き続き検討していかなければならない重要論点である。

【参考文献】

OECD［2013］"Addressing Base Erosion and Profit Shifting".

OECD［2015］"Public Discussion Draft BEPS ACTION 3：STRENGTHENING CFC RULES".

OECD/G20 Base Erosion and Profit Shifting Project［2021］"Statement on a Two-Pillar Solution to Address the Tax Challenges Arising from the Digitalisation of the Economy".

OECD［2022］"Tax Challenges Arising from the Digitalisation of the Economy –

11　米国の共和党・民主党の議論や pillar 2 に係るディスカッション・ドラフトでの意見を参照されたい。

Commentary to the Global Anti-Base Erosion Model Rules (Pillar Two)".

OECD [2023a] "frequently asked questions" 5. Which MNEs are in scope of the global minimum tax rules?.

OECD [2023b] "Tax Challenges Arising from the Digitalisation of the Economy – GloBE Information Return (Pillar Two)".

Patrick W. Martin, Sebastien N. Chain, Luz Villegas-bañuelos [2023] "Six Weeks, Three International Information Reporting Decisions" Tax Notes, September 18.

青山慶二 [2021]「OECD/IF による新しいデジタル経済の課税ルールの国際合意への見通し―デジタルビジネスの課税根拠の検討の観点から」『日税研論集』第79号。

青山慶二 [2022]「日本企業への影響」『ジュリスト』第1567号。

一般財団法人法曹界編 [2018]『租税訴訟の審理について（第3版)』法曹界。

経済産業省 [2021]「最低税率課税制度及び外国子会社合算税制のあり方に関する研究会報告書」最低税率課税制度及び外国子会社合算税制のあり方に関する研究会。

国税庁 [2023]「グローバル・ミニマム課税への対応に関する改正のあらまし」令和5年4月。

本庄資 [2015]「国際課税における重要な課税原則の再検討（第16回）BEPS Action 3 （CFC ルールの強化）のディスカッション・ドラフトとビジネス界・主な租税実務家の意見の焦点」『租税研究』第793号。

本庄資 [2014]『国際課税における重要な課税原則の再検討　上』日本租税研究協会。

本庄資 [2016]『国際課税における重要な課税原則の再検討　中』日本租税研究協会。

本庄資 [2018]『国際課税における重要な課税原則の再検討　下』日本租税研究協会。

成道秀雄編 [2021]『日税研論集』第79号。

吉村政穂 [2023]「国際合意を踏まえたミニマム課税の法制化」『ジュリスト』第1588号。

（大城　隼人）

計算技術のデジタル化が国際課税の分野にもたらす問題

1 はじめに

　企業の会計および税務においては，利益あるいは所得の把握の過程で，計算技術が欠かせない。計算技術は，指や紙と筆記用具を経て，電子式卓上計算機（電卓），そして，電子計算機（コンピューター）の発明により，飛躍的な向上を遂げてきた。コンピューターの登場は，膨大な計算量を高速に処理することができるという点で画期的なものであり，計算技術のデジタル化という転換点となった。

　国際投資は，通常，居住地国（資本輸出国）から源泉地国（資本輸入国）へという方向で行われ，逆方向に配当される（**図表9-1参照**）。

[図表9-1] 国際投資の原型

　資本輸出中立性と，資本輸入中立性という議論は，二国間投資および配当を前提するものであり，したがって，これに基づいて設計された制度もまた二国間が前提となる。しかし，タックス・ヘイブンを利用した租税回避行為のように，多国籍企業の租税回避行為を実質的に支援する第三国の出現は，状況を少

し複雑にする（**図表9-2参照**）。

[図表9-2] 第三国を介した国際投資

　日本を含む多くの国においては，タックス・ヘイブン税制（CFC税制）が整備されているが，租税条約や国家間の税法規定の相違による問題は完全な解決には至っていない。旧来の国際的租税回避行為は，国家間の法人所得税率が異なることを前提として，相対的に税率の高い国の法人が，相対的に税率の低い国の法人に所得を移転するというものであり，その原因は税率差異であった。移転価格税制，過少資本税制・過大支払利子税制，タックス・ヘイブン税制（CFC税制）はこのような問題への対処として位置付けられる。

　しかし，国際的な租税回避を可能にしているのは，税率差異だけにとどまらず，租税条約の存在も無視できない程度に大きい。このことは，外国への直接投資から間接投資へのシフトを促すことにも繋がっている。

　本章では，国際的間接投資に焦点を当て，計算技術のデジタル化，高速化がもたらす問題について検討する。

2　国際税ネットワークにおける導管国

　国際法人税制度をネットワークと捉え，多国籍企業が利益を本国に送金する際の税負担を最小限に抑える最適な経路，すなわち，最短経路を探索する研究として，まず，Riet and Lejour [2018] を取り上げる。Riet and Lejour [2018] の骨子はつぎのとおりである。

　最短経路探索の方法論は，輸送ネットワークにおける最短経路の決定に似ており，この分析における国際税ネットワークは108カ国から構成される。経路

210 第Ⅱ部 デジタル社会の国際税務における諸問題

探索は，108カ国の各ペア間の配当の支払いと受取りの税負担を表すマトリックスにまとめられ（1万以上の組み合わせが存在する），このマトリックスは，グラフ理論に基づく Floyd–Warshall アルゴリズム（重み付き有向グラフの全ペアの最短経路問題を多項式時間で解くアルゴリズム）に入力され，効率的に実行される。

　源泉地国Sに子会社があり，居住地国Pに親会社がある多国籍企業を考えてみる。源泉地国Sは税率 t_S で法人税を，子会社の配当に対して非居住者源泉徴収税 w_S を課し，居住地国Pは税率 t_P で法人所得税を課すものとする。ただし，源泉地国Sと居住地国Pが租税条約を締結している場合，優遇税率 w_{SP} $\leq w_S$ が適用される場合がある。そして，居住地国は国外源泉所得に対して自国の法人税率 t_P により課税するものとし，居住地国Pが適用する一般的な二重課税軽減措置を rm_P をとする。なお，居住地国Pの租税条約には条約相手国である源泉地国Sに対してより広範な二重課税軽減措置を提供する協定が含まれている場合があり，これを rm_{SP} とする。それぞれの場合における統合税率（Combined Tax Rates）はつぎのとおりである。

① 所得控除方式の場合

$$t^e_{SP}(\text{deduction}) = 1 - (1 - t_S)(1 - w_{SP})(1 - t_P)$$

② 税額控除方式の場合

$$t^e_{SP}(\text{credit}) = \max\{ 1 - (1 - t_S)(1 - w_{SP}),\ t_P\}$$

③ 国外所得免除方式の場合

$$t^e(\text{exemption}) = 1 - (1 - t_S)(1 - w_{SP})$$

つぎに，源泉地国Sと居住地国Pの間の直接経路距離，つまり，税負担 d_{SP} を，源泉地国S源泉徴収税率 w_S と親会社の居住地国Pの法人税率 t_P との間における二重課税調整方法の相違により，以下のように定義する。なお，源泉地国Sの法人税 t_S は，二重課税調整方法に関係なく常に支払われるため，この分析において考慮不要[1]である。源泉地国Sの法人税 t_S を除外した税負担率を二国間経路の距離とすると，つぎのとおりとなる。

①' 所得控除方式の場合の二国間経路距離

---

1 ①〜③の計算式における $t_S = 0$ として①'〜③'の計算式を求める。

$$d_{SP}(\text{deduction}) = 1 - (1 - w_{SP})(1 - t_P)$$

②′　税額控除方式の場合の二国間経路距離[2]

$$d_{SP}(\text{credit}) = \max\{w_{SP}, (t_P - t_S)/(1 - t_S)\}$$

③′　国外所得免除方式の場合の二国間経路距離

$$d_{SP}(\text{exemption}) = w_{SP}$$

　課税距離 d_{SP} は，源泉地国 S の子会社の利益に対する二重課税を表しているため，標準的な二重課税の調整控除と一般的な源泉徴収を適用した場合，特定のペア（ルート）における完全な二重課税 $d_{SP}{}^{\max}$ は，以下のように表される。

$$d_{SP}{}^{\max} = 1 - (1 - w_S)(1 - t_P)$$

　このとき，二重課税調整は，完全二重課税と実際の課税との差額であり，その距離はつぎのように表される。

$$d_{SP}{}^{\max} - d_{SP}$$

　このように，課税距離 d_{SP} は二国間の直接配当の本国送金税率を意味するため，これが大きいほど税負担が小さいことになる。

　そして，源泉地国 S と居住地国 P との間に，導管国 C を追加すると，租税条約ネットワークは**図表 9 - 3** のように描くことができる。**図表 9 - 3** における配当の間接的な本国送金の可能性を考えると，税負担が低い場合，つまり $1 - (1 - d_{SC})(1 - d_{CP}) < d_{SP}$ の場合，直接ルートおよび間接ルートのいずれの場合も源泉地国 S の法人税 t_S を負担するため，税負担比較には関係がない。したがって，導管国 C は，中間源泉地国としても中間居住地国としても機能することになる。

　国際税務ネットワークにおける中心的尺度（Centrality Measure）は，導管国としての役割の必要条件となることから，これを利用して導管国を特定する。ネットワーク内のすべての国のペア間のすべての最適経路（Optimal Route）が与えられた場合，中間中心性（Betweenness Centrality）は次のように定義される。すなわち，特定の国について，源泉地国 S から居住地国 P への最適な経

2　源泉地国 S の法人税 ts を考慮外に置いているため，分数式において二国間税率差異を税引後配当額で除し，t_S を超過する t_P を計算している。

[図表9-3] 租税条約ネットワークにおける導管国を介した距離の定義

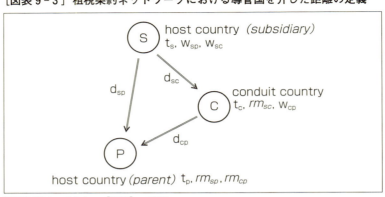

(出所) Riet and Lejour [2018] p. 1327.

路上に存在する回数を数え，この数を最適経路の総数で除す。そして，指定された国が最初の源泉地国または居住地国であるペアを除くＳとＰのすべてのペアについて，これらの分数を合計する。

　二重課税は国によって異なり，投資の居住地国または源泉地国の二国間直接配当本国送金税率を平均する。インバウンド配当の平均税率が低ければ，その国は企業の居住地として魅力的といえる。オランダとフィンランドは，この点でランキングの上位に位置し，平均率はそれぞれ約3.4％と約3.7％となっている（**図表9-4**参照）。これと対照的に，米国の平均率は約16.7％と高い。これは，米国企業が法的居住地をこれらのヨーロッパ諸国のどこかに移せば，世界中からの配当に対する税負担を10％以上削減できることを意味する。なお，低タックス・ヘイブンは，二重課税防止条約がないかほとんどないため，上位にランクされてない。

　米国の子会社から中国の親会社への配当の本国送金を例に検討すると，米国の一般的な非居住者の配当に対する源泉徴収税は30％，中国のCITは25％であり，二重課税は47.5％（＝1－(1－0.30)×(1－0.25)）となる。米国と中国の租税条約は，10％の源泉徴収税を規定しているため，本国送還税率は10％となる。

　条約ショッピングは，つぎの２つの理由で本国送還税率を引き下げる。

[図表 9 - 4] インバウンド配当の平均本国送金税率

Country	Relief method	CIT	DTT (no.)	Avg.rate	Rank
Netherlands	Exemption	25.0	74	3.39	1
Finland	Credit#	24.5	59	3.65	2
UK	Exemption	23.0	51	3.75	3
Luxembourg	Exemption	29.2	57	4.03	5
Switzerland	Exemption	21.0	71	4.93	9
Ireland	Credit	12.5	53	5.58	11
Canada	Credit#	26.3	75	6.40	18
USA	Credit	39.1	54	16.67	64
Bahamas	Exemption	0.0	0	17.39	75
World average		29.2		11.88	

#Credit system but exemption for treaty partners
（出所）Riet and Lejour［2018］p. 1333.

① 企業が源泉徴収税の低いルートから恩恵を受けることであり，これは税
　負担軽減の大部分を説明している。
② 企業が本国でより大きな二重課税軽減措置の恩恵を受けるようなルート
　を選択することであり，これは自国の法人税の平均税率の低下に反映され
　ている。

　多国籍企業が最適なルートを使用する場合，全世界の本国送金された配当フ
ローのわずか0.3％しか導管国の税務当局によって現金化されていない（**図表
9 - 5**参照）。
　中国から米国に本国送金された配当については，トリート・ショッピング・
ゲインは生じ得ず，直接ルートの18.8％の本国送還税率はそのままである。し
かし，逆方向の場合，トリート・ショッピング・ゲインにより本国送還税率が
完全になくなる。このことは，同一の経路であっても，方向によって距離が異
なることを意味している。
　追加課税なしで米国から配当を受け取ることができる国は12カ国あり，中国

214 第Ⅱ部　デジタル社会の国際税務における諸問題

[図表 9-5] 導管国における課税率

	Direct	Optimal
WTH div	7.7	2.1
CIT home	4.5	3.8
Double	11.9	5.9
Host	7.7	2.1
Conduit		0.3
Home	4.2	3.4

（出所）Riet and Lejour［2018］p. 1334.

への配当に課税されない国は22カ国ある。そして，これらのグループの交差点は，2つの国で構成されている。したがって，米国と中国の間には2つの最適なルートがあり，配当の本国送還税がゼロの導管国が1つだけあることになる。そして，これらの国は導管国として頻繁に使用される英国とルクセンブルグである。

米国から中国への2つの最も厳密な最適経路が見つかり，それぞれに，英国とルクセンブルグという1つの導管が存在することがわかったが，55の関連する経路が追加され，これにはすべて2つの導管があり，その中には再び英国とルクセンブルグだけでなく，オランダ，アイルランド，フィンランドも含まれることがわかる。

なお，タックス・ヘイブンのほとんどは，配当に対して非居住者源泉税も課していないにもかかわらず，キプロスを除いて，それらは中心性の尺度で高くランク付けされていない。これは，二重課税防止租税条約（DTT）がまったくないか，数が少ないことが原因である。タックス・ヘイブンは，配当を本国に送金する導管機能に大きく貢献していないが，その理由は，他の国が自国への利益の流れに対して比較的高い源泉徴収税率を適用しているためである。ただし，タックス・ヘイブンの金融センターは上位にランクされ，ルクセンブルグ，シンガポール，アイルランドがトップ10に入っている（**図表9-6**参照）。

導管国は，外国直接投資（FDI）の転用と配当の流れに対する税の最適化に

第9章　計算技術のデジタル化が国際課税の分野にもたらす問題　*215*

[図表9-6]　主要な導管国

	Country	WHT^{div} (%)	DTT (no.)	BTWNS (%)
1	UK	0	51	13.4
2	Luxembourg	15	57	8.4
3	Netherlands	15	74	7.7
4	Estonia	0	36	6.7
5	Hungary	0	47	6.2
6	Singapore	0	40	6.1
7	Ireland	20	53	5.6
8	Slovak Republic	0	42	5.3
9	Finland	24.5	59	4.7
10	Cyprus	0	35	4.5

（出所）Riet and Lejour［2018］p. 1336.

とって重要であるが，平均本国送還税率への影響は非常に小さい。パイプラインとしての国のグループを排除しても，十分に接続された国の大規模なグループが残っている限り，影響はほとんどない。このことは，条約漁りに対抗するには大規模な国際協力が必要であることを暗示している。

3　租税条約ネットワークの可視化

　多国籍投資家は間接投資経路を使用して配当に対する税金の削減を企図することに着目し，実際の多国間租税条約ネットワークを表す税率マトリックスを構築することにより，租税条約ネットワークにおける税金を最小化する直接または間接の投資経路に関する研究として，Hong［2018］を取り上げる。その内容は，およそ以下のとおりである。

　まず，この研究では，租税条約ネットワーク内の国間の最短経路探索については，ネットワーク・アプローチに基づいて，70カ国間の租税条約のネットワークにおける税を最小限に抑える投資ルートの構造を調べている。この租税条約ネットワークは，各入力値が配当に対する最低源泉徴収税（WHT）率と

して定義され，関連する租税条約および税法によって決定される税率マトリックスとして表される。なお，ルート内の通過国の最大数が増加すると，ルートの数が指数関数的に増加し，アルゴリズムの計算負荷または実行時間も指数関数的に増加するため，1つのルートで通過する国は多くても2つと仮定している。

この租税条約ネットワークにおいて，投資家は26カ国への直接投資ルートを選択することにより，配当に対する税金を最小限に抑えることができる。これらの国では，配当に最低源泉徴収税を課していないか，配当に最低源泉徴収税を課すことができない帰属制度がある。また，投資家は残りの44カ国への間接的な投資ルートを選択することにより，配当に対する課税を最小限に抑えることができる可能性がある。

なお，居住国課税は減税ルートの定義に含まれないことには注意が必要である。居住国は与えられて固定されているため，外国税額控除制度や国外所得免税制度があれば，居住国の課税が租税負担軽減ルートの構造に影響を与えることはないためである。

通常の直接経路と最小税経路の外国税率の差として定義される「条約漁り税率（treaty shopping rate）」が平均約3.66％であり，税負担を最小限に抑えるルートを使用することにより，多国籍投資家は配当の税率を3.66％引き下げることができ，相対的に税率を29.07％引き下げることができることが示されている（**図表9-7**参照）。

租税条約ネットワークにおける居住地国と源泉地国のペア152組（3.1％）については，2つのパススルー国を持つ税を最小限に抑える間接ルートがある。

図表9-8に記載されている資本輸出居住地国の中では，フランス（FR），スウェーデン（SE），スイス（CH）が，税を最小化する直接ルートの数が最大となっている。フランスからは61，スウェーデンからは60，スイスからも60の免税直接ルートがある。これと対照的に，カナダ（CA），日本（JP），韓国（KR）では，税負担を最小限に抑える直接ルートの数が最も少なくなっている。カナダからは32，日本からは37，韓国からは35の減税直通ルートとなっている。

図表9-9は，最も一般的なパススルー国を示している。「Treaty」列は，その国が70カ国のうちのいずれかと締結している租税条約の数を示し，

[図表 9 - 7] 租税条約ネットワーク変数の記述統計

Variable	Description	Obs	Mean	SD	Min	Max
$DIRECT_{ij}$	Existence of a tax-minimizing	4,830	0.61	0.49	0	1
$DIRECTS_{ij}$	direct route from i to j	4,830	0.75	0.43	0	1
$TSHOP_{ij}$	Treaty shopping rate among	4,830	3.66	6.27	0	34
$TSHOPS_{ij}$	routes from i to j	4,830	2.29	5.03	0	30
$PASS_{ij}$	Percentage of tax-minimizing	4,830	0.98	4.15	0	100
$PASSS_{ij}$	indirect routes to j through i	4,830	2.51	11.58	0	100

(出所) Hong［2018］p. 1287.

「PASS」列はパススルー国ごとのパススルー率の合計を示している。

英国 (GB)，マルタ (MT)，エストニア (EE)，スロバキア (SK)，ハンガリー (HU)，およびキプロス (CY) が，最も一般的なパススルー国の上位10位にランクされている。2015年7月時点で，これらの EU に属しているすべての国は配当に WHT を課していない。ラトビア (LV) も総パススルー率で上位10位にランクされており，WHT 免除と EU 加盟という同じ特徴を持っている。ベルギー (BE)，香港 (HK)，およびスペイン (ES) も主要なパススルー国である。通常，配当に源泉税が課されるが，ベルギーとスペインは70カ国の中で最も多くの租税条約を締結しており，源泉税率をほぼゼロに保っている。

米国 (US) から中国 (CN) へは，香港 (HK) またはオランダ (NL) を経由する節税の間接ルートがある。このことは，米国の多国籍企業であるスターバックス・コーポレーションが，香港の持株会社であるスターバックス・アジア・パシフィック・インベストメント・ホールディング II Ltd. を通じて，中国の子会社であるスターバックス（中国）カンパニー Ltd. を間接的に所有および運営していたという事例証拠と一致している。

以下に，主要国における税金を最小限に抑えるルートの例を視覚的な図で示す（**図表 9 -10〜図表 9 -14**）。

218　第Ⅱ部　デジタル社会の国際税務における諸問題

[図表9-8] 居住地国からの税負担最小化ルート

Home	Direct route	1 Indirect route	1 Indirect source	2 Indirect route	2 Indirect source	TSHOP
AT	55	90	13	16	1	1.18
CA	32	308	35	20	2	2.76
DK	57	74	12	0	0	1.05
FI	59	28	10	0	0	0.98
FR	61	36	8	0	0	0.53
DE	59	46	9	17	1	0.74
GR	55	73	13	16	1	1.88
IS	53	121	15	16	1	1.92
IE	55	86	13	16	1	1.23
IT	53	103	15	16	1	1.56
JP	37	323	30	32	2	3.56
KR	35	264	31	85	3	3.15
LU	57	62	11	16	1	0.90
NL	59	53	9	18	1	0.63
NO	54	102	15	0	0	1.73
ES	57	78	11	16	1	1.25
SE	60	37	9	0	0	0.66
CH	60	30	9	0	0	0.55
GB	58	69	11	0	0	0.92
US	41	316	27	21	1	2.55

(出所) Hong [2018] p. 1291.

[図表 9 - 9] 一般的な導管国

Country	WHT system	Treaty	PASS	Rank	vRL rank
GB	No WHT	60	411.41	1	1
MT	No WHT	51	312.81	2	10
EE	No WHT	43	297.18	3	3
SK	No WHT	49	283.71	4	8
HU	No WHT	56	255.44	5	5
LV	No WHT	41	251.93	6	31
CY	No WHT	39	245.12	7	9
BE		61	225.09	8	17
HK	No WHT	27	195.40	9	22
ES		62	194.69	10	15

(出所) Hong［2018］p. 1292.

　中国（CN）への税負担軽減ルートのネットワーク図（**図表 9 -10**参照）において，塗りつぶされた四角は送信元の国を表し，黒丸は，税金を最小限に抑える直接ルートを持つ居住国を表す。空白の円は，それぞれ，税金を最小限に抑える間接ルートを持つ居住国を表し，各矢印はルートの方向を示している。31の居住国から中国への31の節税直接ルートがあり，さらに，38の居住国から中国への590の免税間接ルートがある。通過国が 2 カ国で，税金を最小限に抑える間接ルートは存在しない。

220 第Ⅱ部 デジタル社会の国際税務における諸問題

[図表9-10] 中国を源泉地国とする租税条約ネットワーク

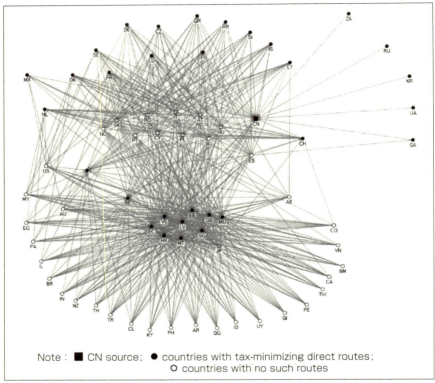

Note: ■ CN source; ● countries with tax-minimizing direct routes; ○ countries with no such routes

(出所) Hong [2018] p. 1293.

[図表9-11] 米国を居住地国とする租税条約ネットワーク

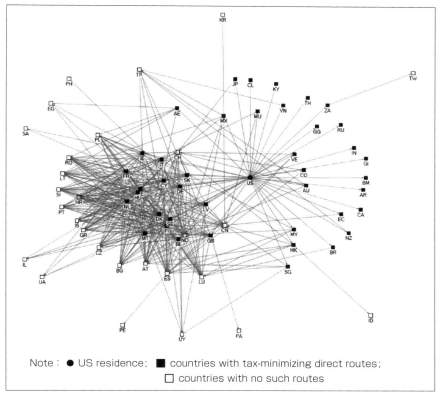

(出所) Hong [2018] p.1294.

　米国 (US) からの税負担軽減ルートのネットワーク図 (**図表9-11参照**) において，黒丸は居住国を表し，黒塗りの各四角は，税金を最小限に抑える直接ルートを持つソース国を表す。空白の各四角は，税金を最小限に抑える間接ルートを持つソース国を表し，各矢印はルートの方向を示している。

　米国から41の源泉国への41の税金を最小化する直接ルートがあり，米国から27の源泉国への通過国が1つである316の税軽減間接ルートがある。

222 第Ⅱ部 デジタル社会の国際税務における諸問題

[図表 9-12] 日本を居住地国とする租税条約ネットワーク

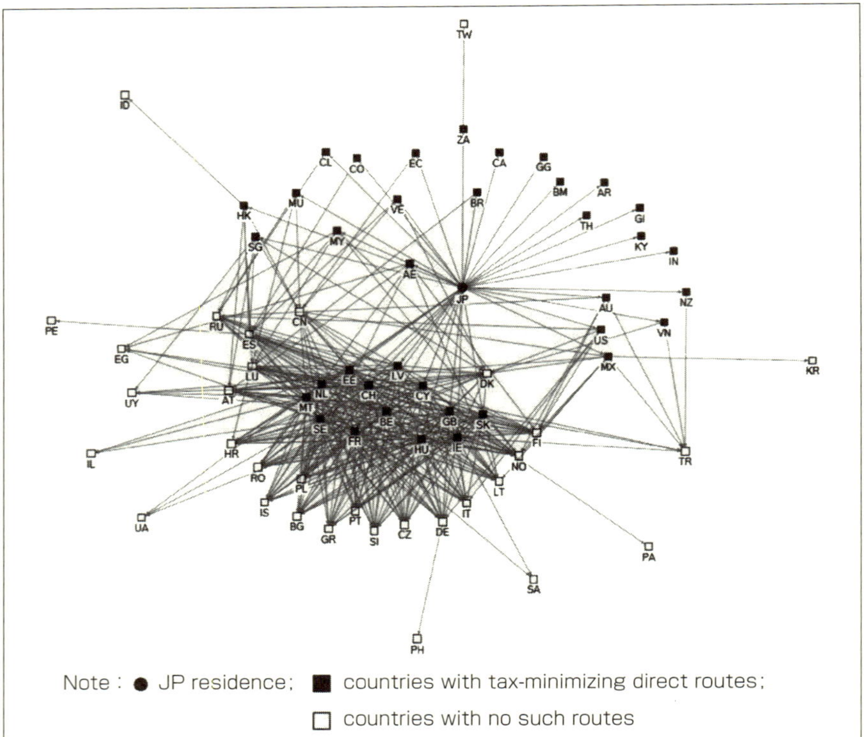

Note： ● JP residence； ■ countries with tax-minimizing direct routes；
□ countries with no such routes

（出所）Hong［2018］p. 1316.

　このように，税金を最小限に抑える間接ルートを使用すると，多国籍投資家
が負担する配当に対する税金を大幅に削減することが可能となる。租税負担最
小化となる経路を介した投資ストックは，通常の経路である直接投資ルートを
介したストックの約2.14倍にも膨れ上がっている。
　このような現状において，直接ルートが減税とならない場合，租税を最小限
に抑える間接ルートの使用を防止するため，つまり条約ショッピングを防止す
るために，各国は直接ルートを減税にするための新しい租税条約の交渉を検討
する必要がある。なお，これらの国は必ずしも税収の損失を経験するわけでは
ない。なぜなら，新しい条約により，直接的なルートの税が最小限に抑えられ，

より多くの外国投資が引き寄せられるからである。

　この研究では，条約ネットワーク分析の妥当性を確認するために，配当に関する最小経路探索が検討され，FDI データに焦点を当てているが，FDI の集計データは多国籍企業の実際の所有構造（つまり投資ルート）を明らかにしていないという限界があることを自ら指摘している。したがって，ネットワーク分析の妥当性を確認するには，多国籍企業が間接所有構造を組織するかどうか，および直接所有構造が税金を最小化しない場合にどのように組織するかを調べることが重要となる。

4　租税条約漁り

　租税条約ショッピングが存在する状況下で，FDI に対する DTT の影響を考察した研究として，Petkova et al.［2020］を取り上げる。この研究も，DTT は二国間の問題と見なすことはせず，ネットワークとしてみなす必要があるという視点に立っている。Petkova et al.［2020］の骨子はつぎのとおりである。

　課税距離を「企業所得をある国から別の国に運ぶコスト」と定義し，中間管轄区域を介した租税条約のショッピングを考慮して，任意の 2 つの国間の最短，すなわち，最も税負担が少なくなる距離を計算した。たとえば，二国間の租税条約を考慮した上で，配当金の分配に 5 ％の税金がかかるが，同じ投資がオランダの導管会社を通じて行われる場合，税コストを 0 ％に削減することができる。この研究では，租税条約の存在が，国内法と既存の条約ネットワーク全体の両方で直接税の距離を縮め，すなわち，税負担を軽減し，FDI を約18％増加させることが示されている。

　間接ルート上に 2 つの導管が含まれ，間接的な経路が複雑でコストがかかる場合に，企業は間接的なルートを介して投資をリダイレクトするよりも，少し高価な直接的なルートを選好する。ただし，税負担の増加に対する強い反応は，企業がわずかなプレミアムしか許容しないことを示している。

　租税条約が二重租税条約の既存のグローバルネットワークに関して税負担を軽減する場合，外国投資に影響を与えうることを示した上で，第三国間の条約が国内条約ネットワークの関連性に影響を与える可能性があること，そして，

これは各国が税政策を設定する能力の一部を失うことを意味することが指摘されている。

Lejour et al.［2021］は，オランダの特別目的事業体（SPE）またはペーパー・カンパニーが関与する法人税回避について検討した。Lejour et al.［2021］の概要は，つぎのとおりである。

オランダは主要なタックス・ヘイブンの１つとなっており，オランダを通過しない直接投資の税負担と，オランダを経由する間接投資の税負担を比較し，この税の差額を「条約漁り利得」（Treat Shopping Gain）と捉える。オランダを通過する利子および配当，ロイヤルティの流れの起点と終点の国を含むSPEのデータを分析し，オランダのSPEを使用する多国籍企業の潜在的な税収を評価した。

オランダのSPEを中間ステーションとして使用する（間接投資）場合の出発地と目的地の国の間の直接の資金の流れ（直接投資）とを比較したところ，利子および配当については，節税は行われていないものの，ロイヤルティについては大幅な節税が観察され，失われた税収は１年で約30億ユーロに上ることがわかった。

アイルランドからバミューダへ200億ユーロのロイヤルティの支払いが発生する場合を考える。法人税率はそれぞれ12.5％と０％であり，アイルランドからバミューダへの源泉徴収税率は20％である。バミューダの法人が知的資産を所有している状況で，アイルランド法人からロイヤルティを受け取る場合の課税は40億ユーロ（＝200億×20％）であるが，知的財産（無形資産）がバミューダではなくアイルランドに所在する状況では，課税はアイルランドの法人所得税25億ユーロとなる（＝200億×12.5％）。

無形資産を法人税率０％のバミューダに置くと，この法人グループは15億ユーロの税負担損失を負う。なお，アイルランドは，単に法人税率を下げるだけではなく，源泉徴収税率を法人税率より高く設定していることに留意すべきである。

アイルランドからオランダへの支払いに関する源泉徴収税率は０％であり，さらに，オランダはロイヤルティの支払いには源泉徴収税を課さないことを利用し，資金の流れをオランダ経由に振り替える（Redirect）と，源泉徴収税を

[図表 9-13] オランダを介した税負担軽減スキーム

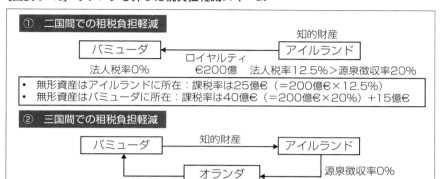

(出所) Lejour et al. [2021] の記述をもとに筆者作成。

完全に回避することが可能となり，租税負担軽減総額は25億ユーロとなる（**図表 9-13**参照）。

　無形資産はアイルランドに所在，さらにオランダ法人を導管とすることにより，課税額を完全に回避することが可能である。なお，いずれの場合も，アイルランドにおける所得にはアイルランドの法人税率12.5％により課税はされる。現実には，ロイヤルティはアイルランド以外の国から入り，最終的にはバミューダ以外の国に出て行くことになる。

　法定税率に基づくアプローチでは，ロイヤルティの流れを除いて，オランダの持株会社を利用することによるタックス・プランニングによる利益は観察されなかった。ただし，両方のタイプの見積もりが可能なタックス・プランニング利益を捉えられない理由の1つは，利益が他の国で得られる可能性があるためである。

　SPEに関するデータは，収入の流れがオランダを経由し，オランダで生成または保留されていないことを示している。分析結果はオランダがタックス・ヘイブンではなく，導管国であることを示している。出発地または目的地のさまざまな国がタックス・ヘイブンまたは導管国であるという事実は，国境を越えたフローがさまざまな国を通過することを示唆する。

中継国が１国であれば源泉地国と居住地国を結ぶ経路数もそれと同数であるが，中継国が２つに増えると，経路数は一次中継国と二次中継国を乗じた数に一気に増える（**図表9-14参照**）。

また，SPE は，複数の国から支払いを受け，複数の国に支払いを行うことも少なくないため，その場合の SPE はハブとして機能することにも留意しなければならない（**図表9-15参照**）。

CFC ルールを回避することは，ハイブリッド・ミスマッチと組み合わせて，この規定の対象外の法域に追加の持株会社を挿入することによっても達成できる可能性があるが，この研究ではそこまで追えていない。ハイブリッド・ミスマッチとは，D/NI 効果（Deduction/Non-Inclusion Outcome）や DD 効果（Double Deduction Outcome）のことである。D/NI 効果とは，ある支払いが一方の法域において控除され，かつ，他方の法域で所得算入されないものをいい，課税の空白を意味する。そして，DD 効果とは，一方の法域で控除される支払いが他方の法域でも控除されるものをいい，二重控除を意味する。

オランダとアメリカのハイブリッド・ミスマッチとして，オランダのリミテッド・パートナーシップである CV（Commanditaire Vennootschap）の出資者が米国に所在する場合，米国では CV はパススルー（Transparent）として扱われ，オランダでは法人課税がなく，米国でも課税されないというものであり，これは DD 効果の例である。

また，D/NI 効果を持つものとして，負債と資本の要素を併せ持つハイブリッド金融商品（Hybrid Financial Instrument）が知られており，オーストラリア法人が発行する償還優先株式（Redeemable Preference Share）などがこれに該当する。これは，資金調達手段として償還優先株式を利用した場合に，一定の要件を満たした優先配当は，配当を支払うオーストラリア法人において損金算入され，さらに，優先配当を収受した日本法人においては，外国子会社配当益金不算入制度の適用を受けることができるため，オーストラリアでも日本でも課税されない。

経済規模に基づいて予想されるよりもはるかに多くの FDI を投資し，受け取る国が数多くある。多くの場合，これらの国はタックス・ヘイブンであり，資産を一時的に保管し，場合によっては非課税となる。さらに，税を回避また

[図表9-14] 有向グラフと経路数

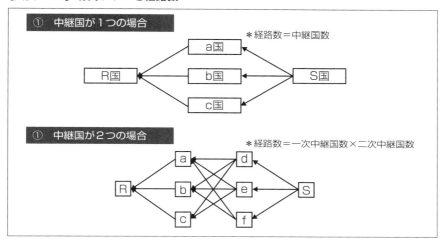

[図表9-15] ハブとして機能するSPE

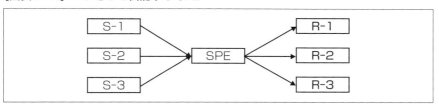

(出所) Lejour et al. [2021] の記述をもとに筆者作成。

は回避するために資金の流れが集まる導管国として,オランダやルクセンブルグを挙げることができる。

　この分析では,直近の出発地と目的地の国しか観察していないため,チェーン全体でタックス・プランニング・ゲインを判断することができない。しかし,条約漁りによる利益（TSG）が平均で10％高くなると,配当の流れが12％,利子の流れが33％,ロイヤルティの流れが60％近く増加することが観察された。

5 線形計画問題

　法定税率の高い国では，借入れによる資金調達（Debt finance）をしようというバイアスが存在し，日本もこのような立場にある（増井・宮崎［2015］216-217頁）。このバイアスへの対策として，過大利子制限税制，過少資本税制等により対応しているが，このような対応が必要であることもまた，日本の置かれた状況を示している。

　実施するかしないかという二者択一の計画問題を，0-1整数計画問題（Zero-one Integer Programming Problem）という。ここで，Luenberger［2014］p.110の数値例を手がかりとしてこの問題の特徴を見ていくことにする。

【設　例】（図表9-16参照）
　・A社は，以下の7つのプロジェクトを行うことを計画している。
　・プロジェクトの支出総額は13.4億円であるが，A社の年間予算は10億円。
　・投資すべきプロジェクトの最適な組み合わせを求める。

[図表9-16] 各プロジェクトの投資判断要素となる数値

（金額の単位：百万円）

項　目	Project 1	Project 2	Project 3	Project 4	Project 5	Project 6	Project 7	合　計
要投資額	200	40	300	100	100	300	300	1,340
収益の現在価値	600	100	700	220	200	500	400	2,720
収益費用比率	3.00	2.50	2.33	2.20	2.00	1.67	1.33	－
正味現在価値	400	60	400	120	100	200	100	1,380
選択解	1	1	1	1	1	0	0	5
費　用	200	40	300	100	100	0	0	740
最適正味現在価値	400	60	400	120	100	0	0	1,080

この問題における最も単純な解法は，投資効率，すなわち収益費用比率の高いプロジェクトから優先的に選択していくというものであろう。この場合，プロジェクト1から5までを選択して7.4億円の投資から18.2億円の収益を得て，10.8億円を獲得することが可能である。

この方法に基づく意思決定は効率性という観点からは正しいものの，法人が目指すべき目標は「利益の最大化」である。経営資源が有限であるという現実的な制約を前提とするならば，「最良の効率性」と「最高の利益」は必ずしも一致しない。投資効率に基づく意思決定によるならば，年間予算10億円という制約の中で7.4億円を投下することになるため，2.6億円が活用されないことになり，ここからはせいぜい預金利子が得られる程度でしかない。そのため，使用可能な資源，すなわち予算を最大限に活用して，最大の利益を生み出す組み合わせを模索することになる。

プロジェクトの数が少なければ総当たりの組み合わせを試してもよいが，プロジェクトが5つを超えると，何個のプロジェクトを選択するかさえ未知であるため，計算は一気に困難になる。そこで，線形計画法により最適解（正確には近似解）を探し出すことになる（**図表9-17**参照）。

[図表9-17] 線形計画法による最適解

(金額の単位：百万円)

項　目	Project 1	Project 2	Project 3	Project 4	Project 5	Project 6	Project 7	合　計
要投資額	200	40	300	100	100	300	300	1,340
収益の現在価値	600	100	700	220	200	500	400	2,720
収益費用比率	3.00	2.50	2.33	2.20	2.00	1.67	1.33	－
正味現在価値	400	60	400	120	100	200	100	1,380
最適解	1	0	1	1	1	1	0	5
費　用	200	0	300	100	100	300	0	1,000
最適正味現在価値	400	0	400	120	100	200	0	1,220

230　第Ⅱ部　デジタル社会の国際税務における諸問題

- 目的関数：$f(x)\,max = 400x_1 + 60x_2 + 400x_3 + 120x_4 + 100x_5 + 200x_6 + 100x_7$
- 制約関数：$f(x) = 200x_1 + 40x_2 + 300x_3 + 100x_4 + 100x_5 + 300x_6 + 300x_7 \leqq 1000$
- その他の制約：$x_i = 0,\ 1$ （$i = 1, 2, 3, 4, 5, 6,\ 7$ ）

　採用されるプロジェクトは，1，3，4，5，6となり，2と7が棄却される。すなわち，10億円の予算を使い切り，22.2億円の収益を得て，12.2億円の利益を獲得するという解を得ることができ，投資効率比較法の10.8億円よりも線形計画法の12.2億円の方が，利益額は13％，1.4億円大きくなる。

　これまでの議論はファイナンス論の分野において論じられているものであるが，ここで，プロジェクト7に投資した場合に節税効果がもたらされることにより，支出が0.5億円減少することとなるという税務上の要因を加味した検討を行う（**図表 9-18**参照，目的関数は$150x_7$，制約関数は$250x_7$にそれぞれ変化）。

　採用されるプロジェクトは，1，2，3，4，5，7となり，6が棄却され，2と7が追加される。9.9億円を投資し，22.2億円の収益を得て，12.3億円の利益を獲得するという結論になり，収益は22.2億で変わらないながら，利益は0.1億上昇する。たった1つの節税効果がこのようにグローバルでの投資行動全体に影響を及ぼすことになるのである。このことは，プロジェクト7の対象国の

[図表 9-18]　プロジェクト 7 に投資した場合の影響

（金額の単位：百万円）

項　目	Project 1	Project 2	Project 3	Project 4	Project 5	Project 6	Project 7	合　計
要投資額	200	40	300	100	100	300	250	1,290
収益の現在価値	600	100	700	220	200	500	400	2,720
収益費用比率	3.00	2.50	2.33	2.20	2.00	1.67	1.60	－
正味現在価値	400	60	400	120	100	200	150	1,430
最適解	1	1	1	1	1	0	1	6
費用	200	40	300	100	100	0	250	990
最適正味現在価値	400	60	400	120	100	0	150	1,230

政府が節税メリットを提供すれば，企業の投資行動を劇的に変化させる誘因となることを示しているとともに，プロジェクト 6 の投資国は被害を受けていることに気付かず，資源配分の効率性も歪むことを意味する。これは，見えざるBEPS というべきものである。

　整数計画問題は実行可能解の数が有限となる場合が多く，理論上はすべての実行可能解を列挙すれば最適解を求めることが可能になるが，問題の規模の増大とともに解の個数が急激に増加するいわゆる組み合わせ爆発が起きるため，全数計算を行うことは実用的ではないことが指摘されている（梅谷［2014］1061頁）。したがって，整数計画問題の解法技術における近年の急速な進化は，厳密な最適解ではないものの，それに近い解を得ることを可能にするため，法人の意思決定に確実に影響を及ぼすことになる。

6　計算複雑性理論

（1）判定問題

判定（Yes/No）問題は，計算複雑性理論の観点からクラス分けされる。
①　クラス P（Class Deterministic Polynomial）
　多項式時間で解く決定性アルゴリズムが存在する問題≒パソコンで現実的な時間内に解ける問題
②　クラス NP（Class Non-Deterministic Polynomial）
　多項式時間で解く非決定性アルゴリズムが存在する問題[3]
・アルゴリズム（Algorithm）：数学やコンピューター解析等の分野において，ある問題を解くための手順を定式化したもの（計算方法）。
・決定性：あるデータ X に対して決まったデータ Y が一意に出力される性質のこと。チューリングマシーン（Turing Machine，計算機を数学的に議論するための概念でパソコンもこの範疇に含まれる）による計算において決定性アルゴリズムが存在するということは，パソコンで解けるという意味に

3　多項式時間で解く決定性アルゴリズムが存在しないということではないことに留意。

近い。
- 非決定性：あるデータ X に対して決まったデータ Y が一意に出力されるとは限らず，確定しない状態のこと。問題を効率的に解けるように毎回状態選択される。非決定性チューリングマシーンで解くということは，効率的な状態遷移性のあるアルゴリズムで解くことを意味する。現時点でそのような性質を持つ機械は実現していない。
- 多項式時間（Polynomial Time）：多項式（定数と定数の積和から成立する式）で表される計算時間を意味し，多項式時間アルゴリズムとは，解くべき時間の入力サイズ n に対して，処理時間の上界（最悪計算量）を n の多項式で表現できるものが存在するアルゴリズムをいう。

判定問題のクラスの関係と計算複雑性の程度は，図表9-19のように整理される。
- NP 完全：NP 問題のうち多項式時間で解ける（多項式時間還元可能）問題であり，NP 困難は「NP 完全な問題と比べて同等以上に難しい」ことを意味する。すなわち，NP 完全はあくまで NP に属する問題で，NP 困難問題は必ずしも NP に属するとは限らない。
- P ≠ NP 予想：計算複雑性理論におけるクラス P とクラス NP が等しくないという予想で，現在も解決できていない予想問題である。多くの数学者

[図表9-19] 判定問題のクラスの関係と計算複雑性の程度

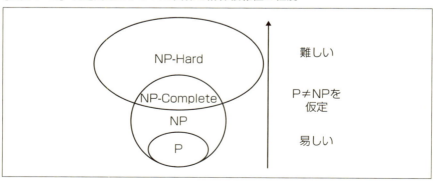

はP ≠ NP を信じているとされるが，証明はなされていない。

NP 完全と NP 困難の関係は，**図表 9 -20**に示すように，2つの捉え方がある。

[図表 9 -20] NP 完全と NP 困難の関係

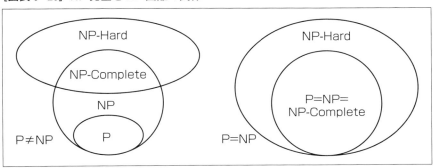

多項式時間で判定可能な問題は，多項式時間で検証可能なので，P ⊆ NP（PがNPの部分集合）は明らかだが，P ⊂ NP（PがNPの真部分集合）は未解明である。もし，いずれかのNP困難な問題を多項式時間で解くアルゴリズムが存在するのであれば，NPのすべての問題について多項式時間で解くことができることになるため，P＝NPが成立する。しかし，P＝NPが成立したとしても，任意のNP困難な問題が多項式時間で解けるとはいえない。

（2）線形計画問題

NP 完全問題であっても，現実には近似的に解けることが多い。線形計画問題（Linear Programming Problem）もその1つ。線形計画問題とは，最適化問題の1つで，目的関数が線形関数となる次の標準型をとる（目的関数の符号を反転させれば最大化問題）。

$$\min \ : \ c^T x$$
$$\text{Sub.to} : \ Ax \geq b, \quad x \geq 0$$

線形計画問題を解くアルゴリズムとして，Dantzigによる単体（Simplex）法

234 第Ⅱ部 デジタル社会の国際税務における諸問題

や内点（Internal Point）法がよく知られている。単体法は，簡単な問題では手計算でも可能である。単体法は実用上十分に高速で，Excel等にも搭載されている分析ツールである（多数の商業用のSolverも存在）。ある程度のデータ量であれば，パソコンでも用いることが可能なものである。ただし，厳密解を得られる保証はなく，初期入力値による影響を受ける可能性がある。なお，単体法は理論的には多項式時間解法ではない。

（3）整数計画問題

つぎの設例は，整数計画問題の代表的なものである。

【設　例】（図表9-21参照）――――――――――――――――――

商品をナップザックに入れて運ぶ場合，売上を10万円以上にする入れ方はあるか。あるとしたら，効用を最大化するためには，どのような入れ方が最適であるか。ただし，このナップザックの重量制限は8kgである。

[図表9-21] 各商品の売上および重量

商　品	A	B	C	D
売　上	60,000円	80,000円	20,000円	40,000円
重　量	4kg	6kg	2kg	6kg

①　判定問題の解答：YES
②　最適解の解答：商品BとCを入れる

ナップザック（Knapsack）問題は，判定（決定，Yes-No）問題（Decision Problem）における整数計画問題（Integer Programming Problem）の一例で商品の数が増えるに従い，計算複雑性が爆発的に増加する。整数計画問題は線形計画問題より難易度が高く，多項式時間アルゴリズムは存在しない。

線形計画問題と整数計画問題は，実行可能領域が異なり，線形計画問題は比較的容易に解けるが，整数計画問題はSolver性能の向上があるとはいえ，解くのは困難である。

7 おわりに

コンピューターの計算能力とアルゴリズムの発達は，このような課税の有無や税率を考慮した投資組み合わせの最適解を，高速かつ正確に探し出すことを可能にしている。

BEPS 報告書は，租税条約の濫用の防止，ハイブリッド・ミスマッチの緩和，税源浸食の制限，有害な税制競争の防止，移転価格の文書化など幅広い対応を進めてきたが，これらの措置の有効性は依然として疑問であるとの指摘がある（Park et al.［2021］p.2）。OECD/G20の国際的合意および EU における CCCTB とその後継の BEFIT のいずれによっても，税率の相違は完全には解消せず，また租税条約も存在し続けることになる。そのため，本章で取り上げた国際税ネットワークにおける経路探索という誘因は，弱まりながらも残り続け，今後も税負担経路探索の誘因となりうるだろう。

本章で取り上げた国際税ネットワークに関する先行研究では，配当に関する最小税負担経路探索が中心であったが，それは現状のコンピューターの計算能力とアルゴリズム開発が発展途上にあるがゆえの制約である。

しかし，Park et al.［2021］は，配当に限定せず，利子やロイヤルティをも含めた３次元空間における最小税負担経路探索の必要性を指摘した上で（**図表9-22参照**），経路が複雑であるため，政府が租税回避行動を追跡して対応することが難しくなっており，多国籍企業による巨額の利益移転は，この点を暗示していると述べている（Park et al.［2021］p.2）。

236　第Ⅱ部　デジタル社会の国際税務における諸問題

[図表 9 -22]　三次元空間における最小税負担経路の概念図

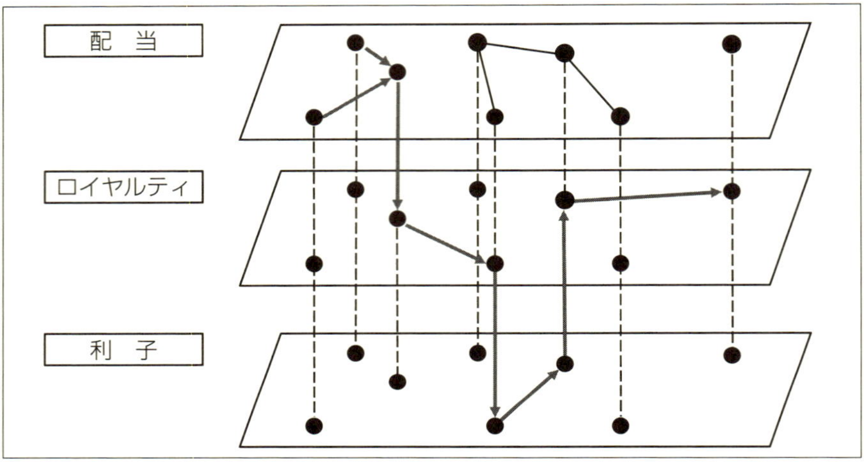

（出所）　Park et al.［2021］p. 4を一部加筆修正。

　将来，現在のコンピューターに代わり，量子コンピューターが普及すると，組み合わせ爆発はいともたやすく解決することになることが予想される。現在のコンピューターと量子コンピューターを比べたとき，あらゆる計算において量子コンピューターが優れているというわけではない。現在のコンピューターは，「ある」，「ない」をそれぞれ「 1 」，「 0 」で表すものであり，たとえば，AとBの有無を計算する場合に，以下の 4 つの組み合わせを計算する必要がある。

　①　 0 　 0 （AもBもない）
　②　 0 　 1 （Aはないが，Bはある）
　③　 1 　 0 （Aはあるが，Bはない）
　④　 1 　 1 （AもBもある）

　これに対し，量子コンピューターは量子の重ね合わせによる計算を行うため，①〜④を 1 回で計算することが可能となり，計算時間が短縮される。
　手計算をコンピューター計算化することをデジタル化というならば，量子コンピューター計算化することはデジタル化2.0とでもいうべきものとなり，そ

れは組み合わせ計算などの特定の分野において，計算時間が劇的に短縮され，現状では不可能な計算が可能となるだろう。それを見据えた税制の構築とともに，国際協調の枠組みを絶えず維持，発展させることが欠かせない。

【参考文献】

Eden, Lorraine [1988], *Equity and Neutrality in the International Taxation of Capital*, "Osgoode Hall Law Journal", Vol.26, No.2, pp.366-408.

Hong, Sunghoon [2018] "Tax treaties and foreign direct investment：a network approach", International Tax and Public Finance, Volume 25, 1277-1320.

Lejour, Arjan, Jan Möhlmann, Jan and Riet, Maarten van't [2021] "The immeasurable tax gains by Dutch shell companies", International Tax and Public Finance, Vol.29, pp.316-357.

Luenberger, David G. [2014] *Investment Science 2 nd ed.*, Oxford University Press, New York.（今野浩・鈴木賢一・枇々木規雄訳 [2015]『金融工学入門（第2版）』日本経済新聞社）

Modiliani, Franco and Miller, Merton Howard [1958] "The Cost of Capital, Corporation Finance and the Theory of Investment", *American Economic Review*, Vol.48, No.3, pp.261-297.

Modiliani, Franco and Miller, Merton Howard [1963] "Corporate Income Taxes and The Cost of Capital：A Correction", *American Economic Review*, Vol.53, No.3, pp.433-443.

Park, Sung Jae, Lee, Kyu-Min and Yang, Jae-Suk [2021] "Navigating optimal treaty-shopping routes using a multiplex network model", PLoS ONE, Vol.16, No.8, pp.1-16.

Petkova, Kunka, Andrzej Stasio and Zagler, Martin [2020] "On the relevance of double tax treaties", International Tax and Public Finance, Volume 27, pp.575-605.

Riet, Maarten van't and Lejour, Arjan [2018] Optimal tax routing：network analysis of FDI diversion, International Tax and Public Finance, Volume 25, pp.1321-1371.

梅谷俊治 [2014]「組合せ最適化入門―線形計画から整数計画まで」『自然言語処理』第21巻第5号，1059-1090頁。

増井良啓・宮崎裕子 [2015]『国際租税法（第3版）』東京大学出版会。

（藤井　誠）

第Ⅲ部

デジタル社会が実務にもたらす
変化と未来

240　第Ⅲ部　デジタル社会が実務にもたらす変化と未来

第10章

社会のデジタル化が帳簿に及ぼす変化

1　はじめに

　グローバル化・デジタル化へと経済社会の潮流が進展し，国家（政府）の役割も不動のものではなく，常に市場との関係を模索する関係にある。社会のデジタル化により主体である個人または社会集団の取引行為の対象である帳簿記帳のシステムも，手書き・紙の帳簿からデジタル帳簿へとその変化が顕著となってきた。

　本稿では，デジタル化の動向は，その帳簿記帳について，本質的な情報の変質・変革をもたらすものであるのか，理論（本質）と制度，制度変化および経済成果の理論上の諸相とそれに伴った制度上の枠組みとの関連性を方法論上の「法と経済学」のアプローチ，社会決定論および技術決定論の相克をも関連づけて検討する。

2　取引行為の事実と価値との関連性

（1）事実と価値

　「事実（fact）」には，両義性がある[1]。取引行為の主体（subject）[2] と客体

1　村上［1975］22頁は，「データ」と「事実」のニュアンスの違いについて，「fact」と「data」を区別しているが，本稿では，data は fact に内包されたものとする。

（object）[3]の関係に照らして考えると，主体は客体（評価の対象）を規制するか，逆に主体は客体に規制されうるか，という価値判断の関係のものとなる[4]。

　前者の観点に従うと，諸概念の価値関連性は，主体の欲求に依存した事実性，現象性に着目する経験的な実践性という観点に従うこととなり，取引行為の価値判断は，個別性の属性を帯びた多義性のものとなる。換言すると，客体は主体の関心によって属性が付与されることになり，個人または社会集団という評価者[5]の欲求に依存した経験的な主観的要素の属性を帯びたものとなる。ここでは，主体自立説ということにする。

　これに対して，主体は客体に規制される観点に従うと，諸概念の価値関連性は，先験的な形而上学的アプリオリズムの合理性基準のアプローチと関連し，取引行為の当事者間の認識，測定は，情報の完全性，雇用の完全性，取引費用ゼロなどの経済的合理性の人格像を想定した客観性の属性を帯びたものということになる。ここでは，客体依存説ということにする[6]。

（2）社会決定論と技術決定論

　上記のように，主体と客体との関連性における事実の両義性は，価値判断を橋渡しとする評価者の媒介・操作概念を組み込むか否かによっても差異が生じる。あらためて，社会のデジタル化を念頭において，事実と価値との関係について，これを媒介・操作する評価者による価値判断の可能性を補完として一瞥しておく。

　取引行為としての事実について，主体自立説は，主体の欲求，社会的な欲求

2　見田［1966］17頁は，個人または社会集団とする。
3　見田［1966］17-18頁は，価値判断の対象となりうる一切のものとして，実在的・非実在的な物体・状態・事件・行為・人間集団・社会集団，衝動・観念・思想体系をあげる。
4　価値の諸定義については，見田［1966］20-23頁を参照。
5　北村［2017］8頁は，事実としては同じなのに，人によって価値評価が分かれることは珍しくない。同じ事実に対して，価値を認める人もあれば，価値を認めない人もあるという日常の経験から，事実としては同じなのに，評価者の『利害・関心・信念・好悪』等の違いによって，異なった価値が生じることもあると述べている。
6　主体独立説および客体依存説のほかにも，二項対立的な両義の価値判断に対して，両者を収斂および共同主観的，相互主観的な評価者の価値判断を橋渡しとした媒介・操作概念が考えられる。換言すると，それは主体・客体の相関関係にあって，準拠枠の多義性を収斂する理性的な推論による評価者の価値判断を組み込む媒介・操作概念である。いわゆる収斂仮説というものである。

に由来する取引当事者間の意識を反映したものが価値そのものであった。そうすると，当該立論において，価値は事実の客観的な属性とは裏腹に，評価者の意識の選択の基準に依存することになる。諸概念の価値判断の基準は，要するに，評価者としての主体が抱く価値意識である文化的要因[7]，社会的要因[8]および状況的要因[9]の価値意識をも反映したものが準拠枠ということになる[10]。ここでは「社会決定論（Social determinism）」として位置づけるが，その挙証として，小川［2012］，水越［2002］の見解にこれを求めることができる。彼らの所説は，社会決定論というものは，客体であるメディアを社会的な産物と捉え，人間や社会の在り方こそが技術の在り方を決定し，その関わり合いのなかで社会は変化していくという考え方である。したがって，本章では，主体自立説と社会決定論とを同一次元のものとして取り扱うことにする。

　これに対して，客体依存説は，歴史と社会の変化の主要な原動力は，技術開発やメディアそのものが社会構造や文化的価値意識を変えるという要素還元的な発想のものである。事実に対して，それは手段としての技術＝客体が評価者として価値を決定づけるというものである。ここでは「技術決定論（Technological determinism）」として位置づける[11]。したがって，本稿では，客体独立説と技術決定論とを同一次元のものとして取り扱うことにする[12]。

7　言語・慣習・規範・信仰，生活様式などを共有し，同じ地域で生活を共にする人々は，歴史的な過程のなかで，徐々に共通意識をもつようになる。

8　社会体制がすべての人々の価値意識の規定要因となる。

9　各人の行う価値判断は，各人の抱く価値意識の準拠枠によってなされる。

10　社会決定論の基礎となる「価値判断」は，価値評価を行う主体を取り巻く状況・事情によって左右される。この場合，文化的要因，社会的要因および個人的要因は，いずれも価値意識の構成要素であるが，状況的要因は，価値意識に属さず，むしろ外からの価値意識の働きによる。したがって，「価値判断」は，価値評価を行う主体を取り巻く状況・事情によって左右されることになる。

11　小林［2013］は，「メディアはマッサージ」であるというマクルーハンの技術決定論の所説を紹介している。

12　主体・客体との諸概念の関係性で社会決定論は，主体が物事の一般的，規範的な本質を決定する。技術決定論は，真逆の客体が本質を決定づけることになるが，前掲との関連で敷衍すると両者を統合した収斂仮説の観察手法と合致することにもなる。この点を勘案して，概念上の類型化を試みるならば，「全か無か（all-or-nothing）」という二分法的類型は，三分法的類型に区分することになる。そうすると，二分法は，対極の「ハードな社会決定論」と「ハードな技術的決定論」として，また，相対化の中にある収斂仮説は，「ソフトな社会決定論」と「ソフトな技術決定論」と同義のものとして理解することになる。

3 取引行為の事実と価値に関する諸相

（１）理論上の観察手法としての諸相──法と経済学アプローチ[13]

　理論上の観察手法として，上記の事実の両義性は，演繹・帰納の二項対立図式を前提として経済，法律思潮に当てはめることも可能である。この場合，演繹的な新古典派の思潮は，経済的合理人の行動様式に基づく理念型であるから，主体の行動様式がいかなるものであっても，主体は客体に規制される客体依存説のものとなるから，何らその結論は，論理的に差異はないことになる。

　しかしながら，当該新古典派の行動様式は，Coase［1990］に代表される経済思想による文化的，社会的，個別的な価値判断が組み込む，帰納的な主体自立説を標榜した新制度学派による思潮に従うと，それは時空間，場空間の状況が限定的合理性のものとなり，首肯されないことにもなる[14]。

　問題は，かかる状況の時空間，場空間の限定的合理性の二項対立図式について，過去，現在および未来の歴史的な経路依存の制度補完を鑑みた際に，当該課題となる諸問題をいかに位置づけるかということになる。制度，制度変化および経済成果において，諸概念の関連性の価値判断について，立論上，「全か無か（all-or-nothing）」といった二項対立の準拠枠となる主体独立説および客体依存説に対して，両者を収斂する共同主観的，相互主観的な評価者の価値判断を橋渡しとした媒介・操作概念を準拠枠とする収斂仮説を将来の到達点として展開することも可能とするならば，そのためには現状の制度の把握，そして将来像のベンチマークとしての準拠枠をいかなる水準におくかということを再

13　ミクロ経済モデルの方法を法律学へ適用する「法と経済学」のアプローチについては，田中［2011］487頁，田中［2016］196頁以下参照。

14　新古典派の企業理論は，市場を唯一の効率的資源配分システムとして説明するために，これまで企業は完全合理的に利潤極大化する経済人として単純化されてきた。つまり，企業はあたかも組織的広がりをもたない物理学の質点のような存在として仮定するものである。これに対して，新制度派経済学の企業理論は，限定された情報のなかで意図的に合理的にしか行動できないと制約された合理性の仮定と人間は効用極大化するという効用極大化の仮定を受け継いで登場してきた。なお，青木・奥野（藤原）・岡崎編著［1999］4頁以下は，政府それ自体を全能の計画者ではなく，企業や個人などの民間主体と同じく固有のインセンティブをもつ政治経済ゲームのプレーヤーの1つとみなし，政府と民間プレーヤーが行うゲームの結果，生まれる安定した状態を「国家（state）」とみる。

244　第Ⅲ部　デジタル社会が実務にもたらす変化と未来

確認する必要もあろう。上記の事実と価値との関連性は，その認定をいかなる準拠枠に求めるかによってもベクトルは異なろうが，あらゆる学問領域に共通する内容のものである。以下，諸種の学問フィールドを管見する。

（2）会計学のフィールド

　永野［1992］21-48頁によると，「会計事実[15]」は，企業会計原則において重要な文脈に出てくる用語であるにもかかわらず，それが何を意味しているかは明確になっていない。それは，常識的に理解されており，会計理論上においてあらためて究明し，定義されるべきものとは考えられていないという。そして，そうした常識的に理解された会計事実とはどのようなものであろうかと問う。このような問いかけは，取引行為の事実と価値との関連性でいえば，同一次元のものである。というのは，そこでは主体・客体との関連性において，事実と会計事実の区別がなされているからである。

　さらに，永野［1992］23頁以下は，上記の会計事実と事実は区別するというほかに，会計事実は事実と慣習的方法と主観的判断という3つの要素から構成されることに触れている。その指摘には耳を傾ける必要があろう。それは，会計事実における認識と測定における判断は，決算処理だけではなく，日常の取引の処理においても必要であるというものである。換言すると，帳簿記帳された事実は，それが会計記録である限り，会計的判断がほどこされた会計事実としての性格をもつものであるということである。このような立論を経て，永野［1992］40頁以下は，対象の「写像」ではなく，対象についての「築像」であるといっている[16]。そうすると，当該写像と築像の用語の使用は，これまでの言説と比較すると，さしずめ前者の写像は技術決定論，後者の築像は社会決定論の次元のものとして当てはめることができよう。

15　木村［1955］15頁は，会計事実は，事実の客観的表示ではなく，これと慣習として発達した会計手続と経営者の個人的判断との綜合的結果を意味すると注釈する。

16　永野［1992］39-40頁は，「築像」について，会計事実は会計内外の事実を再構成し，一般に事実というものは他の事実から構築もしくは再構成されてできあがったものであると注釈する。

（3）税務会計法のフィールド

事実と価値との関連についての法学のフィールドにおいては，事実と評価と言い換えられる「事実認定」の次元のものとして展開される。この点につき伊藤［1996］11頁は，事実は法的評価と関係がある場合が少なくなく，確定すべき「事実」とは何か，それ自体がなかなか困難な問題である。法的評価に限らず，およそ一般にどこまでが事実でどこからが評価かといった問題について境界線を引くことは容易なことではないと述べる。上記の観察方法の社会決定論と技術決定論との関連性に照らすと，それは，ことのほか事実とその価値評価は難儀であることを表現したものであることを知見としてフィードバックされよう。

そこで，事実と価値の関連性について，社会決定論と技術決定論との対立図式ではなく，両者を統合する収斂仮説から問うたものとして，忠佐市の所説を参考に供することにしたい（忠［1977］37-60頁）。それは帳簿記帳を前提とした会計処理の体系について，実質的側面，形式的側面のアプローチとして実質一元，実質多元，形式一元，形式多元の組み合わせにあって，これらを収斂する視角を試みたものといえるからである。

そこで，忠佐市の所説は，そもそも認定と判断とは，相互の関係において切り離すことができない関係にあるはずであるから，会計上の事実の認定を会計処理以前の問題であるとして会計行為に含まれないと考えることは，処理という用語の定義が鮮明さを欠くところに便乗した不合理があるといわなければならない。そのためには演繹的な法規創造なるものを否定し，確立した慣習をもってして展開されるべきであるという経験則における慣習誘導の事実認定論に従わねばならないものであるというものである（忠［1977］37頁）。結局，忠佐市に従うならば，帳簿記帳の実質と形式を統合する起点は，原始的な複式簿記システムの事実認定ということになろう（忠［1967a[17]]，［1967b］，［1977］[18]）。このように忠佐市に従った帳簿記帳について，事実認定から出発して，会計処理の実質的側面および形式的側面による会計上の判断の認定方式を要件として担保するものであるならば，いわゆる帳簿形式が手書き・紙の帳簿であろうとデジタル帳簿であろうと問題はないということになろう。この点については，

246　第Ⅲ部　デジタル社会が実務にもたらす変化と未来

以下においてあらためて展開する。

4　観察手法の制度への当てはめ ——帳簿記帳の規定への当てはめ

（1）帳簿記帳について——実質と形式の背景

　帳簿記帳について，これを社会決定論に当てはめた場合，主体が抱く準拠枠は，上記したように，文化的要因，社会的要因および状況的要因の価値意識が物事の本質を決定することになるから，当該論理においては，時空間および場空間の系列が理論上交錯することもありうる。したがって，帳簿記帳について，その形式性も実質性の担保も制度それ自体の歴史的相対的な存在のものとなり，依存することになる。また，そこには従来の価値判断のものとは異なる新たな基準が生起することもありうる。このように理解すると，生起する事実について，旧来の理論においてこれを解釈・適用すべきか，新たな理論に従ってこれを解釈・適用すべきかが問題となってくる。特に，それが制度上の法システムにおいては，多層の要素間が組み合わさった場合にこれらの関係をいかにひも解くかが問題となるからである（福浦［2017a］87頁）。

　これに対して，技術決定論では，主体は，形而上学的アプリオリズムの属性を帯びたMcluhan［1964］による「人間拡張（Human Augmentation）」のように，客体の技術の変化による形式的な手書きによる紙の帳簿であろうと，デジタル帳簿であろうとも，実質的には差異はないことになる。共時，通時に関係なく一貫した論理のものとなるからである。

17　忠［1967a］86頁以下は，事実認定こそ実務の根底となる根本的に重要な作業である。事実の認定に過誤または遺漏があれば，それにもとづく会計理論は砂上の楼閣に過ぎない。公正妥当な会計処理は，まず的確な事実の認定に依存する。極言すれば，事実の認定を軽視して，適正な会計が成り立つ道理はない。と同時に，会計処理は判断の所産である。本来の性質としたならば，事実の認定とその認定された事実に適合する会計上の仕訳とが連結されたものが会計処理と考えられるべきはずのものである，と述べている。

18　この点については，忠［1977］39頁以下による会計3行為説が参考となる。なお，忠佐市の会計3行為説は，高寺［1967］12頁以下の会計過程（本来的会計過程），報告過程（追加的会計過程）に相当し，これに収集過程（準備的過程）を加えた広義のものとして描かれている点に留意する必要がある。

（2）制度における現状と予備的考察——企業会計上の「正規の簿記の原則」における諸相

　理論上の手書き・紙の帳簿からデジタル帳簿の変化をめぐって，社会決定論および技術決定論の実質的な属性を帯びた制度においては，これらの理論（本質）が制度，制度変化および経済成果の観点において，いかなる経路依存の関係にあったかを確認することも必要である。ここでは，税務会計法のフィールドにおける所得税法・法人税法の個別税法の特例法である電子帳簿保存法の諸概念の関連性を前提にして若干の考察を行うことにする。そのためには，戦後において帳簿記帳をめぐる議論，特に真実性の原則と「正規の簿記の原則」とをめぐっての議論が果敢になされているので，木村・嶌村［1958］33-45頁の整理に従った所説を管見する。この点につき，正規の簿記の原則をめぐる方法論上のアプローチを整理している武田［1982］の著作があるので，当該著作の立論を事始めとする。

　武田［1982］154-167頁は，企業会計原則の真実性の原則を補完する正規の簿記の原則について，木村・嶌村［1958］が論点整理として投げかけた会計処理（認識・測定）の実質的側面と簿記形式の形式的側面についての理論上の外延，内包につき両者を包摂する立場から，「事実機能型」，「命令演繹型」，および「帰納・演繹型の総合法」の３類型に区分している。これらの類型化は，正規の簿記の理論上の実質性について一元化を要請したものではなく，多元化の余地を示唆したものとして理解する必要があろう。

　武田隆二の３類型は，ヘーゲルの正反合の弁証法にちなんで，事実機能型は事実を端緒として，帰納的手法によって決定づける立場，命令演繹型は命令として演繹的手法により決定づける立場，つづく帰納・演繹型の総合法の類型は事実機能型および命令演繹型の二者を統合する立場のものとして展開している（武田［1982］158頁）。これらは，さしずめ，筆者のこれまでのアプローチでいえば，事実機能型は社会決定論，命令演繹型は技術決定論の準拠枠の二項対立図式として関連づけられよう。そうすると，帰納・演繹型の総合法の準拠枠は，どのように理解したらよいか。ここでは，指摘のみにとどめる[19]。

248　第Ⅲ部　デジタル社会が実務にもたらす変化と未来

（3）帳簿記帳規定への当てはめ——特に，電子帳簿保存法を前提として

理論上の手書き・紙の帳簿[20]からデジタル帳簿の変化をめぐって，社会決定論および技術的決定論の理論上の諸相は，往々にして，ときの社会背景等の目的に応じて，制度として規制され，制度変化を伴うものである。しかも，それは経済的効果をもたらす社会的機能（social function）とも関連することを忘れてはならない。

以下では，制度，制度変化および経済成果の観点から，手書き・紙の帳簿からデジタル帳簿の変化がいかなる経路依存の関係であったかを社会決定論および技術的決定論の諸相から，その焦点として，電子帳簿保存法を前提にして論点整理と課題の提起を行うことにする。

①　1998（平成10）年度税制改正——電子帳簿保存法の創設

周知のように，電子帳簿保存法は，納税環境の整備の観点から，1998年に創設されて以来，四半世紀にもおよぶ月日が経過した。当該法規制は，第1条の趣旨規定にもあるように，納税義務の適正公平な課税の履行を確保しつつ，納税者などの国税関係帳簿書類の納税者の負担軽減，利便性を図るという2つの目的のもとに創設された経緯がある。なお，当該電子帳簿保存法は，それは2つの目的観の座標軸のバランスにおいて，近年においては，度重なる改正が行われている。その動向はきわめて紆余曲折の様相であるが，制度の本質を窺い

19　正規の簿記の原則の実質に関する多元論は，以下のように帳簿形式についても及ぶ。
　　①　簿記形式は，一定の条件を具備しておればそれでよいとする見解（飯野［1954］35-40頁，山下［1964］55-66頁）。
　　②　簿記形式は，複式簿記を指すべきであるとする見解（江村［1954］，沼田［1957］35-50頁）。
20　帳簿形式について，神戸大學外國法研究會編著［1956］103-110頁においては，当時のドイツ商法第43条の規定について，帳簿は編綴されねばならないから，ルーズリーフの如きは帳簿でないと注釈している。伊藤［1954］21-25頁も参照のこと。なお，わが国においては，当時の法人税通達三三六は，次に掲げるものは［青色申告のために備えるべき］帳簿と認めている。（1）装釘された綴合帳簿のみならず，ルーズリーフ式またはカード式のもの，バインダーまたは綴紐等で結束する等一定の秩序のもとに管理されているもの。（2）個々の伝票は「帳簿」ではないが，いわゆる伝票式簿記法のように伝票が組織的に整理集合し，これに日計表その他の諸表票を附加して計算を行っているもの。

第10章　社会のデジタル化が帳簿に及ぼす変化　*249*

知るためには，共時の解釈のみを理解するのではなく，通時の観点に従って，その制度変化，経済的成果をみきわめる必要があろう。

　電子帳簿保存法創設時の立案担当者である高野［1998］3－4頁は，制度創設の経緯として，「社会の高度情報化・ペーパーレス化が進展するなかで，会計処理の分野でもコンピュータを使用した帳簿書類の作成が普及してきており，経済界をはじめとする関係各界から，帳簿書類の電磁的記録（いわゆる電子データ）およびマイクロフィルムによる保存の容認について，かねてから強い要望が寄せられていた。政府においては，こうした要望を受け，規制緩和推進計画等の閣議決定，緊急経済対策，市場開放問題苦情処理対策本部決定等において，平成9年度末までに，帳簿書類の電磁的記録等による保存を容認するための措置を講ずることを決定した。このような関係各界からの要望や政府全体としての取組みを踏まえ，1998年度税制改正の一環として，適正公平な課税を確保しつつ納税者等の帳簿保存に係る負担軽減を図る等の観点から，国税関係帳簿書類の電磁的記録による保存制度等の創設等が行われた」と解説している[21]。また，その基本的な考え方として，高野［1998］4頁は，国税関係帳簿書類の電磁的記録による保存制度等の創設等については，税制調査会の「平成10年度の税制改正に関する答申（平成9年12月16日[22]）」における基本的な考え方を踏まえて創設されたものであるとも解説している。ここでは，適正公平な課税の確保と納税者等の負担軽減を図るという電子帳簿保存法の2つの振り子の視座が示されていることに留意しなければならない[23]。

　創設時の電子帳簿保存法は，章末資料にあるように，国税関係帳簿書類の電磁的記録による保存等，国税関係帳簿書類の電子計算機出力マイクロフィルム

21　1998年度税制改正により帳簿記帳の電磁的データ処理の明文化が行われた。しかし，当該議論がそれまでにおいて全く不毛であったかというとそうではない。その理由として，福浦［2020b］271-273頁参照。

22　当該答申は，電子帳簿保存法の創設の理由として，『新しい時代の流れに対応し，納税者の帳簿書類の保存の負担軽減を図るために，記録段階からコンピュータ処理によっている帳簿書類については，電子データ等により保存することを認めることが必要であると考えます。その際には，コンピュータ処理は，痕跡を残さず記録の遡及や訂正をすることが容易である，肉眼でみるためには出力装置が必要であるなどの特性を有することから，適正公平な課税の確保に必要な条件整備を行うことが不可欠です。また，電子データ等による保存を容認するための環境整備として，EDI取引（取引情報のやり取りを電子データの交換により行う取引）に係る電子データの保存を義務づけることが望ましいと考えます』と述べている。

（COM）による保存等と電子取引の取引情報に係る書面の保存の諸規定に大別される。これらの規定ぶりを鑑みると，その振り子の視座は，電子帳簿保存法の根幹となる要件，「真実性の要件」（「真正性の要件」）と「可視性の要件」について，上記２つの目的の価値判断のもとに，所得税法，法人税法の各個別税法の記帳・記録保存制度との関係，税務署長等による承認制の採用の電磁的記録の訂正・加除の履歴の確保等の所定の要件，電磁的記録等による保存等の要件が適正に履行されるよう，技術決定論による直接規制のものとして構造化されている。これを前掲の武田［1982］の３類型でいえば，それは命令演繹型の準拠枠のものということになろう。しかし，制度，制度変化および経済成果の観点からみた場合，それは首藤［1992］83頁以下を踏襲するならば，当該技術決定論による施行にも無理があったことは否めない。事実，歴史的営為は社会決定論による事実機能型および技術決定論・社会決定論の収斂の帰納・演繹型の総合法の準拠枠による修正が紆余曲折に展開（転回）されているといえるからである。この点は，国税庁［2000］75頁以下の歴史的史実をみても証左として明らかであろう。

② 2005（平成17）年度税制改正——スキャナ保存制度の創設

　デジタル化の進展により，2005年度税制改正において創設されたスキャナ保存制度は，書面の保存等について，納税者の負担軽減，利便性の向上，ならびに国民生活の向上および国民経済の健全な発展に寄与する目的，2004年12月に制定された「e-文書通則法」と併せた「e-文書整備法」を前提として，電子

23　以下の通時的な解説をみる限り，立案担当者の電子帳簿保存法については，「改ざんの防止」という点に共通性を見出すことができるようである。その意味で，納税義務の適正公平な課税の履行を確保しつつ，納税者などの国税関係帳簿書類の納税者の負担軽減，利便性を図るという２つの目的についても暗黙に技術決定論の指向から序列があるということになるであろうか（観察手法については，福浦［2021］も参照のこと）。
　（1）梶川ほか［1998］585-600頁参照。
　（2）住澤ほか［2005］398-406頁参照。
　（3）関ほか［2015］903-910頁参照。
　（4）波戸ほか［2016］889-892頁参照。
　（5）内藤ほか［2019］874-883頁参照。
　（6）内藤ほか［2020］785-789頁参照。
　（7）石井ほか［2021］953-986頁参照。
　（8）石井ほか［2022］788-796頁参照。

帳簿保存法を改正して創設された。

その制度の骨格は，創設時の国税関係帳簿書類の電磁的記録による保存等，国税関係帳簿書類の電子計算機出力マイクロフィルム（COM）による保存等と電子取引の取引情報に係る書面の保存の2つの枠組みであったものが，国税関係書類に係るスキャナ保存制度が創設されたことにより，3つの骨格のものとなっている。問題は，当該改正がどのような観点のものとして施行されたかであろう。

③ 2015（平成27）年度税制改正──スキャナ保存制度の見直しと適正事務処理要件の新設

2005年度税制改正創設のスキャナ保存制度は，創設以後大きな見直しがないままほぼ10年を経過したが，その承認件数は低調に留まっていた。それは当該スキャナ保存制度の保存要件である入力要件，電子計算機処理システム要件が納税者の負担軽減および利便性の向上を図るには，ハードルが高いものとして映っていたことに基因する。

その証左に，そのことを懸念とした民間企業等からの要件緩和の要請「規制改革実施計画（平成26年6月24日閣議決定）」を踏まえて，技術の社会化によるスキャナ保存制度についても見直しがなされた。まさに，技術決定論に対する社会決定論からの路線変更の問題提起である。

こうした状況を踏まえ，2015年の税制改正においては，適正公平な課税を確保，かつ，電子保存によるコスト削減等を尻目に，章末資料にあるように，スキャナ保存制度の要件緩和等の見直しがなされた。

以上の2015年度改正に基づく一連の当該見直し措置は，制度，制度変化および経済成果の観点からみると，どのように評価したらよいであろうか。創設からこれまでの改正は，技術決定論を標榜した適正公平な課税の確保を踏襲した経緯からみると，その機能的側面は，納税者等の帳簿保存に係る負担軽減を図る等の観点に資する社会決定論の見直しによるベンチマークの修正ということになるのであろう。

なお，スキャナ保存制度については，2016年度税制改正においても適切な改ざん防止措置を講じた上で，納税者のさらなる負担軽減を図る観点から，社外

における間接規制も可能とする等の見直しを行うこととされた。これまた，技術決定論による枠組みに対する社会決定論からの調整論議の施策といえるだろう。

④ 2019（令和元）年度税制改正

　3つの枠組みから構成される電子帳簿保存法については，2015年度および2016年度の税制改正において，技術決定論の支配下を前提に，納税者の利用促進のための措置が講じられた。それは，2017年の政府税制調査会の報告「経済社会の構造変化を踏まえた税制のあり方に関する中間報告」（2017年11月20日）における「社会のデータ活用の促進や納税者の文書保存に係る負担軽減を図る観点から，当該制度の利用促進のための方策について検討を行うべき」であるとともに，「適正課税の観点から，帳簿書類の正確性を担保する仕組みにも配慮が必要」との指摘により講じられた措置である。

　2019年度税制改正は，申請者の手続負担の軽減を図るとともに，予見可能性を向上させる観点から，新たに業務を開始した個人の承認申請期限の特例の整備，過去分重要書類のスキャナ保存の整備および一定のソフトウェアを使用する保存義務者の承認申請手続の簡素化が目的であるが，当該措置は，章末資料にみるように，これまた最近の技術決定論に対する社会決定論からの間接規制の措置であるといえるだろう。

⑤ 2020（令和2）年度税制改正

　2020年度税制改正は，昨今の情報技術の進展に伴い，多様な手段によりデータの適正性の確保が可能となったことに基因する。その証左として，政府税制調査会の「経済社会の構造変化を踏まえた令和時代の税制のあり方」（2019年9月26日）は，「ICT の活用により，企業等の業務プロセスの簡素化・効率化や誤りの未然防止等を図る観点から，企業等の規模や業種に応じた経理・税務手続の実態を踏まえた上で，データの適正性の確保にも配慮しつつ，電子帳簿等保存制度の見直しを進めるべきである」と指摘している。ここでも請求書等の電子化の推進，バックオフィスの効率化による企業等の生産性向上を図る観点から，電子取引を行った場合の電磁的記録の保存要件の緩和（選択肢の追加）

の見直しが行われた。

　なお，当該措置は，電子取引の取引情報に係る電磁的記録の記録事項にタイムスタンプが付された後，その取引情報の授受を行うこと，電磁的記録の記録事項について訂正または削除を行った場合には，事実および内容を確認することができること，訂正または削除を行うことができないことのいずれかの要件を具備した場合，電子計算機処理システムを使用して，電子取引の取引情報の授受およびその電磁的記録の保存を行うというものである。これは，社会決定論による文脈のものであることは否めないであろう。

⑥　2021（令和3）年度税制改正──制度改革の展開

　税制調査会［2013］，税制調査会［2015］および税制調査会［2017］の一連の答申を踏まえつつ，その平成の時代を振り返り経済社会の構造変化を整理し，新たな令和の時代を見据えた税制調査会答申［2019］は，新制度学派のアプローチによる歴史性を重んじ，事後的な修正を盛り込んだ制度の在り方の方が実践性を重んじた社会決定論による現実的な執行可能性を提示したものといえる（中里・太田・伊藤編著［2020］3頁）。

　識者によってはその評価が分かれようが，その後の税制調査会答申［2020］においては，「デジタル経済の進展，働き方の多様化，国境を越えた取引の増大といった経済社会の構造変化に対応し，申告納税制度の下，納税者および税務当局を含む社会全体のコストを最小限に抑えつつ，納税者の自発的な納税義務の履行が適正かつ円滑に実現できるよう，制度上および運用上の措置を講じていくことが重要である」と述べている。当該答申の資源の効率性と公平性を最小限にする指摘は，ミクロ経済モデルの法律学への適用を彷彿させた感があり，戦後の申告納税制度が国家（政府）と納税者との位相を納税者の観点からいま一度確認させるものとなっている[24]。上記の新古典派のアプローチの限界を克服することにより円滑な実施にも資する観点からのものであろうが，和栗［2021］110-154頁にみるように，2021年度税制改正は，社会決定論を背景とした新制度学派のアプローチの歴史性を踏まえた格好のものとなっている。それは，国家（政府）と企業を取り巻く法的主体との位相の連結環，媒介項としての企業の存在を認め，その上で企業内部のガバナンスを図るという行動経済学

の間接規制としての技法なども保存制度の見直しとして展開されているからである（中里・太田・伊藤編著［2020］8頁）。

　このような指摘に加えて，現状においても「電子的に作成された紙の帳簿」が不正防止の点で必ずしも有効に機能しているわけでもなく，それが電子データの状態のまま保存されたとしても（すなわち，それが紙の帳簿として印刷されないとしても），適正な税務執行の面で現状と比べ大きな支障が生じることはないと考えられることから，その実態を踏まえ，国税関係帳簿書類の電磁的記録等による保存については，電子計算機処理システムの概要書等の備付け等の最低限の要件が充足されるならば，改正前の電磁的記録の訂正・削除・追加の履歴の確保や検索機能の確保といった要件は不要ということになった。まさに，歴史性を重んじ，事後的な修正を盛り込んだ制度の在り方がシャウプ勧告を彷彿させる社会決定論による現実的な執行可能性の観点に立脚した制度改革の展開であったといえよう。

　上記のように，創設時よりも国税関係帳簿書類の電磁的記録等による保存等の要件の見直しにより大幅に緩和されたが，記帳水準の向上に資する観点から，事後検証可能性の高い従前の電子帳簿保存法の要件を満たす電子帳簿については，経理誤りを是正しやすい環境を自ら整えているものといえるため，他の最低限の要件のみを満たす電子帳簿との差別化を図ることにより，その普及を進めていく必要がある[25]。

　そこで，2021年度の税制改正においては，改正前の電子帳簿保存法の要件に相当する要件を満たした電子帳簿については，「優良な電子帳簿」と位置づけて，その電子帳簿に記録された事項に関して修正申告書の提出または更正があった場合でも，その申告漏れについて課される過少申告加算税の額を軽減するインセンティブ措置が設けられた。それは，改正前の電磁的記録の訂正・削除・追加の履歴の確保や検索機能の確保といった要件に対する間接規制のものとして理解することができよう。

24　歴史を遡ると，技術決定論と社会決定論との対立図式について，青色申告の普及をとおした興味ある記述がある。それは日本税理士会連合会［1979］283頁以下の「E附帯問題」「2　帳簿と記録」所収における指摘である。その趣旨は，昨今の手書き・紙の帳簿からデジタル帳簿へとその変化が顕著となってきた電子帳簿保存の当該法規制に照らしても陳腐化のない軌を一にした教訓といえる。

⑦ 2022（令和４年）度税制改正──納税環境整備の間接規制の拡大

　帳簿記帳規定への当てはめの直接規制ではないが，納税環境整備の外延，内包の観念に従えば，2022年度税制改正におけるタイムスタンプの国による認定制度の創設に伴うスキャナ保存制度等の整備，電子取引の取引情報に係る電磁的記録の保存への円滑な移行のための宥恕措置の整備は含むことになるが，そのほかにも納税環境整備の間接規制の拡大として税理士制度も含まれることになる。その証左として金子［2021］940頁以下は，申告納税制度の定着と課税要件事実の的確な把握のためには，納税環境（tax environment）の整備と改善が必要不可欠であり，それは制度上の手当のみでなく，国民の納税意識の向上，租税職員の意識の近代化，租税に関する教育の充実までも含む広い観念であると述べる。筆者は，当該観点は技術決定論・社会決定論の収斂の帰納・演繹型の総合法の準拠枠のものとして理解するが，金子宏においては，上記２つの目標を達成するための担保としての納税環境整備の外延，内包の観念として，（１）青色申告[26]，（２）帳簿書類の備付，（３）総収入金額提出報告書の提出，（４）財産債務調書制度，（５）国外財産調書制度，（６）その他，附帯税，推

25　「優良な電子帳簿」，「一般の電子帳簿」をめぐる記帳水準の見解は，多岐にわたる。たとえば，十文字［2021］262頁以下は，「これまで，『帳簿』は，紙の帳簿か電子帳簿かの選択であったが，電子帳簿は，承認のためのコストや手続きの煩雑さが障壁となり，大多数の企業が承認申請をせずに，帳簿をただ紙に出力しないで電子データを保存するいわゆる『ヤミ電子帳簿法人』を多く作ることになっていた。したがって，今後，電子帳簿保存制度は，『優良な電子帳簿』の要件に従い帳簿を保存する者をコーポレートガバナンスの高い企業ととらえることとなり，『一般の電子帳簿』に従い帳簿を保存する者との差別化が図られることとなることが予想されるので，可能な限り『優良な電子帳簿』の導入を検討すべきである」と述べている。多様な現状を忖度した社会決定論に対する技術的決定論を方向づける間接規制のものとして理解してよいだろう。

　　また，PwC税理士法人［2021］82頁以下は，当該改正について，従来よりも簡易な，最低限の要件を満たす電子帳簿も電子データのまま保存することが可能となったことにより，事業者にとっては帳簿の電子保存にあたってのハードルが大きく下がったといえる。その一方で，記帳水準の向上に資するといった観点からは，改正前の要件を満たす電子帳簿については，事後検証可能性が高く，経理誤りを是正しやすい環境を自ら整えていると見ることもできる。そのため，このような高い水準の要件を満たす電子帳簿については，最低限の要件を満たす電子帳簿との差別化を図り，優良な電子帳簿」と位置づけて，過少申告加算税の軽減や所得税の青色申告特別控除の取扱いについてインセンティブを設けることとされた。このインセンティブを得るために優良電子帳簿の導入を検討する事業者が増加すれば，全体としての記帳水準の向上にも繋がることになると述べている。これは技術決定論の所説といえるが，他方では，すぐに優良な電子帳簿としての要件を満たせない場合であっても，たとえば最低限の要件を満たしてまず一般電子帳簿としてのデータ保存を開始し，将来のシステム投資計画等にあわせて優良電子帳簿への移行を検討することも選択肢となり，より事業者の実情に合うような電子帳簿の導入が可能となったといえる。十文字文献同様，技術決定論を目途とする段階論としての社会決定論の所説といえる。

計課税，質問・検査権，租税罰則，支払調書その他各種の情報申告および法定資料の備付，各種の届出，利子配当等の受領者の告知，支払調書等の提出，申告書の提示，源泉徴収制度の整備等ならびに，税理士制度，納税者の権利保護制度をも列挙している。なお，本稿との関連で昨今のデジタル化の波に関する租税制度および租税手続に資する電子データなどによる帳簿書類の保存，租税手続における電子化の促進および電子申告（e-Tax）等も取り上げられている（金子［2021］943頁）。当該規制についての所説は他章に譲る。

5　おわりに

　主体の対象である客体，たとえば，グローバル，デジタルという空間[27]について，その範囲を帰納的に外延の拡張の論理，または演繹的に内包の論理のものとして解釈するとしたら，いずれの論理も客体が主体に対してその価値判断について影響をもたらすことになる。要するに，主体は対象である客体に従属することになるのである。

　この場合において，当該空間に上記の「築像」の価値判断を帯びるとすれば，それは，North［1990］（竹下訳3頁）による「制度は社会におけるゲームのルールである。あるいはより形式的にいえば，それは人々によって考案された制約であり，人間の相互作用を形づくる，したがって，制度は，政治的，社会的，あるいは経済的，いずれであれ，人々の交換におけるインセンティブ構造を与える。制度変化は社会の時間的変化の様式を形づくり，それゆえ歴史変化を理解する鍵となる」という名言に従えば，その顛末の結論としてのベンチマークは技術決定論であったり，社会決定論であったりする。筆者に与えられた本稿

26　1950年のシャウプ勧告によって，所得税法および法人税法に当該制度は導入された。シャウプ勧告の目的は，日本の税制を整理・簡素化し，負担の公平性や資本価値の保全に配慮した恒久的税制の構築を目指すものであった（武田［2009］21頁）。このシャウプ勧告により導入された青色申告制度は，事業者の帳簿記帳を勧奨し，税負担の公平性を確保する目的があった。この点につき，国税庁［2000］82頁も参照。

27　前掲注3では，「見田［1966］17-18頁は，価値判断の対象となりうる一切のものとして，実在的・非実在的な物体・状態・事件・行為・人間集団・社会集団，衝動・観念・思想体系をあげる」という表現をしたが，これらを包括した表現をするならば，当該「空白」のものとして言い換えられよう。

の課題である「社会のデジタル化が帳簿に及ぼす変化について」の問題もしょせん，その歴史的相対的な断片の一コマであるということになる。理論上の諸相は，往々にして，時空間・場空間の社会背景などの課題・目的に応じて，ときとして制度として規制され，ときとして制度変化を伴うものであるということになる。しかも，それは経済的効果をもたらす社会的機能（social function）とも関連することを忘れてはならないであろう。

このように解すると，Digitization（デジタイゼーション），Digitalization（デジタライゼーション）およびDigital Transformation（デジタルトランスフォーメーション）の目的指向による社会変化の模索は，技術決定論の機能拡大の対応戦略のものとして位置づけられよう（総務省［2021］，松尾編［2017］7頁）。しかし，これらの新たな領域の制度，制度化が経路依存として制度補完のものか，制度可塑のものかを見極めることは重要である。なぜならば，技術決定論に基づく施策が果たしてわが国にとっての将来像の基軸となるかについてはわからないからである。その意味では，文化的要因，社会的要因および状況的要因の価値意識をも反映した社会決定論の準拠枠も考慮する必要があるといえるだろう。結局，諸概念の価値判断の基準は，評価者である主体（個人または社会集団）が抱く価値意識に帰着するといえるからである。

258　第Ⅲ部　デジタル社会が実務にもたらす変化と未来

[章末資料：電子帳簿保存法改正の変遷]

	国税関係帳簿書類のデータ保存（平成10年〜）	国税関係書類のスキャナ保存（平成17年〜）	電子取引データの保存（平成10年〜）
制度内容（創設時）	財務省令に基づいて一貫してコンピュータで作成された帳簿デー タ・書類データ等について，所轄税務署長の承認を受けた場合のデータ保存を容認	財務省令に基づき入力された取引関係書類のスキャナ保存データについて，所轄税務署長の承認を受けた場合の原本廃棄を容認（3万円以上の契約書および領収書を除く）	取引先との間のデータで授受された取引情報データの保存を義務づけ。書面に出力し整理保存する方法も容認
1998（平成10）年施行	・訂正削除の履歴確保・追加入力の確認 ・帳簿作成システム間の相互関連性の確保 ・主要項目検索・範囲指定・組み合わせ検索 ・見読可能装置・マニュアル備付け ・関係書類の備付け	（創設時は未整備）	・所要項目で検索・範囲指定・組み合わせ検索 ・見読可能装置・マニュアル備付け ・システム概要等の関係書類の備付け
2005（平成17）年改正		・速やかに（7日）または業務サイクル後，速やかに（37日）電子署名・タイムスタンプ付与 ・訂正・削除の履歴の確認 ・関連帳簿との相互関連性の確保 ・主要項目検索・範囲指定・組み合わせ検索 ・見読可能装置・マニュアル備付け	・取引情報の授受後遅滞なくその電磁的記録の記録事項に電子署名とタイムスタンプを付与および訂正・削除の防止に関する事務処理規程による運用

	第10章　社会のデジタル化が帳簿に及ぼす変化　259

		・関連帳簿のデータ保存の承認の必要 ・スキャナ保存の手順を定めた社内規程等関係書類を整備	
2015（平成27）年改正		・電子署名要件の廃止 ・金額制限（３万円）の撤廃 ・関連帳簿の承認要件の廃止 ・一般書類のグレースケール入力を容認 ・適正事務処理要件（相互けん制・定期検査，再発防止）による入力（新設）	・電子署名を廃止 ・電磁的記録の保存を行う者またはその者を直接監督する者に関する情報を確認できるようにしておくことの要件
2016（平成28）年改正		・入力機器にスマートフォン等の容認 ・書類の受領者がスキャナで読み取りする際の入力は自署の上で速やかに（３日）（新設） ・小規模企業者の定期検査を税理士が行う場合の相互けん制体制の不要	
2019（令和元）年改正	・新規事業を開始した個人事業主の承認申請書の提出期限（事業開始後２カ月以内） ・JIIMA認証を受けた市販ソフトを使用する場合の承認申請書の記載事項等の緩和 ・電子帳簿保存法に関	・過去分の重要書類のスキャナ保存の容認（適用届出書提出が必要） ・入力期間の緩和（最長２カ月と概ね７営業日） ・検索方法に勘定科目別検索を容認	

	する相談窓口を整備（以上，スキャナ保存にも同様の適用）		
2020（令和2）年改正			・訂正・削除不可または訂正・削除の履歴が残る方法で電子取引データを授受および保存する場合の措置方法を追加 ・送信側でタイムスタンプを付与する措置方法を追加
2021（令和3）年改正	・帳簿書類のデータ保存承認制度の廃止 ・訂正・削除の履歴確保等要件・相互関連性確保要件の廃止 ・検索要件の廃止・調査官の求めに応じたダウンロード要件 ・優良電子帳簿により帳簿データの保存が行われる場合，事前の届出により税務調査時等の過少申告加算税を5％軽減	・書類のスキャナ保存の承認制度の廃止 ・速やかに入力する期限の廃止（自署要件廃止を含む） ・タイムスタンプ要件の緩和 ・検索要件（取引年月日その他の日付，取引金額，取引先名称） ・検索方法に，ダウンロードによる検索を追加 ・適正事務処理要件を廃止 ・スキャナ保存データの改ざんによる不正計算の重加算税率10％加重	・電子取引データの書面による保存方法の廃止 ・タイムスタンプによる措置 ・期限を最長67日とする ・検索要件（取引年月日その他の日付，取引金額，取引先名称） ・検索方法に，ダウンロードによる検索を追加 ・電子取引データの改ざんによる不正計算の重加算税率10％加重
2022（令和4）年改正		・タイムスタンプの国による認定制度の創設	・タイムスタンプの国による認定制度の創設 ・電子データの書面による保存方法の廃止の宥恕措置

（出所）　袖山監修・SKJ コンサルティング合同会社編［2020］10頁を加筆修正。

【参考文献】

Chavance, B. [2007] L′économie institutionnelle, La Découverte, Paris.（宇仁宏幸・中原隆幸・斉藤日出治訳 [2007] 『入門制度経済学』ナカニシヤ出版）

Coase, R. H. [1990] The Firm, the Market, and the Law, University of Chikago Press.（宮沢健一・後藤晃・藤垣芳文訳 [1992] 『企業・市場・法』東洋経済新報社）

Mcluhan .M. [1964] Understanding Media：the Extensions of Man, McGraw-Hill.（後藤和彦・高儀進訳 [1967] 『人間拡張の原理—メディアの理解』竹内書店, 栗原裕・河本仲聖訳 [1987] 『メディア論—人間の拡張の諸相』みすず書房）

North, D. C. [1990] Institutions, Institutional Change and Economic Performance, Cambridge University Press.（竹下公視訳 [1994] 『制度・制度変化・経済成果』晃洋書房）

青木昌彦・奥野（藤原）正寛・岡崎哲二編著 [1999] 『市場の役割　国家の役割』東洋経済新報社。

青木昌彦 [2014] 『青木昌彦の経済学入門—制度論の地平を拡げる』筑摩書房。

飯塚毅 [1983] 『正規の簿記の諸原則（初版）』森山書店。

飯野利夫 [1954] 「正規の簿記の原則とは何か—企業会計審議会の解釈批判」『産業経理』第14巻第9号, 35-40頁。

石井隆太郎ほか [2021] 『改正税法のすべて（令和3年版）』大蔵財務協会。

石井隆太郎ほか [2022] 『改正税法のすべて（令和4年版）』大蔵財務協会。

伊藤滋夫 [1996] 『事実認定の基礎—裁判官による法的判断の構造』有斐閣。

伊藤滋夫・難波孝一編 [2008] 伊藤滋夫「要件事実論の現状と課題」『民事要件事実講座1　総論I　要件事実の基礎理論』青林書院。

伊藤滋夫 [2012] 『民事法学入門』有斐閣。

伊藤正一 [1954] 「正規簿記の諸原則の一面」『産業経理』第14巻第1号, 21-25頁。

烏賀陽然良・大隅健一郎・河本一郎・國歳胤臣・八木弘 [1956] 『獨逸商法〔1〕』有斐閣。

江村稔 [1954] 「正規の簿記の原則—その本義と拡張について」『産業経理』第14巻第9号, 41-45頁。

岡村忠生 [2021] 「租税手続のデジタル化と法的課題」『ジュリスト』1556号。

小川慎一 [2012] 「技術決定論」大澤真幸ほか編『現代社会学事典』弘文堂。

奥田太郎 [2008] 「4　リアルとヴァーチャル—情報技術時代の哲学としての情報倫理」飯田隆・伊藤邦武・井上達夫・川本隆史・熊野純彦・篠原資明・清水哲郎・末木文美士・中岡成文・中畑正志・野家啓一・村田純一編集委員『岩波講座哲

学04―知識／情報の哲学』岩波書店。

梶川幹夫ほか［1998］『改正税法のすべて（平成10年版）』大蔵財務協会。

金子宏［2021］『租税法（第24版）』弘文堂。

北村実［2017］『事実と価値』本の泉社。

木村重義［1955］「会計事実について」『會計』第67巻第1号，13-24頁。

木村重義［1958］『新版　会計原則コンメンタール』中央経済社。

黒澤清［1951］『近代會計學』春秋社。

黒澤清［1975］「正規の簿記の原則」黒澤清・飯野利夫・中村忠・江村稔著『新企業会計原則訳解』中央経済社。

神戸大學外國法研究會編著［1956］烏賀陽然良・大隅健一郎・河本一郎・国歳胤臣・八木弘『現代外國法典叢書(6)　獨逸商法〔1〕』有斐閣。

国税庁［2000］『国税庁五十年史』大蔵財務協会。

小林啓倫［2013］『今こそ読みたいマクルーハン』マイナビ新書。

坂本孝司［2011］『会計制度の解明―ドイツとの比較による日本のグランドデザイン』中央経済社。

沢田允茂［1962］『現代論理学入門』岩波書店。

嶌村剛雄［1995］「正規の簿記の原則」『会計学一般原理』白桃書房。

「シャウプ勧告」70周年記念出版発行会［2019］『シャウプ勧告70周年記念出版「シャウプ使節団日本税制報告書」』エヌピー通信社。

十文字俊郎［2021］『改正　電子帳簿保存法のすべて』中央経済社。

首藤重幸［1992］「帳簿書類」『日税研論集』第20号，83-96頁。

住澤整ほか［2005］『改正税法のすべて（平成17年版）』大蔵財務協会。

税制調査会答申（2013）「平成24年度税制改正大綱」，（2015）「平成25年度税制改正大綱（自由民主党・公明党）」，（2017）「経済社会の構造変化を踏まえた税制のあり方に関する中間報告②（税務手続の電子化等の推進，個人所得課税の見直し）」，（2019）「経済社会の構造変化を踏まえた令和時代の税制のあり方」，（2020）「令和3年度税制大綱」，日本租税研究協会。（https://www.soken.or.jp/toushinshu/2021.08.05確認）

関禎一郎ほか［2015］『改正税法のすべて（平成27年版）』大蔵財務協会。

総務省［2021］『令和3年版　情報通信白書―ICT白書　デジタルで支える暮らしと経済』。

袖山喜久造［2016］『改正電子帳簿保存法完全ガイド』税務研究会出版局。

袖山喜久造監修・SKJコンサルティング合同会社編［2020］『詳説　電子帳簿保存法―実務のポイント』税務研究会出版局。

袖山喜久造［2021］「令和３年度税制改正　納税者環境整備（電子帳簿保存法）について」『税研』第37巻第１号，62-68頁。

高寺貞男［1967］『簿記の一般理論』ミネルヴァ書房。

高野俊信［1998］『逐条解説　電子帳簿保存法』税務経理協会。

武田昌輔［2009］『法人税回顧六〇年　企業会計との関係を検証する』TKC出版。

武田隆二［1982］『制度会計論』中央経済社。

武田隆二［2004］『会計学一般教程（第６版）』中央経済社。

武田隆二［2001］「会計学認識の基点」『企業会計』53巻１号，４-10頁。

武田隆二［2008］『最新財務諸表論（第11版）』中央経済社。

竹本智志編・三木清［1942］『技術哲学』紫洲古典。

田中耕太郎［1939］『貸借対照表の論理』有斐閣。

田中成明［2011］『現代法理学』有斐閣。

田中成明［2016］『法学入門（新版）』有斐閣。

忠佐市［1967a］「会計実務における事実認定の自主性（一）」『會計』第91巻第４号，74-94頁。

忠佐市［1967b］「会計実務における事実認定の自主性（二・完）」『會計』第91巻第５号，81-98頁。

忠佐市［1977］『企業会計法の論理』税務経理協会。

内藤景一朗ほか［2019］『改正税法のすべて（令和元年版）』大蔵財務協会。

内藤景一朗ほか［2020］『改正税法のすべて（令和２年版）』大蔵財務協会。

中里実・太田洋・伊藤剛志編著［2020］『デジタルエコノミーと課税のフロンティア』有斐閣。

中村静治［1995］『新版　技術論論争史』創風社。

永野則雄［1992］『財務会計の基礎概念』白桃書房。

日本税理士会連合会［1979］『シャウプ使節団日本税制報告書（復刻版）』日本税理士会連合会出版局。

沼田嘉穂［1957］「『正規の簿記の原則』の限界について」『會計』第71巻第１号，35-50頁。

波戸本尚ほか［2016］『改正税法のすべて（令和28年版）』大蔵財務協会。

福浦幾巳［2009］「電子帳簿保存における法規制の現状と諸問題」『西南学院大学論集』第56巻第１号，１-27頁。

福浦幾巳［2017a］「グローバル化による政策税制と税務会計への法的観点の影響」『會計』第191巻第２号，81-94頁。

福浦幾巳［2017b］「顕在化した「公正処理基準」の判断基準」『税研』193号，30-37

頁。

福浦幾巳［2020a］「テクノロジーの進展と電子帳簿保存法の抱える課題」『税研』第
　　35巻第5号，16-24頁。

福浦幾巳［2020b］「第12章　テクノロジーの進展と電子帳簿保存法の現状と課題」
　　河﨑照行編著『会計研究の挑戦—理論と制度における「知」の融合』中央経済社，
　　271-295頁。

福浦幾巳［2021］「わが国における税務会計史における『課税所得と企業利益』調整
　　論争の回顧と展望」『西南学院大学商学論集』第67巻第3・4合併号，33-66頁。

福田豊［1996］『情報化のトポロジー—情報テクノロジーの経済的・社会的インパク
　　ト』御茶の水書房。

PwC税理士法人［2021］『令和3年度改正に対応　電子帳簿保存法の制度と実務』清
　　文社。

保城広之至［2015］『歴史から理論を創造する方法—社会科学と歴史学を統合する』
　　勁草書房。

松尾豊［2015］『人工知能は人間を超えるか　ディープラーニングの先にあるもの』
　　KADOKAWA/中経出版。

松尾陽編［2017］『アーキテクチャと法—法学のアーキテクチャルな転回？』弘文堂。

松崎啓介編著［2005］『国税関係帳簿書類の電子保存の実務—スキャナ保存対応版』
　　大蔵財務協会。

松崎啓介［2021］『改正案速報解説　電子帳簿保存法がこう変わる！』税務研究会出
　　版局。

松崎啓介［2021］「令和3年度税制改正で進む税務手続のデジタル化」『税理』第64
　　第7号，53-58頁。

松沢智［1998］『コンピュータ会計法概論』中央経済社。

水越伸［2002］「技術決定論／文化決定論」北川高嗣ほか編『情報学事典』弘文堂。

見田宗介［1966］『価値意識の理論』弘文堂。

村上陽一郎［1975］「パターン認識でない認識はあるか」『数理科学』第145号，
　　22-26頁。

村上陽一郎［1986］『技術とは何か　科学と人間の視点から』NHKブックス505。

村田純一［2023］『技術の哲学—古代ギリシャから現代まで』講談社。

山下勝治［1964］『新版　企業会計原則の理論』森山書店。

山下壽文［2020］『戦後税制改革とシャウプ勧告』同文舘出版。

和栗佑介［2021］「改正国税関係法令詳解—改正国税通則等」『税理』第64巻第9号，
　　135-154頁。

和田伸一郎［2016］「「新デジタル時代」と新しい資本主義」佐藤卓己『岩波講座現代　第9巻　デジタル情報社会の未来』岩波書店。

渡辺智之［2007a］「取引と勘定─情報の観点からの課税方式分類の試み」『ジュリスト』第1329号，104-110頁。

渡辺智之［2007b］「『法人実在説』の再構成─取引費用と法人税」『ジュリスト』第1349号，118-124頁。

（福浦　幾巳）

第11章

税務実務におけるデジタル化の影響

1　はじめに

　近年，税務実務においてデジタル化の進展がめざましい。とくに，課税庁による「国税電子申告・納税システム」（以下「e-Tax システム」という）の導入は，税務実務を劇的に変化させた。令和3年版『情報通信白書』では，デジタル化について，「デジタル・トランスフォーメーション」，「デジタイゼーション」，「デジタライゼーション」の3つに区分し，これらを広い意味での「デジタル化」と定義している（総務省［2021］78-79頁）。

　具体的には，会社内の特定の工程における効率化のためにデジタルツールを導入するのが「デジタイゼーション」，自社内だけでなく外部環境やビジネス戦略も含めたプロセス全体をデジタル化するのが「デジタライゼーション」であるのに対し，「デジタル・トランスフォーメーション」は，デジタル技術の活用による新たな商品・サービスの提供，新たなビジネスモデルの開発を通して，社会制度や組織文化なども変革していくような取組みを指すとしている（総務省［2021］79頁）。

　税務実務において，所得税申告は，すでに e-Tax システムの導入によりデジタル化の影響が顕著に見られ，スマートフォンによる源泉徴収票のスキャン機能等，デジタル化が着々と進んでいる。また，提出資料が多い相続税申告においては，令和4年4月1日以後，光ディスクまたは磁気ディスクにより提出することができるようになりデジタル化が進み始めている。

所得税および相続税は，個人を対象とする税務実務であり，租税制度としては，単純にデータをインプットして課税標準を確定させやすい特徴がある。他方，企業を対象とする税務実務である法人税には，企業利益と課税所得に差異があるため，税務実務のデジタル化は単純なデータのインプットで済まされるものではない。

そこで，本章の目的は，企業会計に基づく企業利益から課税所得を算定させる特徴をもつ法人税申告において，デジタル化が企業や会計および税務に関する専門家（以下「税理士等」という）の税務実務にどのような影響を及ぼすかについて検討することにある。本章の具体的課題は，次のとおりである。

①　e-Tax システムの変遷とその特徴を概観するとともに，企業や税理士等が行う税務実務におけるデジタル化の現状をもとに問題点を明らかにする。

②　技術の発展に対して人間や社会，制度がどうあるべきかについて，先行研究に基づき理論的検討を行う。

③　先行研究による理論的検討に基づき，税務実務におけるデジタル化の課題を浮き彫りにするとともに，将来の可能性と方向性を展望する。

2　税務実務におけるデジタル化の変遷と現状

（1）税務実務におけるデジタル化の変遷

①　会計システムの変遷

わが国において，コンピュータが企業の経理業務に活用され始めたのは，1960年代から1970年代である（河路［2016］247頁）。1980年代にはオフィスコンピュータが販売され，税理士等は高額な会計専用機を購入し，主に中小企業を対象に記帳代行をメイン業務とする時代が続いた。

この頃，大企業や中堅企業では ERP（Enterprise Resource Planning）により，基幹業務システムと会計システムが連携するようになり，仕訳の自動化が行われ始める（河路［2016］248頁）。しかし，中小企業においては，ERP の導入が高額なこともあり，仕訳の自動化にまでは至らなかった。

268　第Ⅲ部　デジタル社会が実務にもたらす変化と未来

　1990年代は，情報システム分野で極めて大きな技術的革新が生じ，低価格の
パソコンが市販されるようになり[1]（河路［2016］251-252頁），中小企業でも自
社のパソコンで会計処理ができる時代が到来することになる。この頃から，中
小企業でも自らが記帳を行う「自計化」が行われ始め，税理士等は記帳代行だ
けではなく，記帳指導や経営支援等を求められることになる。
　そして，2010年以降，クラウドシステムが潮流となる。2010年中頃からは，
会計業務においてもクラウド会計システムが本格的に導入され始め，さまざま
なベンダーがクラウド会計システムを提供している。

②　e-Tax システムの変遷

　e-Tax システムの運用は，2004年の運用開始からすでに20年が経過している。
図表11-1は，運用開始後前半（2004年から2012年頃）と後半（2014年から2021
年）に分けて，その制度と技術の変遷について示したものである。
　その変遷を見ると，制度的には，運用開始後前半では，あまり制度の改正は
行わず，「普及」に重点が置かれているのに対し，後半は，「e-Tax または光
ディスク等による法定調書提出の義務化」や「大法人の電子申告義務化」に見
られるように，「効率化・高度化」に重点が移行している点に特徴がある。
　また，技術面から見ると，運用開始後前半は，「利用者識別番号等の即時発
行」等に見られるように，その「利用促進」に重点が置かれているのに対し，
後半は，「送信容量および受付時間の拡大」や「法人税申告書別表等の CSV 形
式での提出」等，「利便性の向上」に重点が移行しているという特徴が見られ
る。

1　1995年は，マイクロソフトが MS-Windows95においてインターネットへの接続を標準装備したた
　　め，『平成12年版国民生活白書』では，1995年を「インターネット元年」と記述している（河路
　　［2016］252頁）。

第11章　税務実務におけるデジタル化の影響　*269*

[図表11-1] e-Tax システムの変遷
【運用開始後前半】

年	制　　　度	技　　　術
2002年 （平成14年）	・「行政手続等における情報通信の技術の利用に関する法律」制定（令和元年改正により名称が「情報通信技術を活用した行政の推進等に関する法律」）	
2003年 （平成15年）	・「国税関係に係る行政手続等における情報通信の技術の利用に関する省令」制定（令和元年改正により名称が「国税関係法令に係る情報通信技術を活用した行政の推進等に関する省令」	
2004年 （平成16年）	・名古屋国税局管内で e-Tax の運用開始 ・全国での運用開始	
2005年 （平成17年）	・支払調書等の光ディスク等による提出が認められる ・連結納税手続を利用可能手続に導入	
2007年 （平成19年）	・源泉徴収関係書類の電磁的方法での提供等	・税理士等による代理送信の場合，納税者本人の電子署名が不要となる ・電子交付された給与所得の源泉徴収票等のオンライン送信が可能となる
2008年 （平成20年）		・オンラインで開始届出書を提出した場合，利用者識別番号等を即時発行 ・e-Tax を利用して請求された納税証明書に関して，電子データのほか書面での取得が可能となる ・受付時間の拡大 ・ダイレクト納付の導入
2012年 （平成24年）		・WEB ブラウザ上で利用可能な「e-Tax ソフト（WEB 版）」の提供開始

270　第Ⅲ部　デジタル社会が実務にもたらす変化と未来

【運用開始後後半】

年	制　度	技　術
2014年 (平成26年)	・e-Tax または光ディスク等による法定調書提出の義務化（前々年1,000枚以上）	
2015年 (平成27年)	・スキャナ保存制度の対象書類の範囲の拡大，各種要件の緩和	
2016年 (平成28年)		・e-Tax で受付可能なデータ形式への変換機能の提供開始 ・添付書類のイメージデータ提出が可能となる ・受付時間の拡大
2017年 (平成29年)	・添付書類のイメージデータ提出の対象拡大	
2019年 (令和元年)		・送信容量の拡大 ・受付時間の拡大
2020年 (令和2年)	・大法人の電子申告義務化 ・勘定科目内訳明細書の記載内容の簡素化 ・PDF 形式で送信した添付書類の紙原本の保存不要化	・法人税申告書別表等の CSV 形式での提出化 ・送信容量の拡大 ・法人代表者の電子署名について，法人の代表者から当該法人の役員・社員への委任
2021年 (令和3年度)	・押印義務の廃止	

（出所）　国税庁ホームページ「e-Tax の沿革」をもとに筆者作成。
　　　　　https://www.e-tax.nta.go.jp/gaiyo/history.htm

（2）税務実務におけるデジタル化の現状

①　会計システムの現状

　企業と税理士等が利用している会計システムは，税務実務に大きな影響を与える。**図表11-2** は，企業において作成される取引データが，周辺業務システムから会計システムを通して，税理士等の会計システムに流れるデータフローを示している（記帳代行を除く）。

[図表11-2] 税務実務におけるデータフロー

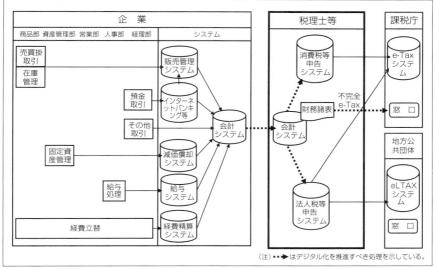

(出所) 筆者作成。

　企業が利用する会計システムと税理士等が利用（対応）する会計システムが同じであれば，会計データの連携が可能であり，税理士等は企業の会計データをチェックしやすい。しかし，双方の会計システムが異なれば，会計データの連携が行われず，税理士等は何らかの形[2]で企業側の会計データを取り込む作業が必要となる。

　わが国では，さまざまな会計システムが利用されているが，企業および税理士等において導入されている会計システムの類型は，大きく**図表11-3**の3つに分類される。

　類型別に，主な利用企業を見ると，中小企業においては，導入費用も安価で，会計データの取扱いも容易であることから，今なお「スタンドアロン型」が多く利用されている現状がある。また，「ネットワーク型」は，導入費用が比較的高額なこともあり，主に大企業・中堅企業に利用されている。これに対して，

---

[2] 主な連携方法として，企業側の会計データを税理士等が利用する会計システムのデータ形式に変換して取り込む方法がある。

272　第Ⅲ部　デジタル社会が実務にもたらす変化と未来

[図表11-3] 会計システムの類型

項目 ＼ 類型	スタンドアロン型	ネットワーク型	クラウド型
定義	・会計用端末機がインター ネットなどのネットワークにつながっていない状態で会計処理を行うもの	・社内 LAN 等のネットワークシステムに接続され，社内に置かれたサーバー等で会計処理とデータ保存を行うもの	・インターネット上のサーバーにデータを保存するクラウドサービスを使って会計処理を行うもの
長所	・導入費用が安価 ・会計データ漏洩の可能性が低い等	・複数人での会計処理が可能 ・ERP により周辺業務システムとの連携が可能	・複数人での会計処理が可能 ・会計システム自体に販売管理システムとの連携機能がある場合が多い
短所	・会計処理を行えるのは1名のみ（同時処理はできない）	・導入費用が高額	・通信トラブル等に脆弱
会計データの取扱い等	・主に USB 等	・主に USB 等（ただし，大企業向けの会計システムに税理士等が対応していない場合も多い）	・クラウド上で共有
主な利用企業	・中小，零細企業向き	・大企業，中堅企業向き	・中堅，中小企業向き

(出所)　筆者作成。

　近年，発展がめざましいのは，企業と税理士等が会計データをリアルタイムで共有することができる「クラウド型」である。

　「クラウド型」では，税理士等は企業を訪問する前にクラウド上にある会計データをチェックしておけば，訪問時には証憑等の確認のみをすれば足り，経営者等への指導・助言に時間を割くことができる。「クラウド型」は，他の周辺業務システムとの連携も容易であることから，経理人材が乏しい中小企業で活用され始めている。ただし，通信トラブル等が起こった場合には，完全に機能しなくなるという脆弱性はある。

② 税務実務の現状

税務実務のうち，法人税申告および消費税申告のデジタル化は，会計システムで作成した会計データをいかに税務申告システムに反映させるかが重要となる。会計システムで作成した会計データを税務申告システムに反映させる方法は，主に次の3つに分類することができる。

- ・手入力型：会計システムの会計データを税務申告システムに直接，手入力する方法
- ・データ連携型：税務申告システムにおいて複数の会計システムとの連携機能を備え，取込作業を行うことによって会計データを税務申告システムに連携させる方法
- ・一気通貫型：会計システムと税務申告システムを同じベンダーが制作しているため，会計データを一気通貫で税務申告システムに連携させる方法

ここで，税理士等事務所の属性は，利用する会計システムと税務申告システムの組合せによって，**図表11-4**のように分類することができる。

[図表11-4] 税理士等事務所の属性

会計S＼税務S	スタンドアロン型	ネットワーク型	クラウド型
手入力型	① アナログ型 個人事務所	③ アナログ型 組織事務所	③ アナログ型 組織事務所
データ連携型	② デジタル型 個人事務所	④ 現行デジタル型 組織事務所	⑤ 先行デジタル型 組織事務所
一気通貫型	② デジタル型 個人事務所	④' 現行デジタル型 組織事務所	⑤' 先行デジタル型 組織事務所

(出所) 筆者作成。

なお，④'および⑤'の事務所は，④および⑤の事務所に比べて標準化されたサービスが提供可能と考えられる。また，①のようなアナログ型の税理士等事務所が少なからず存在し，その多くが，法人税申告において，e-Taxシス

274　第Ⅲ部　デジタル社会が実務にもたらす変化と未来

テムでは税務申告データのみを送信し，財務諸表（決算報告書）等は書面で税
務署に提出するという現状がある（不完全e-Tax）（**図表11-2**参照）。

　このような税理士等事務所に対して，国税庁は，税務申告データとともに財
務諸表等のデータもe-Taxシステムで送信する「完全（ALL）e-Tax」を要請
している。また，それに伴って，会計システムや税務申告システムで作成した
CSV形式データをe-Taxシステムで受付可能なXBRL形式（財務諸表）およ
びXML形式（勘定科目内訳明細書）のデータに変換することができるように
e-Taxソフトの改修も積極的に行っている。

3　先行研究

（1）技術と人間社会の関係性

①　道具と人間

　人間は道具によってどのような影響を受けるのだろうか。石黒［1995］は，
人間とコンピュータとの関わりについて，「シンボルを操る道具は思考を変え
るのか」という問いを通して検討している。具体的には，「鉛筆は人間の能力
を向上させるのか」という課題に対して，2つの考え方があるとしている（石
黒［1995］117-121頁）。

　まず1つの考え方は，「鉛筆は人の能力を向上させる」とする「増幅－内化
モデル」である。この考え方によると，「鉛筆という道具は人間の書記機能に
かかわる潜在的な能力を引き出す増幅器のような役割を果たす」としている。
また，その「鉛筆によって増幅された人間の能力が真の能力となるためには，
外的な道具から内的な道具に置き換わることが必要」としている。外的な道具
から内的な道具へ置き換わる例としては，「ソロバンによって人間の暗記能力
が高まる」といったことが挙げられる（石黒［1995］118-120頁）。

　これに対して，もう1つの考え方は，「鉛筆を使うことによって人間は愚か
になった」とする「外化モデル」である。この考え方によると，「文字を書く
ことによって人は記憶力を弱める」とするソクラテスの言葉を挙げ，「道具は
知識の外化を引き起こし，個体の中の知識を最小にしてしまう」としている。

つまり，外化モデルでは，「本来人間が学習すべき多くの知識を機械が代替してしまい，人間が無能化していってしまう」ことになる（石黒［1995］118頁）。

この点について，統合イノベーション戦略推進会議が策定した『人間中心のAI社会原則』[3]では，基本理念において，「人間がAIを道具として使いこなすことによって，人間のさまざまな能力をさらに発揮することを可能とし，より大きな創造性を発揮したり，やりがいのある仕事に従事したりする」社会を構築する必要があるとしている（統合イノベーション戦略推進会議決定［2019］4頁「基本理念（1）」）。

②　技術と人間社会

人間社会は技術とどのような関係であるべきだろうか。つまり，人間社会で行われる税務実務は，AI等の技術とどのような関係であるべきか，についての問題である。この問題に関しては，従来から社会学や情報学，哲学等の分野で議論が行われており，「社会の諸変化が，技術の進展によってもたらされるか，文化的諸要因によってもたらされるか」をめぐり，次の2つの考え方がある（水越［2002］211頁）。

まず1つの考え方は，「技術決定論」である。これは，社会学から見れば，「技術が社会構造や社会的相互行為，個人を規定する唯一の要因である」とする考え方である[4]（小川［2012］246頁）。また，情報学から見れば，技術決定論は，「情報技術が進展すれば，社会システムや人間存在に大きな影響を与え，それらを否応なく変化させていく」という考え方になる（水越［2002］211頁）。つまり，技術の変化に応じて社会が変化していくという考え方である[5]。

これに対して，もう1つの考え方は，「文化（社会）決定論」である。これは，

3　『人間中心のAI社会原則』は，AI戦略実行会議の下，AIをより良い形で社会実装し共有するための基本原則を検討し，AI戦略に反映させることを目的として設置された「人間中心のAI社会原則会議」から「統合イノベーション戦略推進会議」に提案され，平成31年3月29日に策定された。

4　「製造技術が組織構造や労使関係，労働過程，労働者意識を規定するという主張は，技術決定論の典型例である」としている（小川［2012］246頁）。

5　なお，哲学的な視点からは，技術決定論にも「ハード」なものと「ソフト」なものが見られる。ハードな技術決定論では，「技術の自律的発展に人間社会が適応する」という見解が採られ，ソフトな技術決定論では，「人間社会が技術発展の方向と速度を選択する」という見解が採られるが，どちらも技術発展の社会発展にとっての決定的役割を認めている（濱嶋ほか編［2005］102頁）。

社会学から見れば、「文化とはそれ自体の進歩発展の法則に従う閉鎖系」であるとする考え方である（梶原［2012］1130頁）。また、情報学から見れば、文化決定論は、「文化的諸要因が重層的に絡まり合う中から社会の変化は引き起こされる」ととらえ、「情報技術は、特定の地域や歴史のなかで、（中略）社会的に生産され、解釈され、消費されていく」という考え方となる（水越［2002］211頁）。つまり、社会の求めに応じて技術が変化していくという考え方である。

この点について、『人間中心のAI社会原則』では、基本理念において、「我々は、AIを利活用して効率性や利便性を追求するあまり、人間がAIに過度に依存したり、人間の行動をコントロールすることにAIが利用される社会を構築するのではなく」、「AIの適切な開発と展開によって、（中略）社会のありかたを変革していく必要がある」としている（統合イノベーション戦略推進会議決定［2019］4頁「基本理念（1）（2）」）。これは、「文化（社会）決定論」の立場を採るものといえるのではなかろうか。

（2）技術と制度の関係性

技術に関する制度はどうあるべきだろうか。ノース（Douglass C. North）は、制度について、「制度は社会におけるゲームのルールである。あるいはより形式的にいえば、それは人々によって考案された制約である」とし、これを「フォーマルな制約」と「インフォーマルな制約」に区別している（竹下［1994］3-4頁）。前者は「政治的ないし司法上の決定によって変化しうる」法規制を示し、後者は「計画的な政策にそれほど影響されない」社会規範等を示している[6]（竹下［1994］4-7頁）。

また、レッシグ（Lawrence Lessig.）は、人間の行動を制約する規制手段として、次の4つを示している（松尾［2017］2頁、11-12頁）。

① 法規制：法による制約
② 社会規範：共同体の構成員が互いに課す制約
③ 市場：価格を通じての制約

6　ノースは、フォーマルな制約とは「人が考察するルール」とし、インフォーマルな制約とは「慣習や行為コード」としている（竹下［1994］4頁）。コードとは、一般的には、符号や記号をいうが、ここでは規約や規則、慣例、作法等を意味する。

④　アーキテクチャ[7]：操作可能な物理的制約

　さらに，レッシグは，アーキテクチャによる規制に関連して，「インターネットはプログラム・コードによって成立しており，そうしたコードを書き換えることでいかようにも変わり得る規制可能な空間である」としている（松尾[2017] 6頁）。また，「現実の空間における規制に比べて，人為的にコントロール可能なコードによって成立するインターネット空間の規制は強力である」[8]とし，その制約の強さを説いている（松尾[2017] 6頁）。

　レッシグが示す規制手段をノースによる制約に分類すると，法規制が「フォーマルな制約」であり，社会規範や市場，アーキテクチャは「インフォーマルな制約」と区分することができる。では，AIの技術に関する制約は「フォーマル」か「インフォーマル」か，いずれであるべきだろうか。

　この点について，世界では，「法律の制定や，立法に向けた提案を行う例はない」[9]とされる。その理由として，「AIはまだ開発途上であり」，「技術が発展していく中で，中途半端な段階を前提として法制度を作ると，後日，制度と実態が合わなくなったり，技術の発展に対して制度がバイアスを与えてしまったりする可能性は否定できない」との指摘がされている（小塚[2019] 128頁）。

　また，技術変化と制度変化は「スピード感が違う」との指摘もあり（篠﨑[2014] 215-219頁），発展し続ける技術に関する制度については，実態との適合性や，制度が技術の発展にバイアスを与える可能性があるため（小塚[2019] 128頁），インフォーマルな制約とするのが現実的であろう。

7　アーキテクチャとは，「例えば，泥棒の侵入を防ぐべく，ドアにかけられた鍵のことである。事前に鍵をかけられたドアは，侵入しようとする泥棒の行為を，その時点で，つまり同時的に制約する」（松尾[2017] 12頁）。

8　レッシグは，「コードは法である」とし，「コードを利用して大企業が自己に有利な規制を形成しつつあり，そのコードが既存の法に取って代わる危険がある（法の私物化）」としている（松尾[2017] 7頁）。

9　日本では「社会」原則，EUでは「倫理」ガイドラインと銘打たれ，法的なルールではないことが強調されている（小塚[2019] 128頁）。

278 第Ⅲ部 デジタル社会が実務にもたらす変化と未来

4 税務実務におけるデジタル化の課題と可能性

（1）税務実務におけるデジタル化の課題

① 税法における帳簿の記載事項

図表11-5は，法人税法における青色申告法人の販売費および一般管理費に関する帳簿への記載事項と，消費税法における仕入れに係る消費税額の控除の適用を受ける場合の帳簿への記載事項を示している。このように，税法上は，取引の「相手先」，「取引日付」，「内容」，「金額」，「勘定科目」を記載する必要があるが，税務実務上は管理会計の必要性から，これらの他に「補助科目」や「部門」が記載されることが多い。

［図表11-5］税法における帳簿の記載事項

項　目	法人税法 施行規則別表22（14）	消費税法第30条第8項第1号
①相手先	支払先	相手方の氏名または名称
②取引日付	取引の年月日	年月日
③内容	事由	資産または役務の内容 （軽減税率の対象品目である旨）
④金額	金額	支払対価の額 （税率の異なるごとに区分した取引金額）
⑤勘定科目	科目の名称	－

（出所）　筆者作成。

　AI等の技術の発展に伴い，証憑書類等をスキャンする（読み取る）ことで，自動仕訳を行う技術が発展している。自動仕訳の技術は，従来，手書きの領収証等の読取率が芳しくなかったが，現在ではそれも向上している。では，税法上必要となる帳簿への記載事項は，すべて自動仕訳の技術を使って要件を満たすことができるのであろうか。**図表11-6**は，自動仕訳の技術によって読み取

ることができる帳簿への記載事項を検討したものである。

[図表11-6] 自動仕訳技術による読取可能性

項　目	自動読取りの可否	例　示
①相手先	可能	○○商店
②取引日付	可能	2024年 2 月13日
③内容	可能	飲食代
④- 1 ：税抜金額	可能	10,000円
④- 2 ：消費税等	可能	1,000円
④- 3 ：税率	可能	10%
⑤勘定科目	人的判断が必要	福利厚生費 or 交際費
⑥補助科目	人的判断が必要	交際費の場合，1 人当たり 5,000円超 or 5,000円以下
⑦部門	人的判断が必要	第一営業部 or 第二営業部

（出所）　筆者作成。

　このように，「相手先」，「取引日付」，「内容」，「金額（消費税率を含む）」といった証憑書類等に記載される「事実」については読取り可能であるが，その事実に基づき「どの勘定科目・補助科目・部門にするか」といった事項は，一定の「判断」を要する場合がある。

　たとえば，「○○商店」での飲食代を「福利厚生費」とするか「交際費」とするかは，支出の状況や行為の内容など，さまざまな要素を勘案しなければならず，一定の人的判断が必要と考えられる。これらの要素とその評価，判断の過程，その理由付けなどは，すべて租税情報であるとされる[10]（岡村［2021］55頁）。企業会計と法人税法では，事実の認定に隔差が生じるということである（忠［1967］79頁）。

10　岡村教授は，「接待を含む商談のために利用したタクシー代を，交「通」費とするか交「際」費とするか」の判断を事例として挙げている（岡村［2021］55頁）。

②　税務実務における人的判断の必要性

　法人税法は，企業会計上の収益・費用計算を基礎としながら，益金・損金計算によって課税所得金額を算定するよう定めている。この収益と益金の額，費用等と損金の額との間には「別段の定め」による差異が生じるため，いわゆる申告調整が必要になる。このような企業利益と課税所得の関係において，デジタル化は税務実務を変えるのだろうか。

　たとえば，企業の社員が，得意先に対する接待費を立替え，経費精算を行う場合，1人当たりの飲食費が「5,000円」を超えれば法人税法上の交際費等となり，損金不算入の対象となりうるが，「5,000円以下」であれば交際費等から除外される[11]。このような場合，実務上，接待交際費勘定の補助科目で「課税分」と「それ以外」を区分する必要があり，企業の経理担当者等による一定の人的判断が必要となろう。

　また，消費税法上，課税仕入れ等の消費税額を計算する方法として，個別対応方式を採用する場合，支払いの内容を収益との対応関係において，①「課税売上げにのみ要する課税仕入れ等に係るもの」，②「非課税売上げにのみ要する課税仕入れ等に係るもの」，③「課税売上げと非課税売上げに共通して要する課税仕入れ等に係るもの」の3つに区分する必要がある。たとえば，交際費の場合，通常は③となるが，得意先との取引内容（売上高）が課税取引であれば，課税仕入れ等の区分は①となる[12]。ここでも，一定の人的判断が必要となろう。

　このような判断は，企業利益計算において，たとえ会計システムによる自動仕訳の技術によって人的判断が不要になったとしても，課税所得計算上は「別段の定め」による差異を調整する必要があることからデジタル化が困難であると考えられる。ただし，そのような人的判断を不要とするため，租税制度自体を変えるようなことが起これば[13]，自動仕訳に基づき税額計算まで可能になるであろう。

11　2024（令和6）年3月現在の法令による。
12　国税庁は，これを建設現場で支出する交際費の事例として挙げている（国税庁消費税室 [2012] 1頁問1-2）。
13　これが技術決定論の典型といえよう。

③ デジタル化と税務実務人材

では，デジタル化は，税務実務を担う人材にどのような影響を与えるであろうか。ここで，ある中小企業の事例を見てみたい。その企業では，2000年頃，すでにERPにより基幹業務システムを通して会計仕訳をほぼ自動化しており，その当時の経理担当者は内部牽制に特化していたという。

その後，当該企業では，定年退職等によりERPを導入した頃の経理担当者がすべて退職すると，元となる取引やそれに伴う会計処理を十分理解しない経理担当者ばかりとなった。その結果，自動的に作成される仕訳を検証することもなく日常業務や決算業務を行うことが通例となっていった。

ERP導入から20年後，別の基幹業務システムを新規導入することとなったため，物の流れや取引条件等をどのように仕訳に反映させるかについて検討するプロジェクトが立ち上がった。しかし，ERPに依存していた経理担当者は，自動的に作成されていた仕訳の内容を理解しておらず，結果，基幹業務システムの新規導入は大幅に遅れたという事例がある。

本事例を先行研究の「道具と人間」との関係で考えると，ERPという道具によって経理担当者の知識が「外化」した典型であるといえる。このような事例は，自動仕訳の技術が発展すれば，どの企業でも起こりうるであろう。ERPを導入した当時の経理担当者が行っていた内部牽制は，道具を「増幅」し，知識の「内化」を起こしていた。税務実務におけるデジタル化の理想型といえよう。

（2）税務実務におけるデジタル化の可能性

① 電子取引制度の可能性

令和3年度税制改正「電子計算機を使用して作成する国税関係帳簿書類の保存方法等の特例に関する法律」（以下「電子帳簿保存法」という）では，「国税関係帳簿」，「国税関係書類」，「電子取引の取引情報」の3つについて大幅な改正が行われた。このうち，企業や税理士等に大きな影響を与えているのは，「電子取引の取引情報に係る電磁的記録の保存」に関する改正である。

この規定では，所得税法および法人税法上，取引に関して相手方から受け取った注文書，領収書等や相手方に交付したこれらの書類の写しの保存義務が

定められ，同様の取引情報を電子取引により授受した場合には，その取引情報に係る電磁的記録を一定の方法により保存しなければならないとされた（電子帳簿保存法第7条）。電子取引制度は，大企業や中小企業といった企業規模に関係なく，すべての企業で実務上扱われている取引を対象としており，令和6年1月1日より施行されている[14]。

ここで，取引情報とは，取引に関して受領し，または交付する注文書，契約書，送り状，領収書，見積書その他これらに準ずる書類に通常記載される事項をいう（国税庁［2022］3頁）。つまり，いわゆるEDI取引，インターネット等による取引，電子メールにより取引情報を授受する取引（添付ファイルによる場合を含む），インターネット上にサイトを設け，当該サイトを通じて取引情報を授受する取引等をいう[15]（国税庁［2022］3頁）。

電子取引制度においては，タイムスタンプを付与する等の方法で訂正・削除履歴を確保する必要がある（真実性）。さらに，表計算ソフト等で索引簿を作成するか，規則的なファイル名を付す方法で検索機能を確保した上で，ディスプレイ・プリンタ等を備え付け，見読可能性を確保する必要もある（可視性）。

税務実務上，中小企業においても，インターネットサイトでの物品の購入やクレジットカードの利用といった電子取引は多く利用されている。経営資源の少ない中小企業にとって，電子取引の保存要件である「訂正・削除履歴」および「検索機能」の確保は，対応することが困難な課題といえよう[16]。

しかし，このような電子取引を積極的に活用した場合，デジタル化によって税務実務に大きな変革がもたらされることも考えられる。近年，その発展がめざましい「クラウド型」会計システムの多くは，証憑書類等をスキャンすれば，その画像データから自動で仕訳を生成し，仕訳とともに証憑書類の画像データ

---

14 電子取引制度の施行日は，当初，令和4年1月1日とされたため，企業や税理士等は，その対応に追われた。対応を急いだ企業の中には，タイムスタンプ機能を備えた高額なシステムを導入したケースもあったが，多くの企業では対応が大きく遅れ，結果，令和4年度税制改正において2年間の宥恕措置が設けられた。

15 具体例を挙げれば，電子メールで請求書や領収書等を受け取る場合，インターネットサイト（Amazonや楽天等）で物品を購入している場合，クレジットカードの利用明細をインターネットで確認・入手している場合，ネットショップに出店し，自社の商品を顧客に販売している場合等が挙げられる。

16 ただし，多くの中小企業では，「規則的なファイル名を付す方法」を採用し，PDFファイルを規則的にフォルダ管理することで対応できると推察される。

第11章　税務実務におけるデジタル化の影響　*283*

を保存する機能を備えている[17]。確かに，前述のような一定の人的判断が必要となる取引や税務実務人材に及ぼす影響といった懸念事項はあるとしても，経営資源の少ない中小企業こそ，電子取引を積極的に活用し，自動仕訳機能によりリアルタイムに経営成績を把握する方向に進むべきであろう。

②　デジタルインボイスの可能性

　令和5年10月1日から施行されている「インボイス制度」は，正式には，「適格請求書等保存制度」という。適格請求書（インボイス）とは，売り手が買い手に対して，正確な適用税率や消費税額等を伝えるもので，具体的には，インボイス制度施行前の「区分記載請求書」に「登録番号」，「適用税率」および「消費税額等」の記載が追加された書類やデータをいう。

　インボイス制度において，売り手側の登録事業者は，買い手である取引相手（課税事業者）から求められたときは，インボイスを交付しなければならない。また，買い手側は，仕入税額控除の適用を受けるために，原則として，取引相手（売り手）である登録事業者から交付を受けたインボイスを保存することが必要となる。したがって，インボイス制度は，売り手側にも買い手側にも大きな事務的負担が発生する。

　また，電子インボイスとは，適格請求書等保存方式において仕入税額控除に必須となる適格請求書を電子化する仕組みであり，さらに電子インボイスを標準化し構造化した仕組みをデジタルインボイスという（デジタルインボイス推進協議会ホームページ：https://www.eipa.jp/peppol）。デジタルインボイスでは，売り手側は請求データと入金データに基づいて自動消込みが行われ，買い手側も発注データと請求データが自動照合され，それをもとに支払指示がなされる。デジタルインボイスの仕組みでは，これらの取引のデジタルデータを会計システムと繋げることが可能となる（**図表11-7** 参照）。

　デジタルインボイスの標準システムであるペポル（Peppol：Pan European Public Procurement Online）は，請求書（インボイス）等の電子文書をネットワーク上でやり取りするための「文書仕様」，「運用ルール」，「ネットワーク」

17　したがって，税理士等は，企業に出向くことなく事務所に居ながら，クラウド会計システム上で会計帳簿と証憑書類をチェックすることができる。

284　第Ⅲ部　デジタル社会が実務にもたらす変化と未来

[図表11-7]　デジタルインボイスの仕組み

売り手　　　　　　　EDI　　　　　　　買い手

販売管理システム　　見積データ →　　　見積データ →　　購買管理システム
　　　　　　← 受注データ　　　← 発注データ
　　　　　　納品データ →　　　検収データ →　　　自動照合
税務システム　会計システム　自動消込　請求データ →　eInvoice　請求データ →　会計システム　税務システム
　　　　　　← 入金データ　　全銀EDI　← 支払データ　支払指示

└─ 2023年10月までに実現を目指す領域

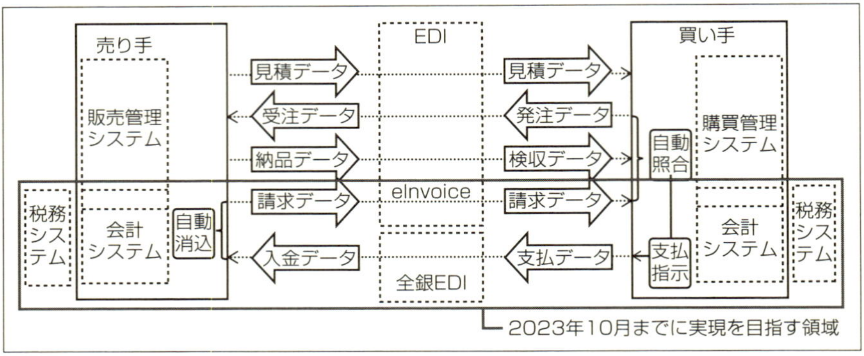

（出所）　デジタルインボイス推進協議会ホームページ：https://www.eipa.jp/peppol

　のグローバルな標準仕様である（デジタルインボイス推進協議会ホームページ：https://www.eipa.jp/peppol）。

　ペポルは，「4コーナーモデル」と呼ばれるアーキテクチャを採用している。ユーザー（売り手：C1）は自らのアクセスポイント「C2」を通じてペポルネットワークに接続し，買い手のアクセスポイント「C3」にインボイスデータを送信する。そして，それが買い手「C4」に届く仕組みになっている（**図表11-8**参照）。

　前述したように，インボイス制度は，売り手側にも買い手側にも大きな事務的負担が発生する。しかし，売掛金管理や買掛金管理について，多くの企業の経理担当者が販売管理システムを使って消込業務や違算管理を行っている現状を考えれば，ペポルを標準仕様とするデジタルインボイスの仕組みによって，これらの事務処理の自動化が期待される。これは，企業の経理業務の効率化に大きく貢献するだろう。

　他方，税理士等は，デジタルインボイスの仕組みの中で，現行の記帳代行業務を行うことは困難になろう。さらに消費税の税区分チェックについても，紙でのチェックはできず，会計システムに取り込まれたインボイスデータをもって行うしか手段はない。デジタルインボイスによって，税理士等は企業との関わり方が変化することから，その対応の変革を迫られることになる。

[図表11-8] ペポルの仕組み

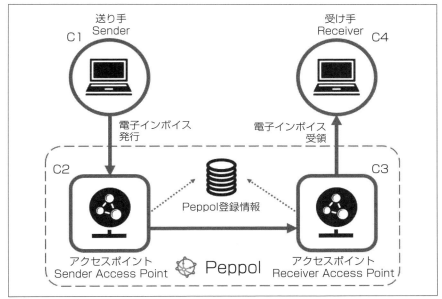

(出所) デジタルインボイス推進協議会ホームページ：https://www.eipa.jp/peppol

③ 税務実務におけるデジタル化の可能性

図表11-9に示すように，税務実務は，「会計実務」，「申告調整」，「税務申告」に区分することができる。会計実務は，経済活動を「取引」として会計システムの仕訳帳にインプットし，元帳に転記した上で，「財務諸表」(貸借対照表および損益計算書)に誘導する過程ということができる(武田 [2008] 7頁)。また，申告調整は，法人税法による別段の定めに基づき，財務諸表による「企業利益」から「課税所得」を算定する過程であり，税務申告は，課税所得に基づき「税額計算」を行い，課税庁に「申告手続」を行う過程である。

では，これらの税務実務には，今後，デジタル化の影響によって変化が起こるのであろうか。これまで検討してきたように，「税務申告」の実務は早くからデジタル化されたe-Taxシステムの発展によりすでに大きく変化しているが，「申告調整」の実務は，デジタル化が進んでも人的判断の必要性から，現行制度上は大きく変化しないと考えられる。しかし，「会計実務」は，デジタ

[図表11-9] 税務実務の区分

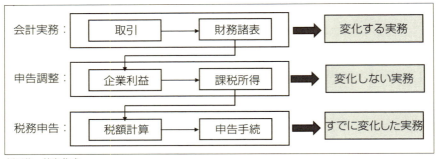

(出所) 筆者作成。

ル化の過渡期ということができ，将来的に大きく変化するものと推察される。

たとえば，「ブロックチェーンの技術は，今日における会計の質を変える可能性を秘めている」との指摘がある（Deloitte［2016］p.4）。この技術を使えば，「すべての仕訳は分散化および暗号化されるため，事実上，取引を隠蔽するために改ざんや削除したりすることは不可能である」とされる（Deloitte［2016］p.3）。さらに，「規制要件に準拠して会計プロセスを大幅に自動化する方法を構築する可能性がある」とされ（Deloitte［2016］p.4），これまで検討してきた会計システムの発展とは，次元の違う変化が起こる可能性がある。

このように，デジタル化は税務実務を大きく変化させる可能性があるが，その基底とすべき考え方は，先行研究の「技術と人間社会」の関係性で検討した「文化（社会）決定論」（社会の求めに応じて技術が変化していく考え方）が適合するように思われる。『人間中心の AI 社会原則』の基本理念においても，「人間が技術に過度に依存し，さらに人間の行動をコントロールする社会を構築すべきではない」としている（統合イノベーション戦略推進会議決定［2019］4頁「基本理念（1）」）。取引のインプットから申告手続に至るまで，人間が不在となるような税務実務は，想定していない弊害を引き起こす可能性がある。

（3）税務実務の方向性

① 令和4年度税理士法改正

税理士の使命は，「税務に関する専門家として，独立した公正な立場におい

て，申告納税制度の理念にそつて，納税義務者の信頼にこたえ，租税に関する法令に規定された納税義務の適正な実現を図ること」とされる（税理士法第1条）。

日本税理士会連合会は，令和3年6月23日の「税理士法の改正要望書」において，「経済のデジタル化，グローバル化の進展等の環境変化に伴う税理士制度の継続的発展を期するため，電子申告・納税，電子帳簿，マイナポータルの利活用など税理士の業務のICT化の推進を通じて，納税義務者の利便性向上に努めることを明確化すべきである」とした（日本税理士会連合会［2021］1）。

これを受けて令和4年度の税理士法改正において，税理士法第2条の3（税理士の業務における電磁的方法の利用等を通じた納税義務者の利便の向上等）が追加された（括弧書きは筆者加筆）。

> 税理士は，第2条の業務（税理士の業務）を行うに当たつては，同条第1項各号に掲げる事務（税理士業務）及び同条第2項の事務（附随業務；財務書類の作成等）における電磁的方法の積極的な利用その他の取組を通じて，納税義務者の利便の向上及びその業務の改善進歩を図るよう努めるものとする。

申告納税制度の定着と課税要件事実の的確な把握のためには，納税環境の整備と改善が必要不可欠であるとされる（金子［2022］942頁）。金子［2022］は，納税環境の整備における制度上のものとして，青色申告，帳簿書類の備付，源泉徴収制度，納税者の権利保護制度等に加え，税理士制度を挙げている（金子［2022］942-943頁）。

つまり，税理士等には，税理士法第1条に掲げられている「納税義務の適正な実現」とともに，「納税環境の整備と改善」に資する役割がある。令和4年度の税理士法改正において，これらの役割は，「電磁的方法の積極的な利用等」を通じて，「納税義務者の利便の向上」と「その業務の改善進歩を図るよう努める」ことで達成されることが明確化された。

② 税務行政の将来像

国税庁の使命は，経済社会や技術環境の目まぐるしい変化に柔軟に対応し，「納税者の自発的な納税義務の履行を適正かつ円滑に実現する」こととされる

（国税庁［2021］2 頁）。

　国税庁は，令和 3 年 6 月，「税務行政のデジタル・トランスフォーメーション―税務行政の将来像2.0」を公表し，「デジタルを活用した，国税に関する手続や業務の在り方の抜本的な見直し」（税務行政のデジタル・トランスフォーメーション）に取り組んでいく方針を明確にした（国税庁［2021］2 頁）。

　さらに，国税庁は，令和 5 年 6 月，「税務行政のデジタル・トランスフォーメーション―税務行政の将来像2023」を公表し，国税庁が目指すべき将来像として，従来の「納税者の利便性の向上」と「課税・徴収事務の効率化・高度化等」に加え，「事業者のデジタル化促進」という 3 つの柱に基づいて施策を進めていくとしている（国税庁［2023］2 頁）。

　国税庁は，税務行政のデジタル・トランスフォーメーション（DX）を通じて，国民にとって利便性が高く，かつ適正・公平な社会の実現に努めるのと併せて，事業者の業務のデジタル化を促進することにより，税務を起点とした社会全体の DX を推進していくとしている（国税庁［2023］2 頁）。

③　税務実務の方向性

　このように，「税理士法」が目指すべき方向性と「税務行政」の将来像を概観すると，ともに従来から重視する「納税義務の適正な実現」および「適正・公平な社会の実現」を基本としている点では変化は見られない。しかし，両者の方向性は，「適正」および「公平」から，デジタル化による納税者の「利便性の向上」および「業務の改善進歩」に重点を移行しつつある（**図表11-10参照**）。つまり，税理士法と税務行政が目指すべき方向性は同じであり，税務実務に関わる官民が一体となって，それらを実現して行くことは有益であろう。

　ただし，デジタル化に伴って AI 等の技術が関わる性質上，その執行については一定の配慮が必要になると考えられる。過去の税制調査会においても，「税務手続きの電子化を進める一方で，ICT への対応に困難を感じる納税者への配慮・支援も引き続き行うべき」との指摘がされている（税制調査会［2017］6 頁）。

　中里［2020］によると，「租税に関する行政は，租税法律主義と租税公平主義の二つの原則の縛りから，場合によっては必要以上に厳格に執行され，その

[図表11-10] 税務実務の方向性

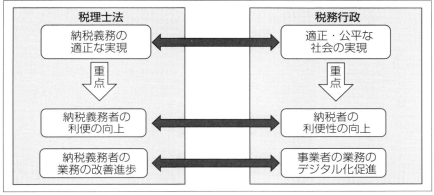

(出所) 筆者作成。

結果として，納税者のみならず課税庁の負担が増すだけという事態におちいっている場合も少なくはないように思われる」とし，「このように，実務が形式主義に振り回される危険性を回避するためには，一定程度の柔軟性を確保しようとすることが必須なのではなかろうか」としている（中里［2020］8-9頁）。

先行研究の「技術と制度の関係性」で考えると，租税制度は，それが法規制である以上，フォーマルな制約にならざるを得ない。しかし，今後，AI等の技術が関わる可能性のある税務行政は，「実態との適合性」や「制度が技術の発展にバイアスを与える可能性」があるため，厳格な執行は合わず，中里［2020］が指摘するように，執行の段階で「一定程度の柔軟性」をもたせる必要があるのではなかろうか。税務実務がデジタル化される過渡期においては，法規制としてのフォーマルな制約について，インフォーマルな制約性をもった執行が期待される。

5　おわりに

本章の目的は，企業会計に基づく企業利益から課税所得を算定させる特徴をもつ法人税申告において，デジタル化が企業や税理士等の税務実務にどのような影響を及ぼすかについて検討することにあった。本章の具体的課題について

290 第Ⅲ部 デジタル社会が実務にもたらす変化と未来

は，次のような内容が明らかとなった。

① e-Tax システムは，その変遷を見ると，制度的には「効率化・高度化」に，また技術面から見ると「利便性の向上」に重点が移行しているという特徴が見られる。会計システムは，「クラウド型」が活用され始めているが，税務実務の現状として，決算報告書のみを紙で税務署に提出する「不完全 e-Tax」を行うアナログ型の税理士等事務所も少なからず存在するという課題がある。

② 先行研究において，道具と人間との関係では，人間が主体となって道具を使いこなす「増幅－内化モデル」が，技術と人間社会との関係では，社会の求めに応じて技術が変化していく「文化（社会）決定論」が導き出される。また，技術と制度との関係では，発展し続ける技術に関する制度については，実態との適合性等を考慮し，「インフォーマルな制約」が現実的である。

③ 先行研究の理論的基礎をもとに検討した場合，税務実務におけるデジタル化の課題としては，人的判断が必要となる一部の税務実務は残存し，また経理処理の自動化が進むと知識の「外化」が起こる。デジタル化の可能性としては，ブロックチェーンのような技術には，これまでと次元の異なる変化を起こす可能性はあるが，「技術決定論」のような考え方で過度に技術に依存した場合，税務実務は想定外の弊害を起こすことが懸念される。

④ デジタル化の方向性としては，税務実務は納税者の「利便性の向上」と「業務の改善進歩」に重点を移行していくが，その過渡期においては，法規制としての「フォーマルな制約」について，一定程度の柔軟性をもった「インフォーマルな執行」が期待される。

かつて，武田隆二教授は，中小企業会計論を説く際，「子供（中小企業）に大人（大企業）の服（会計基準）を着させるべきではない」として，大企業向け会計基準と中小企業向け会計基準のダブルスタンダード論を主張された。その結果，「中小企業の会計に関する基本要領」はボトムアップ・アプローチが採られ，中小企業の会計慣行（文化）に基づく会計基準（技術）が策定された。これはまさに「文化（社会）決定論」に基づく考え方といえよう。今後，デジ

タル化の推進に伴う租税制度においても「サイズの合わない既製服」（小塚［2019］223頁）のような改正が行われるかもしれない。しかし，「納税者の利便性の向上」という人間や社会を中心に考える方向性さえ見誤らなければ，デジタル化（技術）は税務実務にとって有効な道具となろう。

【参考文献】

Deloitte［2016］*Blockchain Technology A game-changer in accounting?*

石黒広昭［1995］「コンピュータは思考を変えるか──道具としてのコンピュータを考える」里深文彦監修『AI と社会──現代技術思想入門』同文舘出版，117-133頁。

岡村忠生［2021］「租税手続のデジタル化と法的課題」『ジュリスト』第1556号，53-58頁。

小川慎一［2012］「技術決定論」大澤真幸ほか編『現代社会学事典』弘文堂，246頁。

梶原景昭［2012］「文化決定論」大澤真幸ほか編『現代社会学事典』弘文堂，1130頁。

金子宏［2022］『租税法（第24版）』弘文堂。

河路武志［2016］「会計情報システムの枠組みの発展に関する一考察」『早稲田商学』第446号，245-265頁。

国税庁消費税室［2012］『平成23年6月の消費税法の一部改正関係──「95％ルール」の適用要件の見直しを踏まえた仕入控除税額の計算方法等に関する Q&A〔Ⅱ〕（具体的事例編）』。

国税庁［2021］『税務行政のデジタル・トランスフォーメーション──税務行政の将来像2.0』。

国税庁［2022］「電子帳簿保存法一問一答【電子取引関係】」。

国税庁［2023］『税務行政のデジタル・トランスフォーメーション──税務行政の将来像2023』。

小塚荘一郎［2019］『AI の時代と法』岩波新書。

篠﨑彰彦［2014］『インフォメーション・エコノミー──情報化する経済社会の全体像』NTT 出版。

税制調査会［2017］『経済社会の構造変化を踏まえた税制のあり方に関する中間報告②』。

総務省［2021］『令和3年版 情報通信白書──ICT 白書 デジタルで支える暮らしと経済』。

竹下公視訳［1994］『制度・制度変化・経済成果』晃洋書房（Douglass C. North［1990］*Institutions, Institutional Change and Economic Performance*,Cambridge

University Press）。

武田隆二［2008］『最新財務諸表論（第11版)』中央経済社。

忠佐市［1967］「会計実務における事実認定の自主性（一)」『會計』第91巻第4号，74-94頁。

統合イノベーション戦略推進会議決定［2019］『人間中心のAI社会原則』。

中里実［2020］「情報と課税」中里実ほか編『デジタルエコノミーと課税のフロンティア』有斐閣，2-12頁。

日本税理士会連合会［2021］『税理士法に関する改正要望書』（令和3年6月23日)。

濱嶋朗ほか編［2005］『社会学小辞典（新版増補版)』有斐閣。

松尾陽［2017］「『法とアーキテクチャ』研究のインターフェース―代替性・正当性・正統性という三つの課題」松尾陽編『アーキテクチャと法―法学のアーキテクチュアルな転回？』弘文堂，1-31頁。

水越伸［2002］「技術決定論／文化決定論」北川高嗣ほか編『情報学事典』弘文堂，211頁。

https://www.e-tax.nta.go.jp/gaiyo/history.htm：国税庁ホームページ。

https://www.eipa.jp/：デジタルインボイス推進協議会ホームページ。

（上野　隆也）

第12章

税務行政におけるデジタル化の影響

1　はじめに

　最近のデジタル化の進展は急速であり，税務行政もその影響を受けている。国税庁は，平成29年6月に「税務行政の将来像」を，令和3年6月に「税務行政のデジタル・トランスフォーメーション～税務行政の将来像2.0～」（以下「将来像2.0」という）を，さらに令和5年6月には「税務行政のデジタル・トランスフォーメーション―税務行政の将来像2023」（以下「将来像2023」という）を公表し，税務行政の長期的な方向性を対外的に明らかにしている。これは，デジタル化の進展をはじめ税務行政を取り巻く環境が大きく変化している中で，国税庁が今後とも納税者の理解と信頼を得て適正な申告・納税を確保していくためには，税務行政の透明性の観点から目指すべき将来像を明らかにし，それに向けて着実に取り組んでいくことが重要と認識されており，特にデジタルを活用した税務行政の方向性を公表しているものと考えられる。

　本章においては，税務行政のデジタル・トランスフォーメーションの方向性を決定した「将来像2.0」と，その達成に向けたロードマップとして令和3年12月に公表された「税務行政DX―構想の実現に向けた工程表」（以下「工程表」という）について詳細に解説するとともに，「将来像2023」のポイントを説明することとしたい。なお，文中における意見にわたる部分は，あくまで筆者の個人的な見解であり，筆者の属した組織の見解を示すものではない。

2 「将来像2.0」の概要

(1) 策定の経緯

　国税庁は，平成29年6月，おおむね10年後のイメージを示したものとして「税務行政の将来像」を公表したが，その基本的な考え方は，マイナンバー制度の導入やICT・AIなどのデジタル技術の進展の成果を的確に税務手続や業務運営に取り込むことにより，納税者の利便性の向上と調査・徴収業務の効率化・高度化を図るというものであった。

　国税庁は，この将来像に沿って着実に取組を進めてきたところであるが，近年，デジタルの活用によりサービスや仕事の在り方を変革する，デジタル・トランスフォーメーション（DX）を推進する動きが社会全体で広まってきた。行政のDXについても，令和2年12月に閣議決定された「デジタル社会の実現に向けた改革の基本方針」において，「社会全体のデジタル化を進めるためには，まずは国・地方の「行政」が，自ら担う行政サービスにおいて，デジタル技術やデータを活用して，ユーザー視点に立って新たな価値を創出するデジタル・トランスフォーメーションを実現し，「あらゆる手続が役所に行かずにできる」，「必要な給付が迅速に行われる」といった手続面はもちろん，規制や補助金等においてもデータを駆使してニーズに即したプッシュ型のサービスを実現するなど，ユーザー視点の改革を進めていくことが必要である」とされ，その必要性が示されたところである。

　こうした動きを税務行政に引き直すと，デジタルやデータを活用し，国税の申告や納付等をより簡単かつ便利にして「税務署に来なくてもあらゆる税務手続ができる」ようにするとともに，申告相談や税務調査など税務署・国税局が行っている業務を効率化・高度化することにより，国民にとって利便性が高く，かつ，適正・公平な社会の実現に貢献していくという方向性になるのではないかと考えられる。

　こうした観点も踏まえて，令和3年6月に「将来像2.0」が公表され，「デジタルを活用した，国税に関する手続や業務の在り方の抜本的な見直し（デジタ

ル・トランスフォーメーション）」に取り組んでいく方針が明確にされるとともに，目指すべき将来像についても，経済社会やデジタル技術の進展等を踏まえてアップデートされた。具体的には，これまでと同様，「納税者の利便性の向上」と「課税・徴収の効率化・高度化」を2本の柱としつつ，「あらゆる税務手続が税務署に行かずにできる社会」に向けた構想を示すとともに，課税・徴収におけるデータ分析の活用等の取組をさらに進めていくこととされたところである。

（2）全体像

「将来像2.0」においては，**図表12-1**によって，その全体像を示している。

[図表12-1] 税務行政のデジタル・トランスフォーメーション

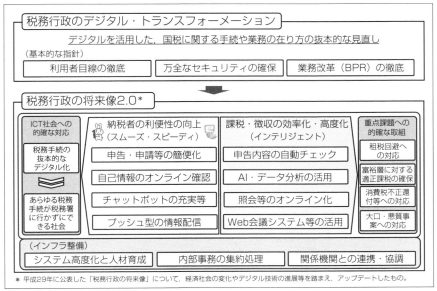

（出所）　将来像2.0（令和3年6月国税庁公表）より抜粋。

　まず，上の枠には，税務行政のDXの意義として，「デジタルを活用した，国税に関する手続や業務の在り方の抜本的な見直し」と規定している。経済産

業省「DX 推進ガイドライン」（平成30年12月）によると，DX とは「企業がビジネス環境の激しい変化に対応し，データとデジタル技術を活用して，顧客や社会のニーズを基に，製品やサービス，ビジネスモデルを変革するとともに，業務そのものや，組織，プロセス，企業文化・風土を変革し，競争上の優位性を確立すること」とされている。経済産業省による DX の定義は，民間企業を前提としているため，行政に当てはめようとすると少し違和感はあるが，その本質としては，現行の業務フローを前提としてその電子化やシステム化を図るだけでは十分ではなく，データやデジタル技術を活用して，ビジネスモデルや業務そのものを変革していくことにあるものと考えられる。こうした観点を踏まえて，税務行政の DX の意義として上記のように規定し，国税に関する手続や業務の在り方の「抜本的な」見直しに着手することを明らかにしている。

　そして，この税務行政の DX を推進することにより実現を目指す将来の税務行政のイメージが，下半分の枠で示している「税務行政の将来像2.0」ということになる。ここで，「2.0」としたのは，平成29年に公表した「税務行政の将来像」をアップデートしたということを示しており，その基本的構造は税務行政の将来像を引き継いでいる。すなわち，「納税者の利便性の向上（スムーズ・スピーディ）」と「課税・徴収の効率化・高度化（インテリジェント）」という税務行政におけるデジタル活用の基本を 2 本の柱とし，それを支える情報システムの高度化などのインフラ基盤の整備を併せて推進していくという構造は維持されているが，内容的には，この数年間の取組や社会経済の変化，デジタル技術の進展等を踏まえて，アップデートされている。

　たとえば，納税者の利便性の向上においては，その最終的な目標が，「あらゆる税務手続が税務署に行かずにできる社会」とされている。その背景の 1 つとしては，政府全体としてデジタル化への取組を加速してきたことが挙げられる。マイナポータルを活用した情報連携のように，国税庁の保有する情報のみならず，他府省庁や民間の保有する情報も活用しつつ申告，申請がより簡便にできる取組は，内閣官房や各府省庁，民間企業の協力の下，大きく進展してきている。こうした取組とともに DX の広がりという社会経済の変化により，将来構想として，あらゆる税務手続が税務署に行かずにできる社会を目指すことになったものと考えられる。また，課税・徴収の効率化・高度化においては，

消費税の不正還付等への対応が追加されている。こうしたアップデートは，具体的な取組についても行われているので，次節以降において詳しく解説する。

（3）DX を進めるにあたっての基本的な指針

税務行政の DX を推進していく際の基本的指針としては，「利用者目線の徹底」，「万全なセキュリティの確保」および「業務改革（BPR）の徹底」が示されている。

まず，「利用者目線の徹底」については，今後のさまざまな手続や業務の見直しにあたっては，デジタルに不慣れな方も含め，多様な利用者の意見に耳を傾けつつ，すぐ使えて，簡単で，便利な行政サービスの提供を目指して検討を進めていくことを示している。

つぎに，「万全なセキュリティの確保」については，今後データ連携や分析手法を検討していく際には，納税情報を含む守秘性の高いデータを扱うことから，セキュリティの確保に万全を期すことを示している。

3 番目の「業務改革（BPR）の徹底」については，既存の制度や業務を前提にしてそのデジタル化を図るのではなく，デジタル化の利点をいかした業務改革（Business Process Reengineering：BPR）に取り組むことにより，全ての業務の在り方や職員の働き方を不断に見直すとともに，データの活用により課税・徴収を効率化・高度化し，組織としてのパフォーマンスの最大化を目指すことを示している。BPR とは，既存の組織やビジネスルール等を抜本的に見直し，ビジネスプロセスを最適化する視点で，職務，業務フロー，管理機構，情報システムを再構築することである。

3　納税者の利便性の向上

本節以降では，「将来像2.0」において示されている「納税者の利便性の向上」，「課税・徴収の効率化・高度化」および「インフラ整備」について，その実現に向けた「工程表」と合わせて取り上げることにしたい。

なお，これから説明する施策の実現については，各年度における予算措置等が前提となっており，今後，調達手続等の影響により実現時期が変更される場

合があることに留意が必要とされている。

まず，納税者の利便性の向上について，その将来像と工程表を解説する。

（1）将来像：あらゆる税務手続が税務署に行かずにできる社会を目指して

「将来像2.0」においては，あらゆる税務手続が税務署に行かずにできるようにするため，納税者が税務署を訪れる理由を分析し，その対策を検討している（**図表12-2**）。

[図表12-2] あらゆる税務手続が税務署に行かずにできる社会を目指して

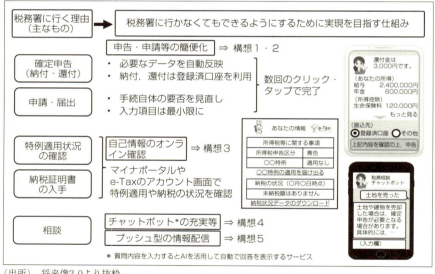

（出所）　将来像2.0より抜粋。

この**図表12-2**においては，税務署を訪れる主な理由として，確定申告，申請・届出，特例適用状況の確認，納税証明書の入手，相談を挙げており，さらに納付のために訪れることも考えられる。そして，その対策として，申告・申請等の簡便化，自己情報のオンライン確認の整備，チャットボット（質問内容を入力するとAIを活用して回答を表示するサービス）の充実やプッシュ型の情報

配信といった構想を挙げている。

以下，具体的な内容について，工程表の整理に従って説明する。

（2）確定申告

あらゆる手続が税務署に行かずにできる社会を目指す上で，納税者が税務署を訪れる理由を考えるとき，大きな理由の1つが確定申告である。令和3年分の所得税の確定申告（2,285万人）の内訳を見ると，自宅等から納税者本人により国税電子申告・納税システム（e-Tax：国税庁が提供するデータの送受信を行うシステム）で申告書を提出した人数が442万人となり，税理士によるe-Taxの代理送信481万人を加えると，約40％の納税者が税務署に行かずにe-Taxで申告しているという結果になった。特に，自宅からの納税者本人によるe-Taxは，令和2年分の約1.4倍となり，122万人増加した。確定申告会場で申告書を作成・提出した人数は311万人だったので，その意味では自宅等からのe-Taxがスタンダードになりつつあると思われる。他方で，確定申告会場に来場する納税者も一定数いる他，国税庁ホームページで申告書を作成して書面で提出する納税者が435万人であるなど，依然として書面で申告している納税者が約42％となっている。

課題の1つは，そもそも申告の要否や申告の仕方がわからない，あるいはインターネット検索などで自分の知りたい情報にたどり着けないという納税者への対応である。この点については，税務相談チャットボットの対応できる質問内容を拡大していくとともに，国税庁ホームページで提供されているタックスアンサー（よくある質問に対する回答）機能の改善に取り組んでおり，こうした取組により，よりわかりやすく情報を提供していくことで，納税者の疑問の解決につながることが期待される。

つぎの課題は，オンライン申告の周知広報である。オンラインで申告ができることを多くの方に周知するため，企業や官公庁に対する周知広報の働きかけを行うほか，昨年の確定申告の際にスマホから確定申告会場での申告相談の申込みをした納税者に対して，オンライン申告を周知するメッセージを送信している。また，確定申告を開始するための国税庁のインターネットのサイトについて，国税庁ホームページの確定申告書等を作成するためのサイトの他，

e-Tax やマイナポータル（政府が提供する行政手続のポータルサイト），チャット
ボットなど確定申告に関するサイトが複数あり，どこにアクセスすればよいか
わかりにくいという課題があったことから，確定申告のインターネット検索か
らスムーズに申告を開始し，完了できるような仕組みの構築に取り組んでいる。
　　また，国税庁ホームページの確定申告書等を作成するサイトにアクセスでき
たとしても，実際の入力方法等で迷ったり，あるいは入力が面倒であったりと
いう課題がある。この点に関しては，納税者自身の判断および入力が必要な項
目の縮小を目指して，順次改善が図られてきている。たとえば，マイナンバー
カードを保有している納税者を対象として，政府が提供する行政手続のポータ
ルサイトであるマイナポータルを経由して，控除証明書等の申告に必要なデー
タを一括で入手し，国税庁ホームページの確定申告書作成サイトにおいて自動
で入力できる機能（マイナポータル連携）を提供しており，順次対象となるデー
タの範囲を拡大してきている。令和 2 年分の確定申告において，生命保険料控
除証明書，特定口座年間取引報告書などが利用可能となり，令和 4 年 1 月から
は地震保険料控除証明書およびふるさと納税に関する寄附金控除証明書が，同
年 2 月からは医療費通知情報（令和 3 年 9 月診療分以降。保険診療分のみ）が利
用可能となっている。さらに令和 5 年 1 月からは公的年金等の源泉徴収票およ
び国民年金保険料控除証明書が，同年10月からは小規模企業共済等掛金控除証
明書および国民年金基金掛金控除証明書が利用可能となっている。こうした
データのうち，年末調整手続でも使用するものは，確定申告手続と同様にマイ
ナポータル連携が利用可能となっている。この他，令和 4 年 1 月からは，給与
の源泉徴収票をスマートフォンのカメラで撮影することにより，収入金額や源
泉徴収税額などの申告に必要な情報を自動で入力する機能を提供している。こ
のように自動入力の範囲を拡大していくことにより，納税者の入力の負担を減
少する取組が進められている。
　　書面で申告する理由の 1 つとしては，マイナンバーカードを保有していない，
あるいはマイナンバーカードを保有しているが，IC カードリーダライタ（IC
カードの読み取り機器）を保有していないということが考えられる。これに対
しては，令和 4 年 1 月から，スマートフォンでマイナンバーカードを読み取る
ことにより e-Tax を利用することが可能になり，パソコンで申告する場合で

も IC カードリーダライタは不要となっている。また，書面で申告している納税者にオンラインで申告してもらうためには，マイナンバーカードを利用した申告のさらなる利便性の向上が必要であると考えられる。そのため，上記のとおり，マイナポータル連携をさらに充実させるなど，申告のための入力の負担軽減に取り組んでいる。

また，従来，マイナンバーカードを利用して申告する場合に3回読み取りが必要となっていた本人認証の方法について，令和5年1月からは，過去にマイナンバーカードを利用して確定申告をしている場合には，1回の読み取りに削減するなど，機能面での利便性の向上にも取り組むこととしている。さらに，マイナポータル連携を充実させていくためには，マイナンバーカードの普及が重要と考えられることから，関係民間団体を通じて，マイナンバーカードの利便性やカード取得の推進などの周知広報を行うほか，確定申告会場内に地方公共団体によるマイナンバーカード申請コーナーを設置するなど，あらゆる機会を通じてマイナンバーカードの普及促進に向けた周知広報を行っている。

以上述べてきたように，「あらゆる税務手続が税務署に行かずにできる社会」を実現するためには，税金の仕組みに詳しくない，あるいはデジタルに不慣れな納税者であっても自宅から申告することができるよう，申告のための各種システムを改善していくことが必要と考えられる。そして，将来的には，納税者がマイナポータル経由で自分のデータを取得し，間違いがないかを確認するだけで，申告が完了するような仕組みを目指すことが考えられている（**図表12-3**）。

（3）国税に関する申請等

国税に関する申請等には多種多様なものがあり，たとえば，法人を設立した場合にはその旨を税務署に届け出なければならないし，従業員に対して給与を支払う事務所を開設した場合には，その届出も必要となる。また，所得税や法人税の申告において青色申告の特典を適用する場合には，あらかじめその承認申請を行う必要がある。こうした申請等については，いずれも e-Tax を利用したオンライン手続が可能となっているが，「トランスフォーメーション」という観点からは，大きく3つの課題が指摘されている。

[図表12-3] 構想：税務署に行かずにできる「確定申告」（申告の簡便化）

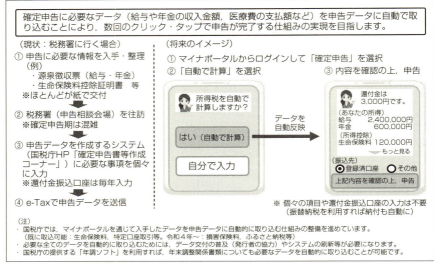

(出所) 将来像2.0より抜粋。

　1つ目の課題は，「書面による手続」を前提に制度が構築されているということである。書面の場合，複数の行政機関で情報を共有しようとすると，複写や封入，送付や受領といった作業が必要となる。また，一度提出された情報であっても，その検索には手間がかかるという面もある。逆に言えば，デジタルを前提に，行政機関間におけるデータ連携を図ったり，過去に提出された情報を検索可能な状態で体系的に管理したりすることができれば，手続そのものの廃止や記載事項の削減を検討することも可能となる。

　たとえば，令和4年以前の制度では，個人の納税者が転居等を行い，納税地に異動が生じた場合，市区町村における転居手続とは別に，税務署に対しても届出を行わなければならないこととされていた。これも「書面による手続」を前提とした制度の1つと言えるが，令和4年度税制改正において，令和5年以降は税務署への届出は不要とされている。個々の手続の廃止や記載項目の削減については，データ連携のためのシステム整備や関係機関の協力に加え，制度改正が必要となることもあるが，納税者の利便性向上の観点から不断の見直し

に努めていくことが必要と考えられる。

　2つ目の課題は，オンライン申請等が可能であっても，その入力フォームが書面を前提とした様式のままのものがほとんどであるという点である。提出方法がオンラインになったとしても，入力する項目が変わらなければ，申請等に要する作業の大幅な削減は見込めない。そこで，入力項目は必要最小限とし，簡易な形式の質問に回答していけば手続が完了できるような申請等ページをe-Tax上で提供することが検討されている。この取組については，まずは提出件数の多い手続を中心として検討を進めることとされている。

　3つ目の課題は，各種様式のレイアウトがまちまちだということである。これは，それらの様式が，税務署での書面による事務処理を念頭において作成されているということに基因する。事務処理を書面で行う場合，必要な情報が1枚の紙に収まっている方が便利である。一方，そうした一覧性を重視すると，文字が小さくなったり，住所・氏名などの共通部分がさまざまな箇所にあったりするなど，利用者にとってもわかりにくいレイアウトとなってしまう。また，今後，書面で提出された申請書等についても，原則としてAI-OCR（書面の情報を読み取り，データ化するシステム）で読み取り，データ化して管理を行うことを目指しているが，現行のレイアウトではそうした読取が難しいという問題もある。そこで，利用者にとって使いやすく，かつ，機械での読取がしやすい様式となるよう，レイアウトの見直しが進められている。

　上記3つの課題のほか，オンライン利用率が低い申請等については，その向上を図っていくことが重要である。

　たとえば，納税証明書の交付請求手続については，税務署窓口において書面で行われることが多いが，令和3年7月からは，オンラインで交付された納税証明書（PDFデータ）を自宅等のプリンタから印刷可能にするとともに，表示している二次元コードから真正性を確認できるようにしている。これまで，納税証明書を提出する金融機関等によっては電子納税証明書の受付ができなかったことから，書面での交付請求が行われていたケースも多かったと思われるが，このPDF方式の導入により，納税者は金融機関等に対して，電子的に提出するだけでなく，自宅等で印刷して提出することも可能となったことから，相当程度利便性が向上するものと考えられる。また，この納税証明書（PDF）のオ

ンライン手続については，令和4年9月から，スマートフォン用のサービスが提供されており，スマートフォンで交付請求し，スマートフォンで納税証明書を受け取ることができるようになっている。こうしたサービスの利用を通じ，納税証明書のオンライン請求の普及が期待されるところである。

また，自己の申告事績を確認するため申告書等を閲覧する場合，これまでオンラインでの対応をしておらず，税務署窓口において対面で手続が必要であったが，令和4年5月からは，パソコンやスマートフォンからマイナンバーカードを利用して，所得税申告書等のPDFファイルが取得できる申告書等情報取得サービスが開始され，オンラインでの対応が行われている。

こうした自己の申告や登録状況等の事績について自宅等からオンラインで確認できるようにすることにより，税務署窓口を訪れる必要がなくなることから，e-Taxのホームページ画面において，自己の登録情報や青色申告等の特例の適用状況を確認できるマイページが提供されることになった。まず令和5年1月から個人のマイページが開設され，e-Taxに登録された氏名，住所，納税地，利用金融機関，委任税理士などの情報のほか，NISA口座開設状況や，所得税では白色・青色の申告種類や予定納税額など，消費税では簡易課税制度選択届出の適用状況などが確認できるようになった。さらに令和5年9月からは法人のマイページも開設され，個人と同様にe-Taxに登録された法人名称などの情報や，法人税では申告種類や申告期限延長期間などの情報，消費税では課税期間特例選択届出の適用状況などが確認できるようになっている。

（4）国税の納付

国税の納付については，税務署に行かなくても納付ができるよう，従来からさまざまな納付手段を提供している。たとえば，e-Taxの画面上の操作により納税者自身名義の預貯金口座から即時または指定した期日に口座引落しを行うダイレクト納付や，各金融機関が提供するインターネットバンキングによる納付，登録口座から自動引落しを行う振替納税など，さまざまな手段によりキャッシュレスで納付を行うことが可能となっている。

そうした中で，令和3年度の国税の納付状況を見ると，金融機関窓口での納付件数が約60％を占めており，全体としても件数ベースでは7割弱（67.8％）

が金融機関や税務署での窓口納付となっている。一方，ダイレクト納付やインターネットバンキング等による電子納税，振替納税等のキャッシュレス納付は，3割超（32.2％）の状況である。また，窓口納付のうち，法人の占める割合が約7割であり，法人のキャッシュレス納付割合は15.2％となっている。さらに，税目別に見ると，源泉所得税の占める割合が6割弱であり，源泉所得税のキャッシュレス納付割合は14.6％となっている。

　このように国税のキャッシュレス納付は，なかなか利用が拡大していないが，これまでに把握された主な課題は3点挙げられる。

　1つ目は，そもそも納税者自身が，金融機関で納付することを不便に感じていないということである。国税が電子納付可能でも，国税以外の支払のために金融機関に行く必要がある場合，国税もまとめて金融機関で納付するということもあるようである。2つ目は，納税者がキャッシュレス納付の利用を勧められ利用した方がよいと感じているものの，具体的な手続や利用方法がわからないというものである。3つ目は，金融機関としてもキャッシュレス納付の利用拡大に取り組んでいきたいが，手続や利用方法も含めて進め方がわからないというものである。

　国税のキャッシュレス納付を推進することは，納税者の利便性の向上とともに，現金管理等に伴う社会全体のコスト縮減にもつながることから，国税庁としても積極的に取り組むこととされており，現状と課題を踏まえ，納税者がキャッシュレス納付を利用するように意識や行動の変化を促すため，国税庁のみならず，金融機関や地方公共団体等の関係者とも緊密に連携しながら取組が進められている。

　具体的には，1つには，地方公共団体や金融機関・日本銀行等の関係者との意見交換会を実施し，把握している課題等を共有し，協働して対応策を検討していくこととしている。こうした中で，国税局においては，金融機関・日本銀行，地方公共団体等とキャッシュレス納付推進協議会を設置したり，納税貯蓄組合等の関係民間団体等も加えてキャッシュレス納付推進宣言を実施するなど，協働して積極的に取組を進めている。

　また，特に法人の源泉所得税について利用が進んでいないことから，法人会等の関係民間団体を通じてキャッシュレス納付の周知広報に努めるほか，国税

局や税務署からも，法人等に対して e-Tax による口座振替であるダイレクト納付の利用を勧めるなどの取組を行っている。さらに，キャッシュレス納付の具体的な手続や利用方法がわからないという意見もあることから，金融機関に対して研修会を行うほか，法人の経理担当者等に対しても説明会を開催するなど，キャッシュレス納付の知識の向上にも取り組んでいる。

　国税庁としては，引き続き，上記で述べたような課題を踏まえた対策を実施するなど，キャッシュレス納付割合を令和7年度までに4割程度まで引き上げるよう取組を進めていくこととしている。

（5）その他の項目

　上記のほか，「将来像2.0」においては，プッシュ型の情報配信についても言及している。これは，マイナポータルや e-Tax のお知らせ機能を通じて，申告の要否や適用できる特例など，個々の納税者の状況に応じてカスタマイズされた情報をプッシュ型で提供する仕組みの実現を将来的に目指すというものである。たとえば，特定の地域で地震等の災害が発生し，所得税や消費税の申告期限や納期限が延長された場合に，現在は，国税庁のホームページや税務署の入り口などにそうした情報を掲載しているが，将来的には，その地域の方を対象として，個別にマイナポータルなどを利用して情報を伝達するといったことなどを想定している。また，たとえば不動産を売却した場合に，所得税の確定申告が必要となるかどうかについて確認できるようなシミュレーションができる機能を追加して，納税者に通知する機能などもプッシュ型の情報配信として想定されるところである。

　こうした機能を追加していくためには，国税庁の情報システムの刷新のほか，関連するシステムの改修なども必要であり，将来的な課題と位置付けられている。

4　課税・徴収の効率化・高度化

　本節では，課税・徴収業務の効率化・高度化への取組について，データ活用の取組強化とオンラインツールの活用を中心に解説する。国税庁ではこうした

取組によって，さらなる課税・徴収の高度化を推進し，内国税の適正かつ公平な賦課および徴収を実現していくことを目指している。

（1）データ活用の取組強化

　デジタル化の進展に伴う税務行政への影響としては，これまで述べてきた納税者の利便性の向上とともに，国税局や税務署が行う税務調査や徴収の業務についても，データの活用によりさらに効率化・高度化を図っていくことが重要な課題となっている。具体的には，国税組織内・外におけるさまざまな情報の中から必要なデータを抽出・加工・分析等することにより，申告漏れの可能性が高い納税者の特定や，滞納者の状況に応じた効率的な接触を図っていくなど，データ活用の取組をさらに強化していくことが必要である。また，中長期的には，AI・機械学習によるビッグデータの活用等によってさらなる効率化・高度化の実現を目指していく必要がある（**図表12-4**）。

　税務調査をはじめとする課税業務においては，従来から，申告内容や過去の調査事績などの部内の情報のほか，民間情報機関や外国政府から入手する情報などを含む各種の資料情報を収集し，それらを整理・分析して申告漏れの可能性が高い納税者を特定するなど，その活用に取り組んでいる。一方で，それらの情報の管理に多大な事務量を投下しているという課題があるほか，それらのデータのさらなる高度活用策についても検討を進めていく必要がある。

　こうした課題に対応するため，今後は，種々かつ膨大な情報リソースについてBAツール（Business Analyticsツール：統計学や機械学習等の技術を用いてデータ分析を行うツール）等を用いて加工・分析を行い，データ間の整合性・関連性・傾向を把握することにより，潜在的な高リスク納税者の抽出モデルを構築していくこととしている。併せて，税務調査の運営の在り方についても，データ活用を基軸として検討していく必要があるものと考えられる。

　また，徴収事務においては，新規に発生した滞納事案について，集中電話催告センター室（納税コールセンター）で幅広く所掌して，システムを活用した電話催告等を実施することにより，効果的・効率的な滞納整理に取り組んでいる。こうした取組により，令和2年7月から翌年6月までの1年間で，約7割（68.5％）が納付の完結に至っており，納付誓約まで含めると，納税コールセン

[図表12-4] AI・データ分析の活用

○ 将来的なAIの活用も見据え、幅広いデータの分析により、申告漏れの可能性が高い納税者の判定や、滞納者の状況に応じた対応の判別を行うなど、課税・徴収の効率化・高度化に取り組んでいます。

○ 申告内容や調査事績、資料等の情報のほか、民間情報機関や外国政府から入手する情報など、膨大な情報リソースを、BAツール※等を用いて加工・分析を行い、有機的なつながりやデータ間の関連性を把握することにより、高リスク対象を抽出。

データのマッチング → リスクの分析 → 分析結果の活用

[データ活用担当者]
BAツール等を用いて分析
ロジスティック回帰分析、決定木分析、クラスター分析、ネットワーク分析等

（納税者ごとに各種情報を組合せ）

高リスク対象を抽出

申告・決算情報
資料等情報
外国税務当局からの情報
etc.

甲社 ─ 乙社（外国）
代表者A氏　代表者B氏
高リスク（隠れた関係を検知）

○ 滞納者の情報（規模・業種等）や過去の架電履歴等を分析して応答予測を分析して応答予測モデルを構築。応答予測に基づき作成した効果的なコールリストにより、接触効率の向上を図ることで電話催告業務を効率化・高度化。

滞納者情報
滞納情報
架電履歴

分析用データベース → 統計分析ツール（AI） 応答予測モデル

過去の架電履歴等から、滞納者の情報に応じて、いつ応答するかを確率で予測。

A社の応答予測	月	火	…
午前	90%	10%	…
午後	30%	70%	…

滞納者の情報等により、接触効率が高いと予測される日時（曜日・時間帯等）を予測に基づき作成。抽出条件としたコールリストの自動作成を可能とするシステムの構築（令和4（2022）年4月開始予定）

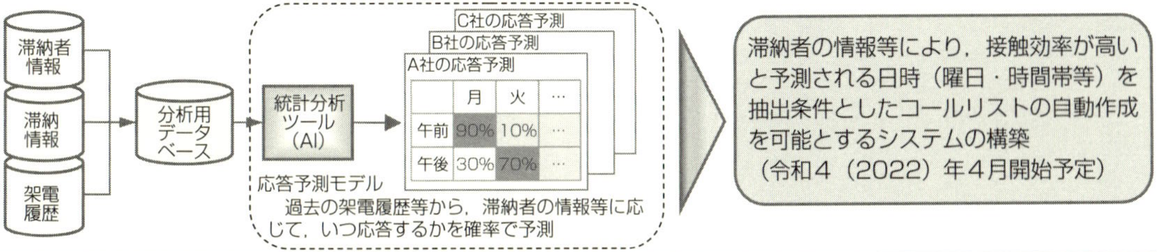

※ BA（Business Analytics）ツール：統計学や機械学習等の技術を用いてデータ分析を行うツール。

（出所） 将来像2.0より抜粋。

ターの催告対象者全体の約４分の３（76.6%）を占めている。

　納税コールセンターにおいては，納税者の情報（規模・業種等）や過去の架電履歴等を分析した応答予測モデルにより作成したコールリスト（電話により接触を行う対象者を示した一覧）を活用し，電話催告事務を行っているが，接触効率を一層改善する余地があり，応答予測モデルの精度向上を図る必要があると考えられる。そこで，AIを活用して，このモデルのさらなる精度向上を図った上で，滞納者との接触効率が高いと予測される日時（曜日・時間帯）を抽出条件としたコールリストの作成を可能とするシステムの構築に取り組んでおり，今後，さらに精度が向上するよう取組を続けていくことが必要と考えられる。

　このほか，滞納者との接触にあたっては，一定の基準により，電話による催告，文書による催告，職員による滞納者宅等への臨場といった手法が採られているが，臨場はより多くの事務量と費用を要するため，滞納者ごとに，過去の接触や納付状況等を分析し，最適な接触方法を判定するモデルを構築する必要もあるものと考えられる。

　こうしたデータ活用等を現場で有効なものとしていくためには，データやシステム等を実際に活用できる人材育成も重要である。これまでも統計学やAIを活用したデータ分析の実践と業務への活用を推進するため，データリテラシーのレベルに応じた研修体系の整備に努めているが，今後も継続して実務での活用の実現に向けた体制やシステム面の整備をしつつ，人材育成を進めていく必要があるものと考えられる。

（2）オンラインツールの活用

　つぎに，オンラインツールの活用について，その状況を解説する。

　１点目は，リモート調査であるが，新型コロナウイルス感染症の感染拡大防止の観点から，納税者等の機器・接続環境下において，大規模法人を中心にWeb会議システムなどを利用したリモート調査を実施している（**図表12-5**）。

　上段のWeb会議システム活用では，たとえば国税局の調査官が，訪問した事業所とは異なる別の事業所の担当者と面談する必要がある場合に，訪問した事業所の会議室から調査対象法人のパソコンなどの機器や通信環境を利用し，

[図表12-5] Web会議システム等の活用（リモート調査）

納税者の理解を得て、税務調査の効率化を進める観点から、大規模法人を対象にWeb会議システムなどを利用したリモート調査を実施しています。【令和2年7月～】
国税庁においても必要な機器・環境の整備を進め、リモート調査の拡大に取り組んでいきます。

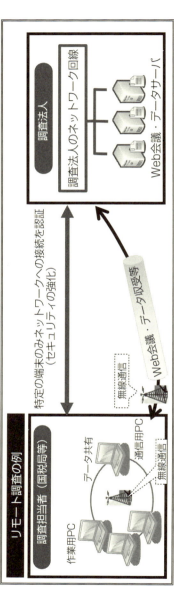

(出所) 将来像2.0より抜粋。

Web 会議システムを活用して面談するというものを示している。下段のリモート調査では，たとえば国税局の職員が，調査対象法人の機器や通信環境を利用して，国税局の会議室から調査対象法人のネットワークに接続し，必要なデータを参照したり，Web 会議システムを活用して面談を行うというものを示している。

　こうした取組は，税務調査の効率化を進める観点から，引き続き，納税者等の協力を得ながら進めていくとともに，国税庁においても，必要な機器・環境の整備を進め，リモート調査の拡大に取り組んでいくこととしている。

　また，納税者が税務調査等の際に調査担当者等から資料提出を求められた場合も，これまではオンラインでの提出はできなかったが，令和 4 年 1 月から，税務調査等で提出が求められた書類について，e-Tax を用いることにより，PDF 形式によるオンラインでの提出が可能になっており，さらに令和 5 年 1 月からは，CSV 形式による提出も可能となっている。送信手段についても，e-Tax に加えて，オンラインストレージサービスの利用が始まっており，これを利用した場合には 1 回につき1.9GB まで送信可能となるなど，送信容量の拡大にも取り組んでいる。

　2 点目は照会等のオンライン化である。これまで，国税当局から官公庁や金融機関等に対する照会については，オンラインで照会・回答することができなかったが，令和 3 年10月より一部の金融機関への預貯金照会について，国税当局からオンラインで照会し，金融機関からもオンラインで回答することが可能となった。これにより，国税当局はもとより，金融機関側においても事務作業が簡素化されることから，官民双方の業務の効率化を図ることが可能となるものと考えられる。そうした効果もあることから，今後も引き続きオンライン照会に未対応の金融機関（生命保険会社含む）および未利用の行政機関に対して利用を勧めていくこととしている。

（3）その他の項目

　上記のほか，「将来像2.0」においては，申告内容の自動チェックについても言及している。これは，マイナンバーと法人番号をキーとして，納税者から申告される内容と国税当局が保有する各種データをシステム上でマッチングして，

効率的に誤りを把握する取組で、マッチングできるデータの拡大と正確性の向上を目指している（**図表12-6**）。この**図表12-6**においては、Aさんの勤務先の法人が「Aさんから年間30万円の所得税を源泉徴収した」という内容を含む源泉徴収票を提出している場合に、Aさんが初年度の住宅ローン控除の適用のため確定申告を行い、その際、「30万円」とすべき源泉徴収税額を誤って「20万円」と記載してしまったという例を挙げている。このような場合において、たとえば、Aさんに対して「源泉徴収税額に誤りがある可能性があるので見直してください」というお知らせを自動的に行うことができないか、将来的な課題として検討されている。

［図表12-6］申告内容の自動チェック

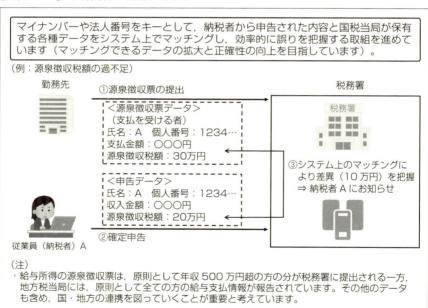

（出所）　将来像2.0より抜粋。

5 将来像2.0を実現するためのインフラ整備

これまで述べてきた「納税者の利便性の向上」と「課税・徴収の効率化・高度化」に向けた施策を支えていくためには，国税当局の基幹システムの刷新など，インフラ整備が重要である。そこで，本節では，その点について解説する。

（1）国税情報システムの高度化

現在，国税庁では，基幹システムである国税情報システムの高度化に向けて取組を進めている。その高度化のイメージを示したのが**図表12-7**である。

まず，国税情報システムの高度化の方向性として，利用者中心の行政サービスを提供することによる「納税者の利便性の向上」と，書面中心からデータ中心の事務への転換を図ることによる「課税・徴収の効率化・高度化」を実現するため，ICT技術の動向を踏まえた新たな機能の導入とシステム構造の最適化による情報システムの高度化を目指すこととされている。

最新のICT技術を踏まえて追加される機能としては，次の6つの機能が挙げられている。まず，マイナポータル等を活用した利便性の向上である。具体的には，申告時期の案内等，ニーズに沿ったタイムリーな情報配信を目指すことや，各種控除証明書等，確定申告や年末調整に必要な情報を一元的に確認し活用する仕組みを順次導入することが挙げられている。2点目は，データの電子化や関係機関とのデータ連携等による必要データの拡充である。関係機関とのデータ連携による添付書類の削減や，外国税務当局から日本の居住者の金融口座情報を入手する等，データの拡充により適切な所得把握を行うことで，適正な課税・徴収の実現を目指すことが挙げられている。3点目は，システムチェックの強化である。書面からデータ中心の事務への転換によるペーパーレス化の進展を図り，システムチェックにより各種業務処理の簡便化を目指すことが挙げられている。4点目は，大量反復的な業務の自動化である。自動化ツールの導入により業務処理時間の削減を目指すことが挙げられている。5点目は，AIや分析ツールを活用した申告審理や調査選定の高度化である。AIや分析ツールを導入することにより，より高度な調査選定や資力判定が実施でき

314 第Ⅲ部 デジタル社会が実務にもたらす変化と未来

[図表12-7] 将来像実現に向けた国税情報システムの高度化のイメージ

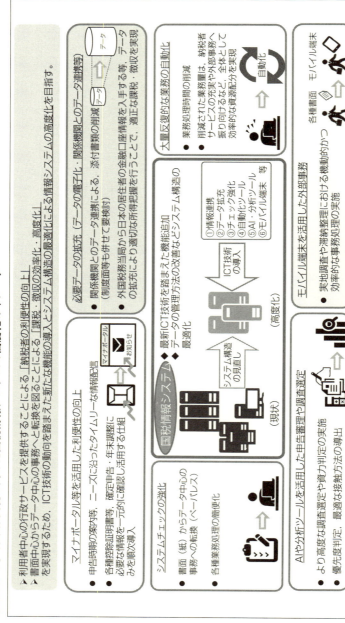

(注1)システム面の検討に当たっては、最新の各種セキュリティ対策の導入等、極めて重要な納税者情報の取扱いに細心の注意を払います。
(注2)本内容については、今後の検討や技術動向等を踏まえ、変更になる可能性があります。

(出所)「税務行政の将来像」に関する最近の取組状況(平成30年6月国税庁公表)より抜粋。

るようになるとともに，税務調査や滞納整理における着手の優先度や最適な接触方法等を提示できることを目指すことが挙げられている。6点目は，モバイル端末を活用した外部事務である。これまでは，実地調査や滞納整理の場面において各種書面を持ち出していたが，モバイル端末を活用することにより，実地調査等において，機動的かつ効率的な事務処理ができるようになることを目指すことが挙げられている。

　システム構造の課題としては，大きく2点挙げられる。1点目は，システムが所得税，法人税など税目別に構成されるとともに，個人担当や法人担当など事務系統別にも分かれていることである。そのため，データベースやアプリケーションが縦割りでシステム化されており，システム間の連携が取り難い状況にある。2点目は，一部のシステムにメインフレームという独自の大型コンピュータが採用されていることである。メインフレームは，安定性，堅牢性という点で利点はあるものの，独自の仕様であるため最新のICT技術を導入することに制約があるなど，ベンダーロックイン（ITシステムの中核部分に特定のサービスや製品などを組み込んだ形でシステムを構成したことにより，技術面，費用や時間などの点で他社製品への切り替えが困難になること）が生じる恐れがある。こうした点を踏まえて，データの管理方法の改善などシステム構造の最適化を図っていくことが挙げられている。

　以上述べてきた国税情報システムの高度化を目指すため，国税庁では現行の情報システムを刷新し，令和8年度を目途に「次世代システム」を導入するべく，システム開発を進めている。その概要が，**図表12-8**の左側に示されている。

　次世代システムの開発の主要なコンセプトは3点挙げられる。1点目は，書面中心からデータ中心の事務処理への変革である。現状では，e-Tax以外で提出された申告や届出は，記載事項の一部の情報を入力することにより国税情報システムに取り込んだ上で，出力帳票を書面で打ち出して事務処理や決裁を行っている。次世代システムにおいては，決裁やデータ分析を含めて，システム上で事務処理を完結することを目指している。また，調査先等でモバイル端末を活用できるようにすることや，外部データやインターネットの情報を取り込んでシステム上でデータ分析できるようにすることも目指している。

316　第Ⅲ部　デジタル社会が実務にもたらす変化と未来

[図表12-8] システム高度化と人材育成

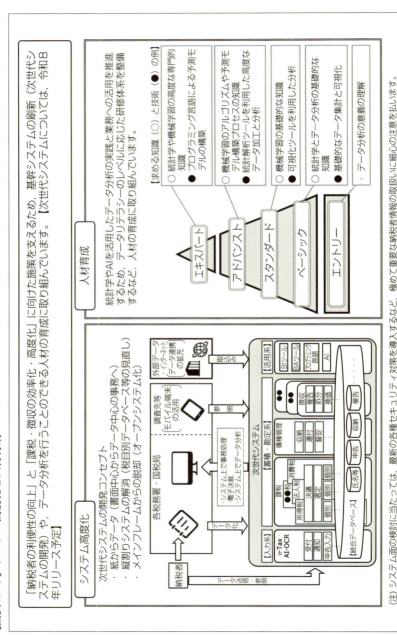

(注) システム全体の検討に当たっては、最新の各種セキュリティ対策を導入するなど、極めて重要な納税者情報の取扱いに細心の注意を払います。

(出所) 将来像2.0 より抜粋。

２点目は，縦割りシステムの解消である。たとえば税目別・事務系統別になっているデータベースを統合し，重複を解消するとともに，税目や事務系統を超えた連携を強化できるようにすることを目指している。また，アプリケーションについても，活用系として AI や BA ツールなどの各種ツールを整備することにより，税目や事務系統を超えて活用することが可能になることを目指している。

　３点目は，メインフレームからの脱却である。国税独自の大型コンピュータ（メインフレーム）から，通常の製品の組み合わせであるオープンなシステムへ刷新することで，最新の ICT 技術の導入に向けた改修などが行いやすくなることを目指している。

　また，データ分析を行うことのできる人材の育成にも取り組み始めている。**図表12-8** の右側に示されているが，統計学や AI を活用したデータ分析の実践や業務への活用を推進するため，データリテラシー（データの内容を理解し，活用すべきデータを選んで分析し，その結果を正しく解釈する能力）のレベルに応じた研修体系を整備することなどに取り組んでいる。また，令和５年度から国税専門官採用試験に新試験区分（理工・デジタル系）が創設され，基礎数学や情報数学・情報工学，物理，化学等の理工・デジタル系の分野の問題が多く設定された，理工・デジタル系の志願者が受験しやすい試験が開始される。このように人材面でも，税務行政の DX を推進する取組が進められている。

（２）関係機関（地方税当局・関係民間団体等）との連携・協調

　これまで述べてきた税務行政の DX を推進していくためには，地方税当局などの他府省庁や税理士会などの関係民間団体と連携し，協調して取組を進めていくことが重要である（**図表12-9**）。

　他府省庁との連携・協調の例としては，国税と地方税当局との法人税に関するデータ連携による納税者の添付書類削減が挙げられる。従前は，国へ法人税の申告をする際にも，地方税当局へ法人事業税申告をする際にも，財務諸表を提出する必要があったが，制度改正により，令和２年４月以降終了の事務年度以降は，国への法人税申告の際に e-Tax で財務諸表を提出すれば，地方税当局への法人事業税申告の際には財務諸表を提出する必要はなくなった。これは，

[図表12-9] 関係機関（地方税当局・関係民間団体等）との連携・協調

引き続き、他省庁と連携・協調し、ワンスオンリー（一度提出した情報は、二度提出することは不要とする）やワンストップの実現に向けて取り組むとともに、税理士会をはじめとする関係民間団体と連携・協調し、適正納税の確保に向けた取組を推進していきます。

（これまでの取組の例）

[国・地方のデータ連携によるワンスオンリー化（添付書類削減）]

これまで国（税務署）と地方の双方に提出が必要であった法人の財務諸表について、国に電子提出した場合は、地方への提出は不要となりました。【令和2年4月以後終了の事業年度分～】

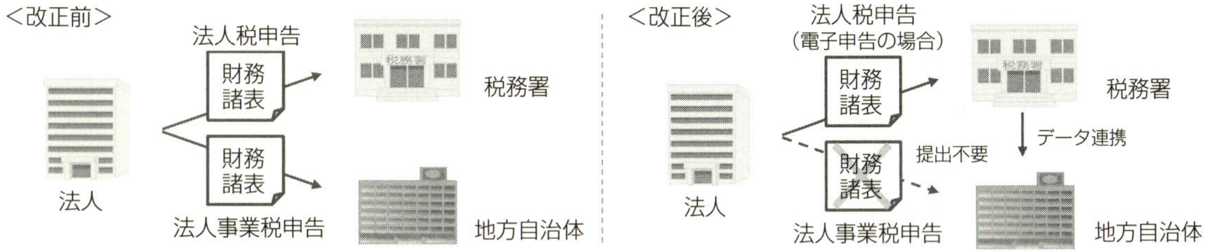

<改正前>

法人税申告　財務諸表
法人事業税申告　財務諸表
法人
税務署
地方自治体

<改正後>

法人税申告（電子申告の場合）　財務諸表
法人事業税申告　財務諸表
法人
税務署
地方自治体
データ連携
提出不要

[関係民間団体との連携・協調]

税理士会をはじめとする関係民間団体の皆様には、電子申告の推進に向けた取組や租税教室の開催など、税務行政に対して多大なるご協力をいただいています。

<関係民間団体による取組の例（主なもの）>

・電子申告の推進に向けた周知・広報　・マイナンバーカードの取得・促進に向けた周知・広報
・確定申告時期における無料相談の実施　・小中学校等における租税教室の開催

（出所）　将来像2.0より抜粋。

国税と地方税当局との間で財務諸表をデータ連携することにより，納税者のワンスオンリー（1回提出した情報は再度提出する必要がないこと）化が図られた例である。こうした取組を今後も続けていく必要があるものと考えられる。

　また，税理士会，納税貯蓄組合，青色申告会，法人会，間税会，納税協会といった関係民間団体との連携・協調も重要である。たとえば，税務行政のDXを推進していくためには，e-Taxやマイナンバーカードの普及など，さまざまな施策の周知広報が重要であるが，これを的確に実施していくためには，関係民間団体の協力が不可欠であると考えられる。関係民間団体と国税庁の間では，各種施策について意見交換も実施されており，こうした実務を踏まえた意見は，税務行政のDXに関する施策の向上にもつながるものと考えられる。引き続き，関係民間団体と連携・協調を図りながら，税務行政のDXの推進など税務行政の抱える諸課題に取り組んでいく必要があるものと考えられる。

6　「将来像2023」

　国税庁は，令和5年6月23日，税務行政のDXについて，目指すべき方向性や最新の取組内容等を発信し，多くの方々と共有することによって取組をさらに加速させるという観点から，「将来像2.0」を改訂し，「将来像2023」を公表した。そこで，「将来像2023」について，そのポイントを説明することとする。

　近年，新型コロナウイルス感染症への対応も相まって，あらゆる分野でデジタルの活用が急速に進展しており，税務分野においても，e-Taxの利用促進などデジタル化の取組が進んできた。このように税務分野においてデジタルの活用が広まることは，税務手続の簡便化だけでなく，単純誤りの防止による正確性の向上や業務の効率化による生産性の向上等にもつながることが期待される。また国税当局においても，事務処理コストの削減や効率化，データの活用等を通じて，さらなる課税・徴収事務の効率化・高度化を進展させることが可能となる。今後，アフターコロナ時代に移行する中においても，こうした税務行政のDXをさらに進展させていくため，「将来像2.0」が改訂され，「将来像2023」が策定された。

　「将来像2023」においては，「将来像2.0」の基本的な枠組みを受け継ぎつつ，

今後の税務行政の DX の方向性として，従前の「納税者の利便性の向上」と「課税・徴収事務の効率化・高度化等」に，新たに「事業者のデジタル化促進」を加えた 3 つの柱に基づいて，デジタルに関する施策を進めることとされている。

そこで，3 つの柱に関する施策についてポイントを説明する。

（1）納税者の利便性の向上

「納税者の利便性の向上」においては，納税者目線の徹底をテーマとして掲げている。納税者の目線に立った施策の推進により，スマートフォンやタブレット，パソコンなどの日常使いなれたデジタルツールから簡単・便利に手続を行うことができる環境を構築し，あるべき姿である「あらゆる税務手続が税務署に行かずにできる社会」の実現を目指すとしている。特に重要な施策として，数回のクリック・タップで所得税の申告が完了する「日本版記入済み申告書」の実現を取り上げている。令和 6 年 2 月以降，オンラインで提出された給与情報について，順次マイナポータルを介した取得・自動入力の対象とすることとしており，これにより，確定申告人員の過半数を占める給与所得者について，手入力を必要としないで確定申告を完了することができる仕組みの実現へ踏み出していくことになる。

また，最近の取組の紹介として，キャッシュレス納付の推進に関して，ダイレクト納付の利便性の向上が取り上げられている。これは，令和 5 年度税制改正により，令和 6 年 4 月 1 日以降，e-Tax で電子申告を行う際に，納税についてもダイレクト納付を利用して行うことを併せて意思表示しておくことで，改めて納付指図等を行うことなく，法定納期限に自動で口座から引き落とされるというものである。

こうした施策により，デジタルを活用して申告や納付などの国税に関する手続がさらに簡単・便利に行うことができるようになり，納税者の利便性の向上に寄与していくものと考えられる。

同時に，たとえば電話相談について，「国税相談専用ダイヤル」（全国同一の電話番号）を導入し，電話相談センターへスムーズに電話がつながるよう改善するとともに，関連システムの改善により相談時間の短縮を目指すなど，デジ

[図表12-10] 税務行政の将来像2023（概要図）

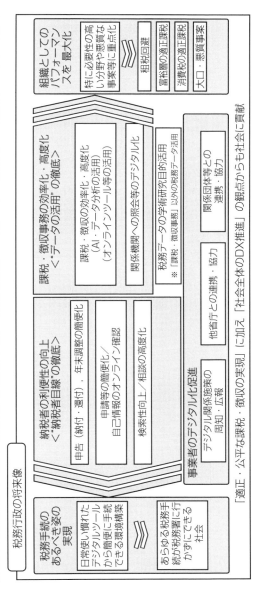

(出所) 将来像2023（令和5年6月公表）「内部事務のセンター化」やシステムの高度化、人材育成等のインフラ整備にも取り組む。より抜粋。

[図表12-11] 給与情報等の自動入力の実現（申告手続の簡便化）

◆ 申告納税制度のもとで、確定申告に必要なデータ（給与や年金の収入金額、医療費の支払額など）を申告データに自動で取り込むことにより、数回のクリック・タップで申告が完了する仕組み（「日本版記入済み申告書」（書かない確定申告））の実現を目指します。
◆ 令和6年以降順次、給与情報についても自動入力を実現します。

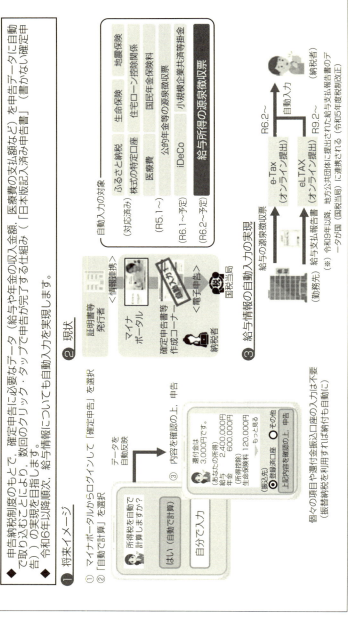

(出所) 将来像2023より抜粋。

タルに不慣れな方も含むあらゆる納税者に対して，効率的で使い勝手の良い
サービスの提供を目指すとしている。なお，「国税相談専用ダイヤル」は令和
5年11月から利用を開始している。

（2）課税・徴収事務の効率化・高度化

「課税・徴収事務の効率化・高度化」においては，データ活用の徹底をテー
マとして掲げている。AIも活用しながら幅広いデータを分析することにより，
申告漏れの可能性が高い納税者等の判定や，滞納者の状況に応じた対応の判別
を行うなど，課税・徴収事務の効率化・高度化に取り組んでいくこととしてい
る。また，税務調査等におけるWeb会議システム等のオンラインツールの活
用や，地方公共団体や金融機関等に対するオンライン照会の推進にも取り組む
こととしている。

こうした施策により，租税回避や富裕層の適正課税，消費税の適正課税，大
口・悪質事案など特に必要性の高い分野や悪質な事案等に重点的に取り組み，
組織としてのパフォーマンスの最大化を目指すとしている。

（3）事業者のデジタル化促進

これまで，国税庁は税務手続に関するデジタル化に取り組んできたが，それ
と併せて，経済取引や業務もデジタル化することにより，事業者が日ごろ行う
業務処理について一貫したデジタル処理が可能となれば，事業者は経営の効率
化・高度化や生産性の向上等のメリットを享受することが期待できるものと考
えられる。さらには，取引先等の他の事業者のデジタル化も促進され，「デジ
タル化の推進がさらなるデジタル化につながる好循環」が生み出されることを
通じて，社会全体のDX推進につながり，社会全体にデジタル化のメリットが
波及することが期待される。

こうした「事業者のデジタル化促進」は，政府全体の重要課題であるととも
に，税務行政の観点からもメリットがあることから，「将来像2023」において
は，「事業者のデジタル化促進」が税務行政のDXの第3の柱として掲げられ
た。

主要な取組としては，国税に関するデジタル関係施策について網羅的に周知

324　第Ⅲ部　デジタル社会が実務にもたらす変化と未来

広報することに加えて，他省庁と連携・協力して，デジタル・インボイスの普及や事業者のデジタル化を支援する施策の広報に努めるほか，関係団体等と連携・協力して，デジタル化共同宣言やキャッシュレス納付推進宣言など事業者のデジタル化の機運の醸成を図ることとしている。なお，令和6年5月には，日本銀行や全国銀行協会，総務省，関係民間団体など23団体共同で「国税・地方税のキャッシュレス納付推進全国宣言式」が開催され，さらなる推進に協力して取り組んでいくという認識を共有している。

（4）その他の項目

　上記のほか，「将来像2023」においては，「税務データの学術研究目的活用」についても言及している。具体的には，学術研究を通じて税財政政策等の改善・充実に資する観点等から，学術研究者等を対象として，国税庁が保有する税務データを活用して，令和4年4月から税務大学校との共同研究を開始したほか，研究用の匿名データの提供に向けて検討を行っていることを明らかにしている。さらに，会社標本調査において，決算書の勘定科目データを公表項目に追加するなどのデータの充実に向けた検討を進めているとしている。

7　おわりに

　これまで述べてきたように，国税庁では，税務行政のDXに関するさまざまな取組を進めてきた。そして，その時々におけるデジタル化推進の方向性を明らかにするため，平成29年6月に「税務行政の将来像」を，令和3年6月に「将来像2.0」を公表してきた。令和5年6月に公表された「将来像2023」においては，引き続き税務行政のDXの取組を推進していくとともに，税務を起点とした社会全体のDXを推進し，「適正・公平な課税・徴収の実現」に加え，「社会全体のDX推進」の観点からも社会に貢献するとしている。

　新型コロナウイルス感染症の流行後，デジタル化が急速に進展する一方，人手不足が顕在化しつつあり，デジタルの活用により社会全体のさらなる効率化・高度化が求められる状況となっている。こうした中で，国税庁のデジタル化推進の方向性として，これまでの税務分野中心の施策に加えて，事業者の業

第12章　税務行政におけるデジタル化の影響　*325*

[図表12-12] 事業者の業務のデジタル化（概念図）

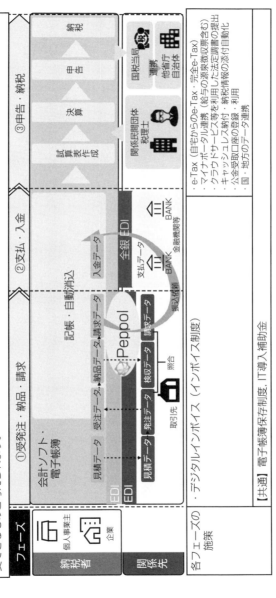

(出所) 将来像2023より抜粋。

務のデジタル化を促進することにより，税務を起点とした社会全体のDXを推進することを第3の柱にしたことは新しい展開であり，今後の動向に注目していきたい。

（永田　寛幸）

第13章

デジタル社会と会計・税務との関係性

1 はじめに

　20世紀の終わり頃から21世紀にかけて，さまざまなものがデジタル化し，それに呼応するように社会の変化も起きている。シェアリングエコノミーやギグエコノミーのような経済面での変化が起き，ビット・コインに代表される暗号資産の登場，金融商品やデリバティブ（金融派生商品）は高度な発達を遂げた。会計は経済活動の写像に努め，税制もまた経済活動の変化に可能な限り追随しようと努力を続けてきた。これらの点については，第1章から第5章にかけて論じてきた。

　特に税務面では，国際課税における「PE なくして課税なし」という従来の課税原則では対応できない事態となったばかりでなく，OECD が長らく固執していた独立企業間原則が部分的にせよ断念に追い込まれることにもなり，さらには，一国の法整備や，二国間条約では対応できず，多国間交渉による国際協調の枠組みが必要となった。これらの問題については，第6章から第9章にかけて検討を行ってきた。

　社会経済のデジタル化が，簿記および会計，そして税務実務，さらに徴税実務に及ぼす影響については，第10章から第12章にかけて考察を深めてきた。

　これまでの議論，検討，考察を通じて明らかになったことは，現在，我々はデジタル化の途上におり，今後も変化は続くということである。そして，もう1つ重要なことに気付かされる。経済社会のデジタル化が会計・税務にもたら

す変化は，想像以上に多岐にわたるとともに，その多様性，複雑性ゆえに，収束点あるいは着地点が明瞭には見えていないということである。

経済社会のデジタル化という一見単純にも思える変化が，なぜかくも多くの検討内容を我々に課してきたのであろうか。改めて振り返ると，本書では，「デジタル化」という変化に伴い会計および税務が追うべき問題を深く掘り下げて研究を進めてきたが，「デジタル化とは何か」という問いに対して明確には答えていない。もちろん，これは意図してのことであり，決して，無視したり，考慮していなかったということではない。

財務会計論や税務会計論を包摂するという広い意味での会計学は実学的学問であり，現実に起きている事象を観察し，そこから事象の原因を探り，理論体系化するという，現実の時間の流れとは逆方向のアプローチが有効であることが多い。そのため，本書においても，そのような手法を取ることにした。そこで，最終章となる本章では，「デジタル社会と会計・税務」という，この研究の起点と位置づけられる問題について検討する。

2　デジタル社会

日本政府におけるデジタル化推進については，内閣官房 IT 総合戦略室がその任に当たってきたが，令和3（2021）年9月1日，デジタル社会の形成に関する行政事務を担うデジタル庁が設立された。「誰一人取り残されない，人に優しいデジタル化」を実現するため，社会全体でデジタルについて定期的に振り返り，体験し，見直す期間として，「デジタルの日」が創設され，初年度となる令和3（2021）年10月10日（日）・11日（月）が「デジタルの日」とされた。これは，デジタル情報が0と1の2進法から成ることに因むが，令和4（2022）年以降は，毎年10月の第一日曜日と月曜日が「デジタルの日」とすることとされたため[1]，10月10日・11日とは限らないことになり，デジタル情報が0と1の2進法から成るという話はどこかにいってしまった。

令和4（2022）年6月7日には，「デジタル社会の実現に向けた重点計画」

1　毎年10月はデジタル月間とされる。

が閣議決定された。これは，デジタル社会形成のために政府が迅速かつ重点的に実施すべき施策に関する基本的な方針等を定めるものであり（デジタル社会形成基本法第37条等），令和3（2021）年12月24日に策定した重点計画をアップデートしたものとして位置づけられる。「デジタル社会の実現に向けた重点計画」では，デジタル社会の目指すビジョンとして「デジタルの活用により，一人ひとりのニーズに合ったサービスを選ぶことができ，多様な幸せが実現できる社会」が掲げられている（デジタル庁［2023］4頁）。

　デジタル社会の内容については，デジタル社会形成基本法において，つぎのように規定されている。「デジタル社会」とは，インターネットその他の高度情報通信ネットワークを通じて自由かつ安全に多様な情報または知識を世界的規模で入手し，共有し，または発信するとともに，人工知能関連技術，インターネット・オブ・シングス活用関連技術，クラウド・コンピューティング・サービス関連技術その他の従来の処理量に比して大量の情報の処理を可能とする先端的な技術をはじめとする情報通信技術を用いて電磁的記録（電子的方式，磁気的方式その他人の知覚によっては認識することができない方式で作られる記録をいう）として記録された多様かつ大量の情報を適正かつ効果的に活用することにより，あらゆる分野における創造的かつ活力ある発展が可能となる社会をいう（デジタル社会形成基本法第2条）。

3　アナログとデジタル

　アナログ（Analog）とは，ギリシャ語で比例，類似，相似を意味し，ある現象を類似の現象に置き換えて扱うことを意味する英語の Analogy にも通じることが知られている。アナログ情報は連続的という特徴を持ち，中間の値が無限に存在する滑らかな線として描かれる。一方，デジタル（Digital）は，指あるいは指折り数えることを意味するラテン語の Digitus に由来する。デジタル情報は離散的という特徴を持ち，中間が存在せず，飛び飛びの線として描かれる。

　アナログとデジタルの特徴を視覚的に捉えるため，アナログの正弦波（*sin x* のグラフ）とこれをデジタル化した矩形波を示す（**図表13-1** 参照）。

[図表13-1] 正弦波と矩形波

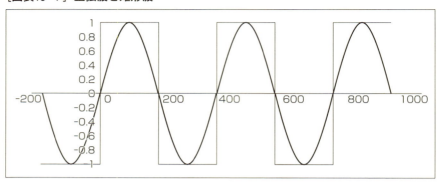

　アナログ波である正弦波は連続的で滑らかな線を描くのに対し，デジタル波である矩形波は離散的な飛び飛びの線を描く。アナログとデジタルの比較のために波を用いたのは，会計も波[2]もともに情報伝達機能という特質を有することから，会計とアナログおよびデジタルとの関係性を考察するためには，情報伝達という共通の土台に載せることがその関係性の明確化に資すると考えられることが理由である。

　アナログとデジタルとの比較において，身近な具体例の1つが時計であろう。1972年，米ハミルトン（Hamilton）社[3]が，パルサー（Pulsar）[4]というサブブランドから，針を使用しない世界初のLED（Light Emitting Diode）式デジタル時計「タイムコンピューター（Time Computer）」を発売した。刻々と変化する時刻の表示という機能をデジタル化することを，タイムコンピューター，すなわち，時間電子計算機と称していたのである。このことは，デジタルが計算と密接な関わりを持つことを示している。これを裏づけるかのように，「タイムコンピューター（Time Computer）」の発展型として，「タイムコンピューター・カリキュレーター（Time Computer Calculator）」という商品が発売され

2　たとえば，音は波の形で空気を伝わり，情報伝達がなされる。
3　ハミルトン（Hamilton）社は，1892年米国ペンシルバニア州ランカスターで設立されたHamilton Watch Companyを起源とする会社で，現在はスイスのスウォッチ（Swatch）・グループの傘下にある。
4　パルサー（Pulsar）は，秒またはミリ秒という規則的な周期で電波（パルス波）を放射する宇宙空間に存在する電波天体の意味。

た。これはその名称が示すとおり，時計機能に四則演算（加減乗除）機能が追加されたものである。このことは，デジタルと計算の親和性を示すものと言えよう。

アナログ時計とデジタル時計は，つぎのような表示のものである（**図表13-2**参照）。

[図表13-2] アナログ時計とデジタル時計

デジタル表示時計は，時，分，秒というデータを，数字により表示する。しかし，単に数字化することをデジタル化というのは正しい理解ではない。現実に起きている時の経過という連続的な事象を，針が連続的に動くことにより表示するのがアナログ表示ということである。この連続的に起きていることをデジタル化するためには，以下の過程を経る。

① 時の経過という連続的な事象を時間，分，秒により区切る（標本化：Sampling）
② 区切られた単位毎に指定された単位により丸める（量子化：Quantization）
③ 情報を2進法等によりデータ化する（符号化：Coding）

デジタルというと0と1による2進法を思い浮かべやすいが，デジタル化の過程において無視できない過程が標本化と量子化である。標本化とは連続的なものを一定の間隔で区切ることであり，量子化とは連続量の情報を有限個の段階の離散量として表現することである。したがって，区切りを多段化すること

332　第Ⅲ部　デジタル社会が実務にもたらす変化と未来

により，詳細な情報の作成が可能となる。

　一見するとアナログと思える時計も，秒針や分針が連続回転式ではなく離散的に動く（ステップ式）ようになった時点で，既にデジタル化が始まっている。しかし，一般的にはステップ式の時計もアナログ時計であると認識されている。このように，アナログとデジタルの違いについては，単純な見た目の違いによって惑わされやすい。

　情報伝達については，信号もまた同様の機能を持つ。アナログ信号では，素子の微妙な変化によって信号が崩れる可能性があり，これを防ぐためには素子の大型化が必要となる。また，中間電圧を継続的に出力するためには，電流を流し続けなければならないという問題が付きまとう。しかし，デジタル信号は，0と1という2つの値のみが存在し，素子のON・OFFの切替えにより対応できるため，素子サイズの小型化が可能となり，電流の消費量を抑えることができる。アナログ信号は信号情報の劣化という問題が避けられないが，デジタル信号ならば，1という信号を送った場合，0ではない1としての情報が伝わりやすいという特性が発揮される。

　モールス符号は，「・」（トン）と「－」（ツー）の2つの要素から構成され，「・」と「－」の間は存在しないため，これはデジタル情報である。モールス符号を用いた信号をモールス信号と言う。モールス信号はデジタルかと言えば，即断はできない。なぜならば，モールス符号というデジタル情報をどのような手段で伝達するかによって，信号の性質は変わってくるためである。モールス符号を声や光によって伝えようとすれば，発信源から遠く離れるにつれて信号は弱まるため，伝達手法としてはアナログ信号となる。しかし，パソコンを用いてインターネット経由で送信すれば，それはデジタル信号となる。要するに，情報のアナログ・デジタル性と伝達のアナログ・デジタル性は区別して考えなければならないということである。

　アナログカメラ（銀塩フィルムカメラ）は，情報の記録を連続的な情報として記録していた。ただし，時間の切り取りは1/100秒，1/1,000秒というようにデジタル的である。これは，アナログとデジタルは同時に別の機能を果たすために，1つのシステムの中で併存することもあるという例である。

　本節では，アナログとデジタルの語源と基本的な性質を確認した。ところで，

英語の Digit は桁，Account は説明する・報告する，Count は数えるという意味であり，いずれも会計に関連する語であるが，それは偶然なのだろうか。

4　オプション理論におけるデジタル性

第5章において取り上げたオプション取引は，経済の発達とデジタル化の多様性の関係が顕著に表れた分野の1つである。オプション価格の算定方法として，①ブラック・ショールズ・モデル，②二項モデル，③モンテカルロ・シミュレーション・モデルという3つの方法が比較されているが，これらを解析値に該当するか否か，そして，再現性の有無という観点から整理すると，次のとおりとなる（**図表13-3**参照）。

［図表13-3］オプション価格算定方法の特徴

モデル	解析値	再現性
ブラック・ショールズ・モデル	○	○
二項モデル	×	○
モンテカルロ・シミュレーション・モデル	×	×

ブラック・ショールズ・モデルにより得られる数値は解析値であるが，二項モデルにより得られる数値は，分割期間を増やす，すなわち，細切れにすればするほど，正確性を増してゆくものの，解析値とは言えない。そして，モンテカルロ・シミュレーション・モデルにより得られる数値は，試行回数を増やせば増やすほど精度が上がっていくが，精度を10倍にするためには試行回数を100倍に増やす必要があり，試行回数が増えることはコンピューターへの負荷がかかり，計算に時間を要するという問題から，解析値への接近には限界がある。モンテカルロ・シミュレーション・モデルでは，コンピューターの計算能力と計算時間の制約から，およそ10万回が現実的な試行回数であるが，このレベルではまだ誤差が目立つことが指摘されている（大野［2013］100頁）。

さらに，デジタルの特徴である再現性という観点から3つのモデルを見ると，ブラック・ショールズ・モデルは当然として，二項モデルも再現性が保たれて

いるのに対し，モンテカルロ・シミュレーション・モデルは計算するたびに，正確にはシミュレーションを行うたびに計算結果が変化するため，再現性がない。これは，モンテカルロ・シミュレーション・モデルがランダムな数字のシークエンスに基づいた推定方法である（大野［2013］79頁）ことが理由である。

　コンピューターを用いた計算はデジタル計算であることから，連続現象を扱うことができないという特性がある（大野［2013］126頁）。しかし，オプション価格の計算という点について，企業会計基準適用指針第11号「ストック・オプション等に関する会計基準の適用指針」において，ブラック・ショールズ・モデルは連続時間型モデル，二項モデルは離散時間型モデルであるとしている（企業会計基準適用指針第11号第2項）。ただし，コンピューター等のデジタル・デバイスを用いてブラック・ショールズ・モデルの計算を行うことは可能である。つまり，コンピューターは連続時間型モデルの計算をアナログデータとして扱うことはできないのであり，連続時間型モデルの計算ができないのではない。

　二項モデルは，離散区間数を増やすことによる細分化という意味でのデジタル化という手法を用いて，アナログ値である解析値に近似させる方法である。重要な点は，この離散区間数を増やすことによる細分化というデジタル化の過程に，コンピューター等のデジタル・デバイスは直接的に関係しないということである。そして，二項モデルは，ブラック・ショールズ・モデルでは正確に解析値を得られないアメリカン・オプションの価値も同様の手法により求めることができるという，アナログ解析を凌駕する面も持つ。他方，モンテカルロ・シミュレーション・モデルは，計算という過程にコンピューターというデジタル計算機を用いることにより，反復計算を手動では困難な回数まで増やすことによってアナログ値に近似させる方法である。

　以上のことから，アナログとデジタルは，どちらが優れているか，あるいは，どちらが先進的であるかを断定できるものではないことがわかる。また，ある経済事象における資産価値の評価・測定に焦点を当てても，アナログとデジタルは併存し，さらにデジタルには複数の種類が存在することも明らかとなった。

　第5章で検討されたオプションは，オプションの中では基本的なものであり，バニラ・オプション（Vanilla Option）あるいはプレーン・オプション（Plain

Option）と呼ばれる。バニラという名称は，アイスクリームの基本がバニラアイスであり，さまざまなフレーバーなどが追加される基本となるものであるということに由来する（大野［2013］158頁）。つまり，原資産から派生したデリバティブの1つであるオプションにおいて，バニラ・オプションからさらに派生するおびただしい数のバリエーションが考案されてきた（Luenberger［2014］pp.431-433，邦訳538-540頁）。そのようなオプションをエキゾチック・オプション（Exotic Option）と呼び，通常のオプションにさまざまな条件を付加したオプションである。

　このうち，ルックバック・オプション（Look-Back Option）とアジアン・オプション（Asian Option）は，ペイオフが経路依存（Path Dependent）を持つという特徴がある，これらは，マルコフ過程ではないため，バニラ・オプションにおいて有用であった二項モデルは用いることができない（Luenberger［2014］pp.433-434，邦訳541-542頁）。これらに対応した格子修正による計算モデルも考案されているが，計算量が激増するという問題を抱えている（Luenberger［2014］p.434，邦訳541頁）。ここで能力を発揮するのが，原資産の価格変動から得たリスク中立確率を用いてシミュレーションを繰り返す方法である（Luenberger［2014］p.434，邦訳541-542頁）。

　経済のデジタル化という問題について，オプションを取り上げる理由は，既存の資産からの発展性が著しく，さらにオプションそれ自体が多様性をもって発展していることに，社会システムや経済システムの発展との関連性を見出すことができると考えたために他ならない。興味深いのは，満期日に特定の条件を満たすと予め決められたペイオフになる，不連続なペイオフを持つデジタル・オプション（Digital Option）の存在であり，例として以下のものがある[5]（大野［2013］158-159頁）。

① 　キャッシュ・オア・ナッシング・コール・オプション（Cash-or-Nothing Call Option）──満期時に原資産価格が行使価格以上になれば予め定められた金額が支払われるが，そうでなければ何も支払われないオプション。

② 　アセット・オア・ナッシング・コール・オプション（Asset-or-Nothing

5　ここに挙げたオプションは，デジタル・オプションの中でも，all or nothing，すなわち，0か1かという意味でバイナリー・オプション（Binary Option）と呼ばれる。

Call Option）──満期時に原資産価格が行使価格以上の場合には，資産価格を支払い，そうでなければ何も支払われないオプション。

［図表13-4］キャシュ・オア・ナッシング・コール

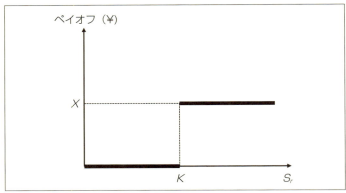

（出所）大野［2013］159頁。

［図表13-5］アセット・オア・ナッシング・コール

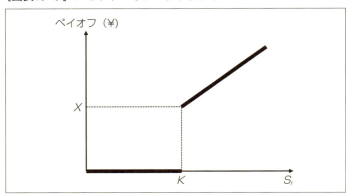

（出所）大野［2013］159頁。

このように，オプションのペイオフを不連続とすることもデジタル化の1つということになる。オプションの発展は，①計算方法（モデル）のデジタル化，②計算技術（機械）のデジタル化，③オプションのペイオフという金融商品

（資産）そのもののデジタル化，といった3種類のデジタル化の方向が存在することを示している。

5　デジタルと会計の関係

　紙に万年筆を用いて手書きにより記入した帳簿はアナログ簿記であるため，そのデータに基づいて作成した会計情報はアナログ会計であり，コンピューター・ソフトウェアを用いて記憶装置に入力した帳簿はデジタル簿記であるため，そのデータに基づいて作成した会計情報はデジタル会計であると言えるであろうか。また，手書きによる帳簿をスキャンしてパソコンに保存，表示したデータはアナログ簿記とデジタル簿記のいずれなのであろうか。
　この疑問について，まず，減価償却を例にアナログとデジタルについて考察する。減価償却とは，減価償却資産の使用に伴い，取得原価を各会計期間に費用として配分する手続であり，ここでは主な減価償却方法として定額法と定率法の2種を取り上げる。定額法は毎期同額の減価償却費を計上する方法であり，減価償却資産の貸借対照表価額は一定の金額が漸減する。一方，定率法は，期首未償却残額に毎期一定率を乗じた減価償却を計上する方法であり，減価償却資産の貸借対照表価額は一定の割合で漸減する。以上のことから，定額法と定率法は**図表13-6**のように表される。

[図表13-6] 減価償却の理論に基づく定額法と定率法

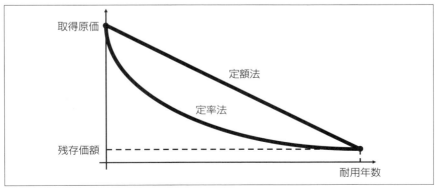

本来，減価償却資産の評価額はその使用という時の経過に応じて漸減させるものであるから，**図表13-6**は理論的に正しい。しかし，実際の減価償却手続は一定の時間に区切って行うため，定率法を例にするならば，**図表13-7**のように理解することができる。

[図表13-7] 時間を区切った場合の減価償却手続（定率法）

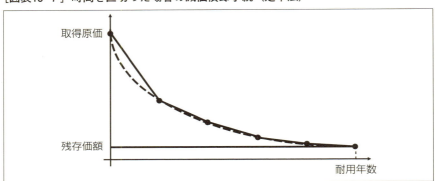

ただ，**図表13-7**によっても，会計上の減価償却手続を正確に捉えきれておらず，これをより正確に表すと，**図表13-8**のようになる。

[図表13-8] 実際に行われる減価償却手続（定率法）

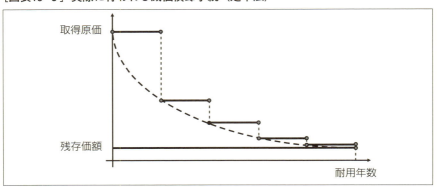

損益計算書に計上される減価償却費は点線部分を表し，実線で示されるデジタル化されたデータは，貸借対照表において減価償却資産の評価額として示されている。このように，減価償却という手続は，標本化，量子化，符号化によるデジタル化がなされたものであることが視覚的に示される。以上のことは，会計は時間を区切ることにより，データを離散的に扱っているということを意味している。

我々は，減価償却について**図表13-6**のように理解しつつ，実際には**図表13-8**のような会計処理を行っている。つまり，連続的なアナログ事象を半ば無意識のうちにデジタル変換して会計処理を行っているのである。

会計の持つデジタル性という特徴は，何も減価償却という限定的な場面にのみ当てはまるのではない。別の例として，ボールペンを100円で購入し，これを決算日までに60％使用する過程を考えてみよう。この場合の会計処理として，以下の2つの方法が広く行われている。

（1）第1法（単位：円）
　①　購入時
　　　　（借）　消耗品　100　　　　（貸）　現　　金　100
　②　決算時
　　　　（借）　消耗品費　60　　　　（貸）　消耗品　60
（2）第2法（単位：円）
　①　購入時
　　　　（借）　消耗品費　100　　　　（貸）　現　　金　100
　②　決算時
　　　　（借）　消耗品　40　　　　（貸）　消耗品費　40

いずれの方法によったとしても，貸借対照表に計上される消耗品（資産）は未使用分に相当する40円であり，損益計算書に計上される消耗品費（費用）は100と40という2つの離散データの乖離相当分の60円となる。このように，会計はその対象とする期間を時間的に区切るということを暗黙の前提としており，これはとりもなおさず会計は元来デジタル情報を扱っていることを意味している。

340　第Ⅲ部　デジタル社会が実務にもたらす変化と未来

　この時間の区切りを細分化することによって，すなわち，1年という時間を
より短い時間単位に区切ることによって，アナログ化することも理論的・現実
的に可能である。1年に1回の年次会計報告を半年単位にした半期報告，これ
をさらに半分（3カ月）にした四半期報告は，会計をアナログ事象，すなわち
現実の連続的事象に近づけ，情報を連続的に取り扱おうとする試みということ
になる。

　これをさらに進めていくと，月次報告，週次報告，日次報告，果ては，半日，
毎時，毎分，毎秒報告ということになる。会計をこのように捉えることは可能
であり，刻一刻と変化する貸借対照表というものを概念的に創造することもで
きる。このとき，連続的貸借対照表とも言うべきものが作成されることにな
り[6]，区切られた期間が極限まで縮められれば，もはや現在の形での損益計算
書は成り立たなくなる。

　デジタルカメラは，イメージセンサーを高画素化することによってデジタル
画像の持つ階段状のジャギー（Jaggy）を滑らかにすることを追い求めてきた。
初期には数十万画素しかなかった記録画素数は，瞬く間に100万画素，1,000万
画素を超えるまでに進化し，1億画素を超えるものも登場している。しかし，
プロカメラマンが使用するカメラも含め，多くのデジタルカメラは，2,000万
画素から4,000万画素の間にとどまっている。これは，これ以上の画素を増や
すことが技術的に困難ということではなく，高画素化を進めたとしても，より
大きなイメージセンサーを必要とし，保存するデータ量が増えるなどのコスト
や重量が増すばかりで，それほどのメリットをもたらさないためである。実際
に，SONY が販売するスマートフォン Xperia では，新しい機種のカメラが古
い機種のカメラよりも画素数が下がったという例もあるくらいである。

　以上のことは，デジタルデータの持つ離散的という性質をアナログデータの
持つ連続的という性質にどこまで近づけるかは，技術的，コスト的な問題に加
え，必要性という見地から，一定の着地点が存在するということを意味する。
仮に，会計の目指すべき目標を離散データの連続化であるとするならば，生成

6　貸借対照表をストック情報ではなく，一期間のフロー情報として捉える運動貸借対照表
　（Bewegungsbilanz）とは異なることに留意されたい。運動貸借対照表においては，区切られた期間
　の短縮や細分化が想定されていない。

される連続的貸借対照表とも言うべきものから得べかりしものを想像すれば，それが果たして意味のあるものであるかは言うまでもないだろう。会計とは，元々デジタル性を備え，離散化されたデータが貸借対照表に収容されるのであり，各離散データの乖離，すなわち，ジャギーを補う役割を担うのが損益計算書という明確な役割分担がなされているのである。

　会計が目指すべきはそのような極限までの細分化によるアナログへの接近ではないということである。つぎの例について考えてみることにしよう。ＡとＢの２人が同一方向に走っており，ＡはＢよりも少し遅れてスタートしたため，ＡはＢの２倍の速さで追いかけているものの，依然としてＡはＢよりも後ろにいる。しばらくすると，ＡとＢの距離は半分になり，その後，距離は２分の１ずつ縮まっていく。しかし，残りの距離に何度２分の１を掛けたとしても，永遠に０にはならない。したがって，Ａは永遠にＢに追いつけない。これは，アリストテレスによるゼノンのパラドックスとして知られている。当然のことながら，ＡはＢの２倍の速さで走っているため，いつかはＢを追い抜くことができるはずであり，この説明には問題がある。その原因は，時間を極限まで細分化して考えている点にある。つまり，不必要なまでに時間の細分化を行っているということである。

　コンピューターがデジタル計算機であることは周知のとおりであるが，計算尺は数字を連続的に扱うことからアナログ計算機であり，算盤は数字を離散的に扱うことからデジタル計算機ということになる。そして，おそらく最も原始的なデジタル計算機は，その語源が示すように，人間の指であろう[7]。会計が元から持っているデジタル性は，コンピューター等のデジタル機器との親和性が強く，コンピューターによるデジタル化が進んだとしても，会計の基本的な理論構造には影響を及ぼさない。会計情報が，紙に印刷されたものとして伝達されようと，インターネットを通じて伝達されようと，それは伝達技術の違いによるものなのであり，会計のデジタル性という本質は不変である。

7　我々が通常10進法を用いることになったのは，指で数えるのに適しているからとも言われるが，時間は12進法であるし，真偽のほどはわからない。

6　ブロック・チェーン技術の利用可能性

　会計情報とは，基本的には複式簿記に基づき，その記録から誘導的に貸借対照表および損益計算書が作成され，情報利用者に伝達されるため，改めて言うまでもなく，簿記と会計は密接な関係にある。前節で述べたように，会計は連続的な事象をデジタル化したものであるから，その情報の記録媒体となる簿記もまたデジタル性を帯びる。

　デジタル時代の大発明とされるブロック・チェーン技術は暗号資産を生み出し，さまざまな応用法が考えられている。ブロック・チェーン技術を簿記・会計，さらには税務の世界にも応用しようという考えは当然出てくるだろう。ブロック・チェーン技術の会計の分野への応用は，現時点では適用例がない（Pedreño et al.［2021］p.2，Yu et al.［2018］pp.37-47）。しかし，Yu et al.［2018］はつぎのように主張する。ブロック・チェーン技術の応用については大いなる潜在的可能性があり，進歩的である。そして，会計へのブロック・チェーン技術の適用は，企業の会計手続を透明化し，外部報告情報の質を改善し，企業と外部投資家の間の情報の非対称性を効果的に減らす可能性がある。外部の情報利用者は，いつでも企業の取引を自分で集計することも可能になるが，企業の情報が漏洩する危険性，ブロック・チェーン技術が抱えるいわゆる51％攻撃に晒される危険性も排除できず，これらの問題の克服には時間を要する。現在のところ，会計におけるブロック・チェーン技術は実験的段階であり，企業の会計情報は膨大であるため，現在のブロック・チェーン技術ではうまく処理できないことに加え，企業にはかなりのコストを強いる。このように，Yu et al.［2018］は，会計へのブロック・チェーン技術の適用について，解決すべき問題はありながらも，享受できるメリットを強調している。

　図表13-9は簿記一巡の流れを示したものであるが，最も操作性が介入しやすいのは仕訳であろう。その後は，一度複式簿記のレール上に乗せてしまえば，その構造上，改竄は非常に困難である。

　したがって，既存の複式簿記と貸借対照表や損益計算書という会計情報の構造内において，ブロック・チェーン技術が導入されることで最も大きな変化が

[図表13-9] 簿記・会計の流れ

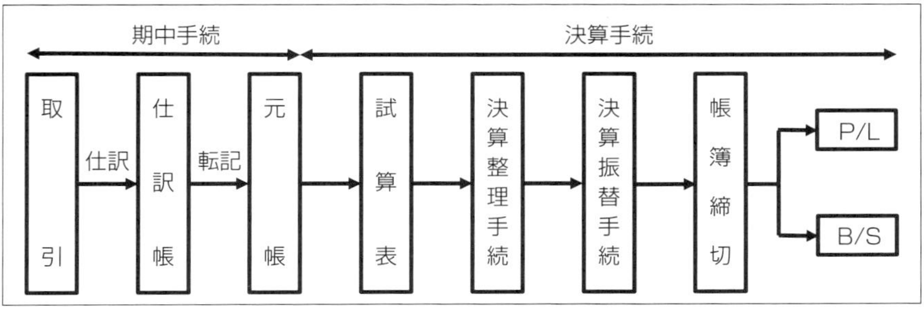

期中手続			決算手続					

取引 →仕訳→ 仕訳帳 →転記→ 元帳 → 試算表 → 決算整理手続 → 決算振替手続 → 帳簿締切 → P/L, B/S

もたらされるとするならば，それは仕訳の段階である。ブロック・チェーン技術の最も特徴的な点は，改竄不可能な自動化であるため，取引から遅れることなく，しかも改竄の余地なく自動的に仕訳されるのであれば，ブロック・チェーン技術が簿記・会計にもたらす情報の正確性は大きく高められることになる。

ブロック・チェーン技術によれば，取引記録を情報利用者にダイレクトに公開することも可能であると考えられるが，それはブロック・チェーン技術を用いなくても可能であることには留意すべきであろう。既存の帳簿形態であっても，仕訳帳そのものを記帳後ただちにインターネット上で公開すればよいのである。しかし，現状，そのようなことは行われていない。それは，ブロック・チェーン技術のこの分野への応用が途上にあるためではなく，その必要性がないか，そうすべきでないと理解されているからに他ならない。

決算整理においてブロック・チェーン技術を適用することが可能となるならば，会計期間の最後の取引を入力，財務諸表を出力とすると，入力から出力までのターン・アラウンド・タイムをほぼ0にまで短縮できることになる[8]。しかし，ターン・アラウンド・タイムを極限まで短縮することと，会計期間の区切りを極限まで小さくすることはまったく異なることには注意が必要である。

---

8 この点については，ブロック・チェーン技術よりも，人工知能（Artificial Intelligence：AI）あるいは機械学習（Machine Learning），さらにはその発展形である深層学習（Deep Learning）の方が役立つ可能性があると思われる。しかし，これらはプログラミングによって一意の値が出力されるのとは異なり，不確実性を排除できないため，エラーをどのように検出し，修正するかが課題となる。

344　第Ⅲ部　デジタル社会が実務にもたらす変化と未来

前者は，会計における期間の区切りという離散化には変化が生じず，決算日から財務諸表の出力までのタイムラグを０に近づけることを目指していることになる。一方，後者は，前節で述べたように，会計における期間の区切りを極小化し，貸借対照表と損益計算書の役割をも変えることを目指すことになる。

7　DNA

2021（令和３）年のデジタルの日は10月10日・11日であったが，これはデジタルが０と１の２進法であることに因むことからもわかるように，デジタルデータは０と１の２進法によって計算，記録，保存，伝達されるものと捉えられがちである。また，アナログとデジタルという言葉は，前者が古く，後者が新しいという印象を与えやすい。

ところで，我々人間がアナログかデジタルのどちらに分類されるのかということについては，どうであろうか。ヒトの体の設計図となる遺伝情報がDNA（Deoxyribonucleic Acid：デオキシリボ核酸）という二重の螺旋構造を持つ分子の中に詰め込まれていることはよく知られている。螺旋の２本鎖の内側には，アデニン（A），チミン（T），グアニン（G），シトシン（C）の４種類の塩基が配列されている。塩基は対を成しており，AとT，GとCがそれぞれ水素結合によってペアになる。これは，Watson-Crick の相補性原理として知られている。AはT，GはCとのみ結びつくため，２本の鎖の一方の塩基が決まれば，もう一方の鎖の対応する塩基が自動的に決定され，この原理に基づいてDNA は複製される。

DNA は最初から４種類の塩基による離散化したデータ[9]から構成され，塩基配列による情報が伝達されていくので，これはデジタル信号の情報伝達である。つまり，太古の昔から存在していた DNA 情報（ゲノム：Genome）もまたデジタル情報なのである。

真（True）と偽（False）という２値を扱う数学をブール代数（Boolean Algebra）といい，これがデジタル回路，つまり，コンピューターの構造を考

9　４つの塩基の中間に位置する塩基は存在しないので，これらは離散データである。

えるうえでの基礎となる。真を1，偽を0で表すと2進法の計算となり，これはコンピューター計算において用いられている方法である。一方，DNAの塩基は4種類あるため，4値を扱う回路と捉えることができる。

コンピューターとDNAはともにデジタルデータを扱うが，なぜ，コンピューターが2進法であり，DNAは4進法なのであろうか。そして，最も効率的なN進法は存在するのであろうか。この疑問について，真田［2005］ではつぎのように説明されている。

N値素子[10]をK個使用して表現できる数Mを最大化し，N値素子を1個作るコストはNに比例するという仮定を置くと，①式のように表すことができる。

$$M = N^K \cdots\cdots ①式$$

これは，ある数Mを表すのにN進法においてK桁が必要になるということを表している。そして，コストは②式で表される。

$$C = NK \cdots\cdots ②式$$

Cを一定としてNを変化させ，Mを最大化するということは，③式を最大化することであるから，両辺をNで微分して左辺を0とすれば，$\log N = 1$より，$\dfrac{1 - \log N}{N^2} = 0$ から最適N値として e（$\fallingdotseq 2,718\cdots$）が得られる。

$$\frac{\log N}{N} \cdots\cdots ③式$$

Nは自然数であるため，eに最も近いのは3，次に2と4が候補となる。3値素子を作るのは厄介なうえ4値素子を作るのとコストが変わらないため，実際の製作を考えると，2値または4値がつぎの最適候補ということになる。

そして，DNAが4進法である理由については，①複写速度が速く，②副産物を作らずに済むという2つの点からの優位性が指摘される。2値素子を用いて複製する場合，陰画を作り，それにトナーを振りかけて陽画を作るため，必要な複製物を得るには同じ数だけ複製を繰り返さなければならず，陰画の廃棄

10　一例として点灯または消灯するランプを想定することができる。

346　第Ⅲ部　デジタル社会が実務にもたらす変化と未来

も必要となる。これに対し，DNA複製は，1回の細胞分裂により2倍，2回の細胞分裂で4倍と，冪乗で増えるために高速複製が可能であり，副産物もないという特長がある。以上が真田［2005］による最適N進法とDNAが4進法であることの考察である。

　コンピューターにおいて2進法が用いられるのは，回路設計上，ONとOFFの切替が容易で，コスト的にも少なくて済むということが考えられる。この他に，2進法はブール代数の持つ強力な論理演算能力（真田［2005］65頁）を利用することによる計算の高速化を優先するために用いられたのに対し，4進法は真田［2005］が指摘するようにDNA複写の高速化を優先したとも考えられるが，2進法が4進法に比べて単に原始的だったというだけかもしれない。

　この問題については，DNAの複製過程と生成物が関わってくると考えられる。DNAはRNA（Ribonucleic Acid）に変化した後にタンパク質が生成される。タンパク質には20種類あることが知られており，これらは4つの塩基のうち3つの組合せによって決まる。4つの塩基のうち3つの配列で決まるのであれば$4^3 = 64$通りが考えられ，20種類のタンパク質を十分にカバーできる。しかし，4つの塩基のうち2つの塩基では$4^2 = 16$通りとなり，20種類のタンパク質を作ることはできない。なお，3つの塩基を前提としてそのすべてを用いる場合，$3^3 = 27$通りとなり，20種類を上回るが，3値素子ではペアをうまく作ることができないため実現できない（真田［2005］68頁）。以上のことから，自然は4進法を選択したということである。

　第9章において計算複雑性理論（Theory of Computational Complexity）に言及したが，デジタル技術の発達は計算能力の指数関数的な進化にあると考えられる。具体的には，既に試験的な製造が開始されている量子力学チューリングマシン（Quantum Universal Turing Machine：QUTM）であり，その先に登場が予想されるDNAコンピューターである。DNAとコンピューターはここで出合うことになる。

　DNAコンピューターとは，分子コンピューターの一種で，DNA分子に計算を行わせるというものである。DNAコンピューターの研究はDNA分子を用いて，与えられた有向グラフにハミルトン経路，すなわち，始点から終点まですべての頂点を一度ずつ通る経路が存在するかの判定問題[11]を解くことに成

功した研究（Adleman［1994］）が嚆矢である。

　我々が普段使用している半導体を利用したデジタルコンピューターは，万能チューリングマシン（Universal Turing Machine：UTM）[12]の1つである。1936年，英国の数学者であるアラン・チューリング（Alan Mathison Turing）が，計算を行う自動機械（Automaton）の原型となる数学的モデルを考案した。これに計算処理手順（プログラム）も組み込み，さまざまな処理を可能にしたものがUTMである。そして，これを具現化したものがフォン・ノイマン型（von Neumann Architecture）コンピューターであり，今日我々が使用しているコンピューターである。

　Currin et al.［2017］は，DNAコンピューターについて，つぎのように述べている。DNAの複製構造過程を利用することによって，非決定性万能チューリングマシン（NUTM）を製作することができ，理論上，組合せ計算において，DNAコンピューターは，従来のUTMやQUTMよりも指数関数的に高速になる。我々が日常的に使用しているコンピューターが逐次的な計算を行うの対し，複数の組合せを同時に並列計算できるという点において，QUTMとDNAコンピューターには共通点がある。ただし，従来のUTMやQUTMのリソース制限が時間であるのとは対照的に，DNAコンピューターのリソース制限はスペース（空間）である。計算複雑性理論において，この制約の相違は大きく，空間は再利用可能であるが，時間は再利用不可能であるため，時間と空間を根本的に異なるものとして扱うべきである。

　以上がCurrin et al.［2017］の概要であるが，ここで興味を惹かれるのは，コンピューターにDNAを用いるという着想である。DNAはコンピューターに応用可能なのであり，アデニン（A），チミン（T），グアニン（G），シトシン（C）の4種類の塩基を配列した2本の鎖から構成され，AとT，GとCが結合するという特徴は，複式簿記の借方要素と貸方要素の結合構造に似ている。

11　有向ハミルトン経路問題（Directed Hamilton Path Problem）はNP完全問題の一例であり，一般的なコンピューターで解くことは困難な問題の1つである。

12　UTMは抽象的な数学的概念であり，計算可能性理論において，無制限の空間と時間を使用して解決できる問題を調査するのに対し，デジタル電子コンピューターはUTMを物理的に具現化したものであるが，メモリーや時間の制限があり，また，エラーを起こすなどの点で，UTMとは異なる（Currin et al.［2017］p.2）。

348　第Ⅲ部　デジタル社会が実務にもたらす変化と未来

この類似性は，DNA が二重螺旋構造を持ち，複式簿記が二重記入構造を持つ
という形式的なことのみを指しているのではない。

　複式簿記では，損益に影響のない交換取引と資本取引を除けば，借方と貸方
に，収益（Revenue），費用（Expense），資産（Asset），負債（Liability）の４つ
の要素が配置され，収益（R）は資産（A）の増加または負債（L）の減少と
結びつき，費用（E）は資産（A）の減少または負債（L）の増加と結びつく
ことになる。

$$R = +A \ or -L \cdots\cdots ④式$$
$$E = -A \ or +L \cdots\cdots ⑤式$$

　ここで，等式の右辺が A または L となっているが，A と L は相互に独立で
はなく，反対の性質を持つため，符号で区別することにより，同時に扱うこと
が可能である。

　そして，資本（Capital）については，⑥式および⑦式のように，収益，費用，
資産，負債という４つの要素を基礎として間接的に表すことができる。

$$R - E = A - \Delta L = \Delta C \cdots\cdots ⑥式$$
$$A - L = C \cdots\cdots ⑦式$$

DNA の２本鎖が分裂して RNA となり，タンパク質が形成されていく過程
は，複式簿記の仕訳から財務諸表作成までの過程とよく似ている。複式簿記に
おいて，仕訳帳の借方と貸方という２本鎖は，元帳への転記，決算整理を経て，
最終的には資産および負債を収容する貸借対照表と収益および費用を収容する
損益計算書が生成される。

　DNA の複製過程をもう少し詳細に見ていくことにしよう。DNA は２本鎖
が複製起点（Replication Origin）において開裂するところから始まる。開裂し
て１本鎖となった３′末端の反対側には，DNA ポリメラーゼ（DNA
Polymerase）が短いヌクレオチド鎖（Nucleotide Chain）である RNA プライマー
（RNA Primer）を合成する。つぎに，DNA ポリメラーゼがヌクレオチド鎖の
３′末端側にヌクレオチド鎖を次々と付加していくことによりヌクレオチド鎖
を伸長していく。このとき，下の鎖は開裂と３′末端側が同方向にあるので，

開裂と伸長が支障なく進行するが，上の鎖は開裂する方向には OH 基を持たない 5′ 末端が位置しているので，そのままでは伸長できない。この問題を解決するため，複製フォーク（Replication Fork）と呼ばれる開裂点付近に，新たな RNA プライマーが合成されることによって，その 3′ 末端側から既に合成されたヌクレオチド鎖の 5′ 末端まで，岡崎フラグメント（Okazaki Fragment）と呼ばれるヌクレオチド鎖を開裂とは逆方向に伸長させていく。その後，RNAプライマーは DNA ポリメラーゼによって順次除去されながら，DNA に置き換えられていく。最後に，連結する DNA リガーゼ（DNA Ligase）によってヌクレオチド鎖が連結され，2 本鎖の複製が完了し，2 対の 4 本鎖となる。当初の 2 本鎖の開裂と同方向に複製された鎖はリーディング鎖（Leading Strand），逆方向に複製された鎖はラギング鎖（Lagging Strand）と呼ばれる。なお，DNA の複製方法は，元の分子が残らないため，半保存複製（Semiconservative Replication）と言われる[13]。

　DNA の開裂過程は，試算表を貸借対照表項目と損益計算書項目に分離する過程に似ているだけでなく，資本の増加という性質を持つ当期純利益が，貸借対照表においては本来あるべき右側に記載されるのに対し，それが損益計算書では逆の左側に表記される処理は，DNA の開裂と逆方向に伸長するラギング鎖の生成に通じる。すなわち，ラギング鎖の生成においては，岡崎フラグメントという特別な処理によって問題を克服し，損益計算書における当期純利益は赤字表示されることによって，それが特別な処理であることを示しているのである。

　DNA が目指すのは，開裂による複製を通じての自己の増殖である。この過程は，複式簿記における貸借対照表項目と損益計算書項目の分離過程において，借方と貸方のギャップを埋める当期純利益が両側に現れ，自己資本を増殖させる過程とも似ている。換言すれば，DNA は GACT という 4 つの塩基の合成体であるタンパク質の増殖を管理し，複式簿記は REAL という 4 つの要素から成る資本の増殖を管理しているのである。前述の④式と⑤式において，増減

13　複式簿記のデータ複製，たとえば，仕訳帳から元帳への転記や，収益および費用勘定から損益勘定への振替は，すべて元のデータを保存しながら進行するため，保存的複製となる。これは複製過程の記録を完全に残すことにより，事後的な検証を可能にする効果がある。

[図表13-10] DNAの複製過程

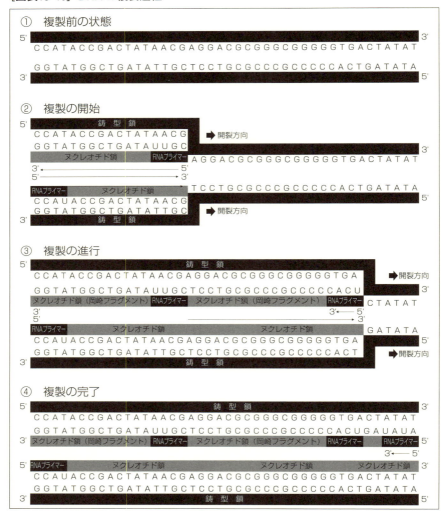

資等の資本取引が現れないのは、それらが収益と費用を介す通常の資本増殖過程とは異なる突然変異的な資本増殖であることが理由であると解される。

DNAの2本鎖は、1本鎖に比べて2倍の資源を要するという冗長性がある

が，DNA の複製という化学反応において不可避的なミスが生じた場合，元の DNA の塩基配列を参照すれば正しい DNA 2 本鎖を作り直すことが可能であり，これはデジタル通信における誤り訂正機能と言える（田口［2020］28頁）。

デジタル情報を扱う DNA と複式簿記に共通するのは，デジタル情報を記録，保存する方法として，2 本鎖すなわち複式という冗長性を備えていることである。簡便性のみを考えれば，DNA は 1 本鎖で済み，簿記は単式記入で済むはずである。しかしながら，単式簿記は非常に単純であるが，ミスが起きやすいばかりでなく，エラーは偶発的で追跡や修復が困難であるか，またはそのエラーが不正である可能性があることが指摘されている（Grigg［2005］p.2）。もちろん，複式簿記もエラーがまったく生じないというわけではないが，エラーが生じた場合に，場所を特定して削除するための明確なシステムを具備している（Grigg［2005］p.2）。

DNA も複式簿記も，扱うデジタル情報にエラーが生じにくいだけでなく，エラーが生じた場合にピンポイントでの修復を可能にするという点で共通するため，冗長性というデメリットを負ってまで，2 本鎖＝複式という構造を獲得したものと考えられる。会計とコンピューターそして DNA は，デジタル性を介した親和性の強さがあることはもちろん，複式簿記と DNA はデジタルデータの取扱いという点において，強い類似性が認められる。

8　おわりに

デジタル社会とは，コンピューター等のデバイス（端末機器）がインターネットを介して相互接続された情報通信社会として認識されることが一般的であり，デジタル庁もデジタル社会形成基本法も基本的には同様の認識に立っている。そのため，デジタル・トランスフォーメーション（DX）は，紙の証憑等をスキャンして，パソコン等のデジタル・デバイスを活用し，インターネットを利用して情報伝達を行うことが主であるかのように捉えられる。そのような理解は決して間違っていないが，デジタル社会の本質を理解したことにはならず，ともするとデジタル社会やデジタル・トランスフォーメーションの一面を見ているにとどまってしまい，それは目指すべき方向性を見誤ることに繋が

りかねない。

　情報の性質という点について，アナログとデジタルはそもそも情報の質が異なるのであり，会計情報は元々デジタルな情報なのである。手書きの帳簿をパソコンというハードウェアとソフトウェアを利用して入力・保存・計算することをデジタル化であると捉えることは，情報の保存方法と計算方法がデジタル化したのであって，情報の質そのものは当初からデジタル化されていたのであるから，この過程においてトランスフォーメーションは生じていないことに注意すべきである。

　情報の保存については，紙に万年筆で手書きした帳簿は，時の経過とともに色褪せ，劣化していくという欠点がある。これをハードディスクやフラッシュ・メモリー等に保存すれば，そのような漸次的な劣化は起きない。しかし，情報をハードディスクやフラッシュ・メモリーに保存した場合，劣化が起きないかと言えばそうではなく，磁気異常や衝撃などによって，情報は失われる。SDD（Solid State Drive）は，情報の書込み速度は速いが，書換え回数に数万回という物理的な上限があるという制約もある。情報の劣化は突然にやってくるのであり，それもまたデジタル的である。

　情報の伝達については，デジタルは劣化が起きないという長所がある。しかし，紙に書いた納税申告書を郵便で配達してもらうというアナログ伝達であっても，情報は正しく伝わる。デジタル伝達の長所は，人を介さず，デジタル機器とデジタルネットワークを利用することにより，瞬時に伝達できるという点にある。しかし，人件費がかからない代わりに，ハードウェアやソフトウェア，通信費等のコストが必要となる。すなわち，アナログ伝達とデジタル伝達のいずれを利用するかは，伝達する内容もさることながら，時間を含めたコストの優劣が大きく影響する。

　情報の処理や計算については，コンピューターの計算能力の飛躍的な発展により，劇的に向上しており，その恩恵は計り知れない。今日我々が使うことのできるパーソナル・コンピューターでも，手計算では現実的に不可能な計算を瞬く間にこなしてくれる。しかし，クラス NP 問題のように，現在のコンピューターをもってしても現実的な時間では解けないものもある。この問題については，量子コンピューターや DNA コンピューターなどが実用化されれば，

状況は一変することになるだろう。現在は現実的には解けないことが予定されている暗号はたちどころに解読され，堅牢とされているブロック・チェーンも破壊される可能性が出てくる。このような計算複雑性の分野における計算機の技術革新は，デジタル社会の変化をもたらし，我々はその利用による恩恵を享受しうるとともに，新たな対応が必要になる。

[図表13-11] デジタルと簿記・会計等の関係性

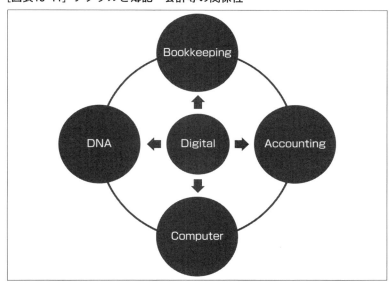

デジタル化の波は一様ではなく，情報の質，保存，伝達，さらには，計算方法，計算機器，そして，情報の描写対象となる財そのものにまで及ぶが，会計（Accounting）は当初よりデジタルな情報なのであった。指折り数えること（Digitus）がデジタルの語源であり，数えることを意味する英語 Count が Accounting の語源であること，さらには，Computer はラテン語の Com（一緒に）と Putare（考える）が語源であることをつなぎ合わせれば，これらの関係性が深いものであることは想像に難くない。本稿で考察したように，複式簿記，会計，コンピューター，DNA の 4 者は，デジタルを中心として相互に関連し，親和性が高いことがわかる（**図表13-11**参照）。コンピューターに制約が

あるように，時間と筆者の能力，そして，紙幅の制約ゆえ，これをもって本書の研究を了とする。

【参考文献】

Adleman, Leonard M. [1994] Molecular Computation of Solutions to Combinatorial Problems, *Science*, Vol.266, pp.1021-1024.

Currin,Andrew, Konstantin Korovin, Maria Ababi, Katherine Roper, Douglas B. Kell1, Philip J. Day and Ross D. King [2017] "Computing exponentially faster : implementing a non-deterministic universal Turing machine using DNA", *The Royal Society*, pp.1-10.

Grigg, Ian [2005] Triple Entry Accounting, *Systemics Inc.* pp.1-10.

Luenberger, Dabid, G. [2014] *Investment Science 2 nd ed.*, Oxford University Press, New York.（今野浩・鈴木賢一・枇々木則雄 [2015]『金融工学入門（第2版）』日本経済新聞出版社）

Pedreño, Eladio Pascual Pedreño, Vera Gelashvili, Laura Pascual Nebreda [2021] Blockchain and its application to accounting, *Intangible Capital*, Vol.17, No.1, pp.1-16.

Yu, Ting, Zhiwei Lin and Qingliang Tang [2018] Blockchain : The introduction and its application in financial accounting, *Journal of Corporate Accounting & Finance*, Vol.29, No.4, pp.37-47.

大野薫 [2013]『モンテカルロ法によるリアル・オプション分析』金融財政事情研究会。

齋藤真哉 [2015]「運動貸借対照表論の類型」『横浜経営研究』第36巻第1号，23-37頁。

真田英彦 [2005]「何故，人はコンピューターを2進法を使って創り，自然は遺伝子を4進法を用いて記憶したのか？」『追手門経営論集』第11巻第2号，65-70頁。

田口善弘 [2020]『生命はデジタルでできている　情報から見た新しい生命像』講談社。

デジタル庁 [2023]『デジタル社会の実現に向けた重点計画』（令和5年6月9日）。

（付記）　本章は，藤井誠 [2024]「デジタル時代の簿記・会計」『産業経理』第83巻第4号，63-74頁を加筆修正したものである。

（第1節〜第3節，第5節〜第8節　**藤井　誠**）

（第4節　**李　焱**）

索　引

【英数行】

0-1 整数計画問題（Zero-one Integer
　Programming Problem）·················228
2 進法·······································331, 344
4 コーナーモデル·····························284
ATAD··146
BA ツール··307
BEFIT（Business in Europe：Frame-
　work for Income Taxation）··········147
BEFIT 構想······································183
BEPS···131
BEPS2.0···160
CCCTB··144
Coase··243
COVID-19··147
Crypto Currency·······························79
D/NI 効果（Deduction/Non-Inclusion
　Outcome）·····································226
DD 効果（Double Deduction
　Outcome）·····································226
DeFi···99
Digital Transformation（デジタル
　トランスフォーメーション）··········257
DNA···344
DNA コンピューター·························347
DNA 情報（ゲノム：Genome）··········344
DNA ポリメラーゼ····························348
DNA リガーゼ···································349
DTT···223
DX···2
ERP···267
e-Tax システム·································266

FDI··223
FinTech··79
Floyd-Warshall アルゴリズム···········210
GAFA·······································122, 140
GILTI 税制（グローバル無形資産
　低課税所得税制）···························166
GloBE ルール······························165, 192
ICO（Initial Coin Offering）·········63, 87
ICT··2
IF（包摂的枠組み）·························168
IPO（Initial Public Offering）··········87
Mcluhan···246
MDSH（マーケティング・販売利益
　セーフハーバー）···························172
MDSH 調整額····································172
North···256
NP 完全···233
NP 困難···233
N 進法··345
PE···327
Qualified Domestic Minimum Top-up
　Tax：QDMTT································194
RNA（Ribonucleic Acid）·················346
RNA プライマー·······························348
Society 5.0··································10, 130
STO（Security Token Offering）········87
Subject to Tax Rule：STTR·············194
Switch Over Rule：SOR···················194
Undertaxed Profit Rule：UTPR·······194
Watson-Crick の相補性原理···············344
Web ベース···9
XBRL···9

【あ行】

アーキテクチャ ······························277
アカウンタビリティー ····················4
アカウンタビリティーに対する認識
　の変化 ···4
アクセスポイント ·························284
アジアン・オプション（Asian Option）
　···335
アセット・オア・ナッシング・コール・
　オプション（Asset-or-Nothing Call
　Option）·····································335
アセット・トークン ······················86
後払式支払手段 ······························82
アナログ（Analog）·····················329
アナログ会計 ·······························337
アナログカメラ ····························332
アナログ簿記 ·······························337
アメリカン・オプション（American
　option）·····································108
誤り訂正機能 ·······························351
アラン・チューリング（Alan Mathison
　Turing）······································347
暗号資産 ···························59, 60, 79
暗号資産デリバティブ ····················92
イーサリアム ································86
一定程度の柔軟性 ·························289
一般に公正妥当と認められる会計
　処理の基準 ·······························195
一般否認規定（GAAR）···············146
移転価格（TP）····························139
移転価格税制 ·······························209
インフォーマルな制約 ·················276
インボイス制度 ····························283
迂回利益税（Diverted Profits Tax）
　···141
内点（Internal Point）法············234
エキゾチック・オプション（Exotic

Option）·······································335
エクイティ・ファイナンス（Equity
　Finance）····································148
岡崎フラグメント（Okazaki
　Fragment）·································349
オプション ··································107
オンライン照会 ····························311

【か行】

会計事実 ·····································244
会計システムの類型 ····················271
会計実務 ·····································285
会計情報 ·····································342
会計責任 ···9
会計ディスクロージャー ·················8
会計ディスクロージャーの変化 ·······8
会計データの連携 ·························271
会計的利益 ··································124
会計の測定 ····································24
会計の伝達 ····································25
会計の認識 ····································24
会計の認識対象 ·····························14
会計のパラドクス ····························7
会計理論の変化 ·······························5
会計理論の変貌過程 ·························5
外国子会社合算税制（CFC税制）····177
外国税額控除（Gross Up and Credit
　Rebating）··································133
外国税額控除制度 ·························139
外国通貨 ·······································98
回収可能額 ··································123
解析値 ··333
貸方資本 ································19, 22
可視性の要件 ·······························250
過少資本 ·····································139
過少資本税制 ·······························209
課税管轄権 ··································138
仮想（デジタル）通貨 ····················79

索　引　357

仮想通貨······················59
過大支払利子税制··········209
価値·····················240
価値創出プロセス···········11
株式の評価················105
借方資本················19, 22
間接規制··················252
間接税···················154
間接ネットワーク効果········34
完全（ALL）e-Tax·········274
幾何ブラウン運動（geometric Brown
　motion with drift）········112
企業環境の変化··············3
企業実体の変化··············4
企業責任の変化··············4
ギグエコノミー·············327
技術決定論············241, 275
期待利益··················124
記帳代行··················267
記入済申告書···············47
帰納・演繹型の総合法········247
客体依存説················241
キャッシュ・オア・ナッシング・
　コール・オプション（Cash-or-
　Nothing Call Option）·····335
キャッシュ・フロー法人税·····154
キャッシュレス··············80
キャッシュレス納付··········305
給与所得···················42
業務に係る雑所得············43
共通連結法人税課税標準（CCCTB）
　·····················183
業務改革（BPR）···········297
業務に係る雑所得············43
居住地原則（Residence Principle）····132
居住地国（資本輸出国）·······208
金融財··················6, 25
金融商品会計基準············97
国単位の実効税率···········197

クラウド会計システム········268
繰延ヘッジ·················97
グループ単位の国際最低課税額··200
クレジット売掛金············82
グローバリゼーション··········2
グローバル・ミニマム税·····160, 165, 193
軽課税支払ルール（UTPR：Under-
　taxed Payment Rule）······165
経済基盤の変化··············3
経済的利益················124
計算資源本位制·············99
計算複雑性理論··········231, 346
形而上学的アプリオリズム·····246
継続価値····················6
経理人材··················272
原価・実現アプローチ··········6
限界費用···················12
減価償却··················337
原価法···················120
原産地主義················152
源泉地原則（Source Principle）····131
源泉地国（資本輸入国）·······208
源泉徴収···················47
限定的合理性··············243
恒久的施設（PE）···········131
格子モデル（lattice model）·····111
公正価値····················6
コード···················277
コーポレート・インバージョン
　（Corporate Inversion）·····150
コーポレート・ガバナンス·······9
コール・オプション（call option）·····108
国外所得免除方式···········139
国外由来無形資産所得（Foreign-
　Derived Intangible Income：
　FDII）·················142
国際最低課税額確定申告書······193, 205
国際税ネットワーク··········209

国際的間接投資·················209
国際的租税回避·················140
国税情報システム·················313
国税電子申告・納税システム
　（e-Tax）·················299
個社単位の最低課税額·················200
個人間の公平·················132
国家間の公平·················131
国境税調整（Boarder Adjustment）··154
コラボレイティブエコノミー·················31
コンプライアンスコスト·················166

【さ行】

債権者請求方式·················83, 84
再現性·················333
債券の評価·················105
最高の利益·················229
財産法·················121
最小税負担経路探索·················235
サイズの合わない既製服·················291
差異性·················23
裁定（arbitrage）·················110
最低源泉徴収税（WHT）·················215
最適経路（Optimal Route）·················211
最適資本構成·················149
最適資本配分·················132
債務者請求方式·················83, 84
最良の効率性·················229
雑所得·················42
産業構造の変化·················3
シェアリングエコノミー·················31, 327
時価・実現可能性アプローチ·················6
時価ヘッジ·················97
時価法·················120
事業者のデジタル化促進·················288
事業所得·················42
事業所得課税のための新しい枠組み
　（BEFIT）·················183

事業報告·················9
資金決済機能·················63
資金決済法·················81
資産評価·················17, 123
資産負債アプローチ·················6
事実·················240
事実機能型·················247
事実認定·················245
事実の認定·················279
死重損失（Deadweight Loss）·················134
市場の拡大化·················13
市場の細粒化·················13
実現主義·················16, 123
執行可能性·················254
自動化されたデジタルサービス
　（ADS）·················163
自動仕訳·················278
資本維持·················19
資本概念の変遷·················19
資本需要曲線·················133
資本の誤配分（Misallocation）·················134
資本輸出中立性（Capital Export
　Neutrality：CEN）·················132, 208
資本輸入中立性（Capital Import
　Neutrality：CIN）·················131, 208
仕向地基準キャッシュ・フロー税
　（Destination-Based Cash Flow
　Tax：DBCFT）·················152
仕向地主義·················152
社会決定論·················241
社会責任·················9
社会的機能（social function）·················248
社会的要因·················242
写像·················244
収益認識基準·················16
収益の認識・測定·················16
収益費用アプローチ·················6
修正課税所得（Modified Taxable

Income）·····················142
重要な経済的存在·······················164
主観価値······································7
主観的のれん·····························124
主観的利益（subjective profit）·········125
主体自立説·································241
受託責任機能·································9
出国課税規定（Exit Taxation Rules）
··146
取得原価····································65
取得原価主義·························18, 120
純利益······································124
償却原価法·································120
状況的要因·································242
消費課税···································152
消費者向けビジネス（CFB）···········163
情報照会手続································53
情報申告制度······························193
情報通信技術·································2
情報提供機能·································9
情報提供制度·······························47
情報伝達····································332
情報の自動交換······························48
条約漁り税率（treaty shopping rate）
··216
条約漁り利得（Treat Shopping Gain）
··224
条約ショッピング·························212
所得課税···································152
所得合算ルール（IIR:Income Inclusion
Rule）···················165, 174, 194, 193
所得相応性基準（commensurate
with income standard）·········121, 143
申告書等情報取得サービス···········304
申告調整···································280
申告納税制度······························253
真実性の要件······························250
信頼性·······································6

スキャナ保存制度·······················251
スキャン···································278
ステーブル・コイン（Stable Coins）
································59, 61, 90
正規の簿記の原則·······················247
税源浸食および反濫用税（Base
Erosion and Anti-Abuse Tax：
BEAT）·····························142
税源浸食ミニマム税（Base Erosion
Minimum Tax）·····················143
税制の堕落（Fiscal Degradation）·····165
制度，制度変化および経済成果········248
税務行政DX─構想の実現に向けた
工程表·······························293
税務行政のDX····························295
税務行政の将来像·······················293
税務行政の将来像2.0···················296
税務行政の将来像2023··················288
税務行政のデジタル・トランス
フォーメーション～税務行政の
将来像2.0～···························293
税務行政のデジタル・トランス
フォーメーション─税務行政の
将来像2023···························293
税務申告···································285
税務申告システム·······················273
税理士等事務所の属性···················273
税理士法第2条の3·······················287
セキュリティ································63
ゼロ資本·······························19, 22
線形計画法·································229
線形計画問題（Linear Programming
Problem）·····························233
全世界所得課税主義（World-Wide
System）·····························154
全世界無形資産低課税所得（Global
Intangible Low-Taxed Income：
GILTI）·····························142

増幅−内化モデル･･････････274
租税回避防止指令（ATAD）･･････146, 182
租税情報･･････････279
外化モデル･･････････274
損益計算書･･････････342
損益法･･････････121

【た行】

ターン・アラウンド・タイム･････････343
貸借対照表･･････････342
貸借平均の原理･･････････22
代替ミニマム税（Alternative Minimum Tax：AMT）･･････････142
タイムコンピューター（Time Computer）･･････････330
ダイレクト納付･･････････304
多元的測定･･････････25
多項式時間･･････････231
多国間条約（MLC）･･････････160
タックス・プランニング･･････････225
タックス・ヘイブン･･････････208
タックス・ヘイブン税制（CFC 税制）
･･････････209
タックス・ヘイブン対策税制･･････････150
多面市場･･････････34, 36, 40
多面ビジネスモデル･･････････34, 36, 39, 44, 46
短期売買商品等･･････････68
単体（Simplex）法･･････････233
地域内所得課税主義（Territorial System）･･････････154
築像･･････････244
知識財･･････････6, 25
チャットボット･･････････298
中間居住地国･･････････211
中間源泉地国･･････････211
中間中心性（Betweenness Centrality）
･･････････211
中小企業の会計慣行･･････････290

中心的尺度（Centrality Measure）･････211
超過収益･･････････171
調整後税引前当期利益･･････････202
直接規制･･････････255
直接税･･････････154
直接ネットワーク効果･･････････33
ツリーモデル（tree model）･･････････111
低価法･･････････120
底辺への租税競争･･････････166
適格国内ミニマム上乗せ税（QDMTT）･･････････175
適正公平な課税の確保･･････････249
適用免除基準（国別報告事項セーフハーバー）･･････････201, 202
デジタライズドアセット･･････････89
デジタル（Digital）･･････････329
デジタル・オプション（Digital Option）･･････････335
デジタル・ディスラプション･･････････13
デジタル・トランスフォーメーション（DX）･･････････13, 130, 266, 294
デジタル・プラットフォーマー･･････････81
デジタルアセット･･････････89
デジタルインボイス･･････････283
デジタル化･･････････328
デジタル会計･･････････337
デジタル課税（Digital Service Tax：DST）･･････････141
デジタル型会計理論･･････････5, 6
デジタル型市場経済･･････････6, 10, 21
デジタル型市場経済の資本概念･･････････21
デジタル型市場経済の進化･･････････10
デジタル型市場経済の特徴･･････････10
デジタルカメラ･･････････340
デジタル金融資産･･････････14
デジタルサービス税（Digital Service Tax：DST）･･････････156
デジタル財･･････････6, 25, 140

デジタル事業用資産················14
デジタル資産·····················14
デジタル社会··········2, 23, 24, 328
デジタル社会の会計モデル·········24
デジタル社会の企業モデル·········23
デジタル社会の特徴···············10
デジタル通信····················351
デジタルデータ···················12
デジタルトークン·················86
デジタル取引·····················15
デジタル賦課金（digital levy）········182
デジタル簿記····················337
デジタル利益税（Digital Profit Tax：
　DPT）························156
デット・エクイティ・バイアス
　（デット・ファイナンス選好）·······147
デット・ファイナンス（Debt
　Finance）····················148
電子記録債権·····················84
電子記録債権取引·················83
電子記録債権売却益···············85
電子記録債権売却損···············85
電子記録債務·····················84
電子決済手段·····················61
電子小切手·······················80
電子商取引·····················130
電子情報処理組織·················60
電子帳簿保存法··············248, 281
電子手形·························80
電子取引·························15
電子取引制度····················282
電子マネー·······················81
導管国··························211
統合報告························9, 25
トークン·························58
特定基準法人税額に対する地方
　法人税·······················193
特定事項·························52

特定多国籍企業グループ···········205
特定多国籍業グループ等報告事項······194
特定取引·························52
特定プラットフォーム事業者········54
特別目的事業体（SPE）···········224
独立企業間原則··················327
独立企業原則····················131
取引形態の変化····················4
取引情報························282
取引高税方式····················152
取引費用·························12

【な行】

内部牽制························281
ナップザック（Knapsack）問題········234
ナレッジ型会計理論··············5, 6
ナレッジ型市場経済··············6, 21
ナレッジ型市場経済の資本概念·······21
二項対立図式····················243
二項モデル（binomial model）····110, 333
二重課税························138
二重課税調整方法················210
日本版記入済み申告書············320
ヌクレオチド鎖··················348
ネクサス（課税根拠）············171
ネットワーク効果·················33
納税環境の整備··················255
納税義務者の利便性向上···········287
納税者等の負担軽減··············249
納税証明書のオンライン請求·········304

【は行】

売買目的外有価証券··············120
売買目的有価証券················120
ハイブリッド・ミスマッチ········226
ハイブリッド型会計···············26
ハイブリッド金融商品（Hybrid
　Financial Instrument）··········226

バニラ・オプション（Vanilla Option）
 ·······································334
判定（決定，Yes-No）問題
 （Decision Problem）··········234
万能チューリングマシン··········347
半保存複製··································349
非代替性トークン（NFT：Non-
 Fungible Token）···············63
ビットコイン·························58, 86
評価困難な無形資産（Hard-to-Value
 Intangible：HTVI）··········144
標本化······································331
ファイナンス型会計理論··········5, 6
ファイナンス型市場経済··········6, 21
ファイナンス型市場経済の資本概念
 ·······································21
ブール代数（Boolean Algebra）·······344
フォーマルな制約·····················276
フォン・ノイマン型（von Neumann
 Architecture）コンピューター·····347
賦課課税方式·····························152
付加価値税（VAT）··········148, 181
複式簿記··································342
複製フォーク·····························349
複製ポートフォリオ（replicating
 portfolio）························109
符号化······································331
プット・オプション（put option）·····108
ブラック・ショールズ・モデル
 （Black Scholes Model）·······110, 333
プラットフォーム··················32, 33
プラットフォーム課税制度··········54
プラットフォーム事業者··········32, 33
プラットフォームビジネス
 ·······················32, 33, 36, 37, 41
プレーン・オプション（Plain
 Option）····························334
プロダクト型会計理論··············5, 6

プロダクト型市場経済··············6, 20
プロダクト型市場経済の資本概念·······20
ブロックチェーン·······58, 88, 286, 342
文化（社会）決定論··················275
文化的要因·······························242
分散台帳··································88
ペイオフが経路依存（Path
 Dependent）························335
ペイメント・トークン··············86
ペーパー・カンパニー（CFC）···139, 224
ヘッジ会計·······························95
ヘッジ手段·······························95
ヘッジ対象·······························95
別段の定め·······························280
ペポル······································283
包括的企業成果報告··················24
包括的事業報告·························26
包括利益··································123
報告プラットフォーム事業者·······49, 50
法人擬制説·······························149
包摂的枠組国·····························160
法定通貨··································61, 98
法と経済学·······························240

【ま行】

マイナポータル·························300
マイナポータル連携··················300
マイページ·······························304
前払式支払手段·························81
マルコフ過程·····························335
無形財··································7, 25
無形財の台頭·····························7
無形資産··································7
無形資産の評価アプローチ··········18
無裁定価格（no arbitrage price）·······110
命令演繹型·······························247
モールス符号·····························332
目的適合性·······························6

モンテカルロ・シミュレーション・
　モデル（Monte-Carlo-Simulation
　Model）······················112, 333

【や行】

有形財 ·····································6, 25
ユーティリティ ····························63
ユーティリティ・トークン ··············86
優良な電子帳簿 ·························254
ヨーロピアン・オプション（European
　option）·······························108

【ら行】

ラギング鎖 ······························349
ランダムウォーク（random walk）

···112
リアル・オプション ····················116
リーディング鎖 ·························349
離散区間数 ·······························334
リスク中立期待値 ·······················117
リスクテイキング ·······················126
リバースチャージ方式··············41, 54
リモート調査 ····························309
量子化 ·····································331
ルックバック・オプション（Look-
　Back Option）·························335
ロイヤルティ ····························143

【わ行】

割引現在価値 ······························7

■著者紹介

藤井　誠（ふじい　まこと）　担当：編集・第6章・第9章・第13章〔第4節を除く〕
　　（編著者紹介を参照）

河﨑　照行（かわさき　てるゆき）　担当：第1章
甲南大学名誉教授
神戸大学大学院経営学研究科博士課程単位取得。博士（経営学）神戸大学。甲南大学経営学部助手，専任講師，助教授，教授を経て現職。
主要業績として，『情報会計システム論』単著，中央経済社，1997年，『電子情報開示のフロンティア』編著，中央経済社，2007年，*General Accounting Standard for SMEs in Japan* 共著，Wiley，2014年，『中小企業の会計制度―日本・欧米・アジア・オセアニアの分析―』編著，中央経済社，2015年，『最新　中小企業会計論』単著，中央経済社，2016年，『会計研究の挑戦―理論と制度における「知」の融合―』編著，中央経済社，2020年，『会計が分かればビジネスが見える』単著，TKC出版，2024年等がある。

鈴木　一水（すずき　かずみ）　担当：第2章
神戸大学大学院経営学研究科教授
神戸大学大学院経営学研究科博士後期課程単位取得退学。近畿大学商経学部専任講師，助教授，神戸大学経営学部助教授，大学院経営学研究科准教授を経て現職。
主要業績として，『日本的企業会計の形成過程』共著，中央経済社，1994年，『会計とコントロールの理論―契約理論に基づく会計学入門―』共訳，勁草書房，1998年，『税務会計分析―税務計画と税務計算の統合―』単著，森山書店，2013年，『税効果会計入門』単著，同文館出版，2017年，『税務会計研究ハンドブック―EBPMのための理論・実証分析序説―』共編著，同文館出版，2024年等がある。

古田　美保（ふるた　みほ）　担当：第3章
甲南大学経営学部教授
青山学院大学大学院経営学研究科博士後期課程満期退学，横浜国立大学大学院国際社会科学府博士課程後期修了。博士（経営学）。甲南大学経営学部専任講師，准教授を経て現職。
主要業績として，「事業体の多様化に伴う税務上の課題」『会計』第187巻第3号，2015年，「租税支出の概念と公会計上の意義」『甲南経営研究』第56巻第1号，2015年，「現行法人税制における課税単位としての法人概念の再検討」『産業経理』第77巻第1号，2017年，「欠損金の繰戻還付制度の意義と対象欠損金」『税研』第36巻第3号，2020年等がある。

李　焱（り　えん）　担当：第4章・第5章・第13章第4節

駒澤大学経済学部准教授

横浜国立大学大学院国際社会科学研究科博士課程後期満期退学。博士（経営学）。南山大学経営学部専任講師，駒澤大学経済学部専任講師を経て現職。

主要業績として，『非営利法人の税務論点』共著，中央経済社，2022年，『スタートガイド会計学〈第2版〉』共著，中央経済社，2023年，「法人税法におけるヘッジ会計の妥当性」『南山経営研究』第33巻第1号，2018年，「通貨オプションを用いる予定取引に関するヘッジ会計処理の検討」『駒澤大学経済学論集』第52巻第1・2号，2020年，「金融商品に係るリサイクリングを巡るIFRSの利益概念」『駒澤大学経済学論集』第53巻第1号，2021年，「LIBOR公表停止によるヘッジ会計への影響」『Disclosure & IR』第22号，2022年，「暗号資産の資産属性と会計基準間の相違」『Disclosure & IR』第28号，2024年等がある。

青山　慶二（あおやま　けいじ）　担当：第7章

千葉商科大学大学院客員教授

東京大学大学院法学政治学研究科修士課程修了（法学修士）。国税庁勤務，筑波大学大学院ビジネス科学研究科教授，早稲田大学大学院会計研究科教授を経て現職。

主要業績として，『日本の税をどう見直すか』共著，日本経済新聞出版社，2010年，『現代税制の現状と課題（国際課税編）』単著，新日本法規，2017年，『現代租税法講座（国際課税）』共著，評論社，2017年，『税源浸食と利益移転（BEPS）対策税制』共著，日本税務研究センター，2018年，『英国の銀行課税の経験から得られる銀行税制の在り方への知見』『金融センターに対する課税の在り方』全銀協・金融調査研究会，2016年，「21世紀の国際課税を語る」『租税研究』804号，日本租税研究協会，2017年，『デジタル取引と課税』共著，日本税務研究センター，2021年，「BEPSプロジェクトを通じた国際法人税制の多国間協調」『税研』237号，2024年等がある。

大城　隼人（おおしろ　はやと）　担当：第8章

青山学院大学会計プロフェッション研究科特任准教授，税理士

名古屋経済大学大学院会計学研究科修士課程修了，同大学院法学研究科博士後期課程修了。修士（会計学），博士（法学）。

主要業績として，『移転価格税制の紛争解決に関する研究―日本ベース多国籍企業における経済的二重課税の紛争解決メカニズムの追究―』単著，税務経理協会，2014年，『国際課税ルールの新しい理論と実務―ポストBEPSの重要課題―』（本庄資編著）中央経済社，2017年等がある。

福浦　幾巳（ふくうら　いくみ）　担当：第10章
九州情報大学経営情報学部教授
西南学院大学経営学研究科博士後期課程終了。折尾女子経済短期大学，麻生福岡短期大学，
九州情報大学，中村学園大学，西南学院大学を経て現職。
主要な業績として，「テクノロジーの進展と電子帳簿保存法の現状と課題」『会計研究の挑戦
―理論と制度における「知」の融合―』（河﨑照行先生古稀記念出版委員会編著）中央経済社，
2020年，「わが国における税務会計史における『課税所得と企業利益』調整論争の回顧と展
望」『西南学院大学商学論集』第67巻第3・4合併号，2021年，「税務会計教育の回顧と展
望」・「渡邊進の課税所得計算」『課税所得計算の形成と展開』（金子友裕編著）中央経済社，
2022年，「ネット取引の拡大」『税務会計研究』第24号，2023年等がある。

上野　隆也（うえの　たかや）　第11章担当
税理士，桃山学院大学大学院・和歌山大学大学院非常勤講師
愛知工業大学大学院経営情報科学研究科博士後期課程修了。博士（経営情報科学）（愛知工
業大学）。
主要業績として，『中小企業金融における会計の役割』共著，中央経済社，2017年，『会計制
度のパラダイムシフト』共著，中央経済社，2019年，「企業税務所得概念としての純資産増
加説」（博士論文；第21回租税資料館賞），2012年，「中小法人会計と公正処理基準」『税務会
計研究』第28号，2017年等がある。

永田　寛幸（ながた　ひろゆき）　担当：第12章
立教大学大学院経済学研究科特任教授
国税庁企画課長，広島国税局長，国税庁徴収部長を経て国税庁退職後，現職。
主要業績として，「マイナポータルを活用した納税手続のデジタル化」『月刊 J-LIS』第6巻
第5号，2019年，「税務行政のデジタル化対応」『日税研論集』第79号，2021年等がある。

［編著者紹介］

藤井　誠（ふじい　まこと）

日本大学商学部教授　　博士（経営学）

青山学院大学大学院経営学研究科博士後期課程標準修業年限修了，横浜国立大学大学院国際社会科学府博士課程後期修了。日本大学商学部専任講師，准教授を経て現職。

［主要業績］

『減損会計の税務論点』共著，中央経済社，2007年

『法人税の損金不算入規定』共著，中央経済社，2012年

「非営利法人課税の本質」『非営利法人研究学会誌』第17号，2015年

「制度会計のグローバル化が及ぼす税務会計への影響」『會計』第191巻第2号，2017年

「企業活動の国際化が税務会計研究に与える影響」『税務会計研究』第30号，2019年

「デジタルネイティブ企業の税務」『日税研論集』第79号，2021年

「社会経済の発展がもたらす新たな費用」『日税研論集』第85号，2024年

デジタル社会の会計と法人課税

2025年2月5日　第1版第1刷発行

編著者　藤　　井　　　　誠
発行者　山　　本　　　　継
発行所　㈱中　央　経　済　社
発売元　㈱中央経済グループ
　　　　パ ブ リ ッ シ ン グ

〒101-0051　東京都千代田区神田神保町1-35
電話　03 (3293) 3371 (編集代表)
03 (3293) 3381 (営業代表)
https://www.chuokeizai.co.jp
印刷／文唱堂印刷㈱
製本／誠　製　本　㈱

©2025
Printed in Japan

＊頁の「欠落」や「順序違い」などがありましたらお取り替えいたしますので発売元までご送付ください。(送料小社負担)
ISBN978-4-502-52241-3　C3034

JCOPY〈出版者著作権管理機構委託出版物〉本書を無断で複写複製（コピー）することは，著作権法上の例外を除き，禁じられています。本書をコピーされる場合は事前に出版者著作権管理機構（JCOPY）の許諾を受けてください。
JCOPY〈https://www.jcopy.or.jp　eメール：info@jcopy.or.jp〉

会計と会計学の到達点を理論的に総括し、
現時点での成果を将来に引き継ぐ

体系現代会計学 全12巻

■総編集者■

斎藤静樹(主幹)・安藤英義・伊藤邦雄・大塚宗春

北村敬子・谷　武幸・平松一夫

■各巻書名および責任編集者■

第1巻　企業会計の基礎概念───────────斎藤静樹・徳賀芳弘

第2巻　企業会計の計算構造──────────北村敬子・新田忠誓・柴　健次

第3巻　会計情報の有用性───────────伊藤邦雄・桜井久勝

第4巻　会計基準のコンバージェンス───────平松一夫・辻山栄子

第5巻　企業会計と法制度─────────安藤英義・古賀智敏・田中建二

第6巻　財務報告のフロンティア──────────広瀬義州・藤井秀樹

第7巻　会計監査と企業統治───────────千代田邦夫・鳥羽至英

第8巻　会計と会計学の歴史───────────千葉準一・中野常男

第9巻　政府と非営利組織の会計 ──────────大塚宗春・黒川行治

第10巻　業績管理会計────────谷　武幸・小林啓孝・小倉　昇

第11巻　戦略管理会計─────────────淺田孝幸・伊藤嘉博

第12巻　日本企業の管理会計システム───廣本敏郎・加登　豊・岡野　浩

中央経済社